CHANSONS

DE

DÉSAUGIERS

Précédées d'une Notice par Alfred DELVAU

—

ÉDITION J. BRY

PARIS

J. BRY AÎNÉ, LIBRAIRE-ÉDITEUR

17, RUE GUÉNÉGAUD, 17

1859

CHANSONS

DE

DÉSAUGIERS

NOTICE

SUR

LA VIE ET LES OUVRAGES DE DÉSAUGIERS

———————

L'homme d'abord, son œuvre ensuite, — ainsi qu'il convient de faire toutes les fois qu'on a à parler d'un écrivain. L'homme explique l'œuvre, — et l'œuvre complète l'homme.

Marc-Antoine-Madeleine Désaugiers était né, le 17 novembre 1772, à Fréjus, en pleine Provence. La Provence, — le pays des troubadours et des ménestrels, du gai soleil et de la gaie science! Son père, un artiste distingué, avait cinq enfants à l'éducation desquels il sacrifia son patrimoine, — sûr qu'il était, de cette façon, de leur en léguer un autre d'une valeur plus sérieuse. Il les amena à Paris en 1774, pour parfaire encore cette éducation qui ne pouvait être complétée, en effet, que dans cette Rome des lettres, des sciences et des arts, vers laquelle tous les regards se tournent sans cesse, des quatre points cardinaux du monde, comme vers un pôle aimanté.

Désaugiers avait alors deux ans. Son père et sa mère prirent de lui un soin particulier, — sans faire tort, pour cela, d'un iota de tendresse à leurs autres enfants. Il était d'une santé délicate alors, et ce ne fut que beaucoup plus tard, — vers la vingtième année, — qu'il prit de la force, de l'embonpoint et de la gaîté. Jusque-là, je le répète, sa santé donnait de continuelles inquiétudes à sa famille, et, quant à son caractère, il était bien loin d'annoncer ce qu'il devait être un jour. A seize ans, au sortir du collége Mazarin, Désaugiers était triste, plus que triste encore, — car la tristesse est un accident, ce n'est pas un état normal, — il était mélancolique. Peut-être parce qu'il était maigre! C'est si affligeant d'être maigre!...

Les méchants et les cuistres, les fourbes et les sots sont maigres; l'esprit, la bonté, la gaîté engraissent un homme plus vite qu'on ne le croit, — croyez-moi.

A seize ans, donc, Désaugiers était un grand garçon mélancolique; à ce point, même, qu'il fut tenté par la vie douloureuse du prêtre, et que peu s'en fallut qu'il ne prît les Ordres. Désaugiers prêtre, comprenez-vous cela? La chose était sérieuse, cependant, puisqu'il avait déjà fait une retraite de deux mois au séminaire de Saint-Lazare, lorsque—la vocation mondaine l'emportant sur la vocation ecclésiastique—il jeta le froc aux orties et arbora résolûment la marotte joyeuse de la chanson. Six mois après sa sortie du séminaire, il entrait au théâtre par une comédie en un acte et en vers qui fut jouée avec succès au boulevard, et arrangeait en opéra-comique pour Feydeau *le Médecin malgré lui*, de Molière, dont son père avait fait la musique. Qui donc disait, l'année dernière, que la tentative de M. Gounod, — à propos, précisément, de la même comédie de Molière, — n'avait pas eu de précédent?

La Révolution vint; son père mourut. Désaugiers, nature impressionnable et facilement irritable, sentit la haine le prendre au cœur à propos des drames de la rue, — drames terribles, drames sanglants, qu'on ne peut juger impartialement qu'à la distance où nous en sommes aujourd'hui. Désaugiers en voulut à la France d'excès inévitables commis dans la tourmente, et il s'en éloigna avec toute la colère injuste d'un poète. Une de ses sœurs était mariée à un colon de Saint-Domingue : il alla la rejoindre. Mais c'était tomber de Charybde en Scylla, de fièvre en chaud mal ; il fuyait une révolution et il en retrouvait une autre. C'était le même drame, avec des acteurs de couleur différente. En sa qualité de blanc, Désaugiers prit parti contre les noirs; il s'arma, fit vaillamment le coup de feu et tomba au pouvoir des nègres. Il allait être fusillé ; sa jeunesse le sauva. On le jeta dans un cachot : il s'en échappa, courut en fugitif pendant plusieurs jours, à travers les rivières, les mornes et les ravins, et parvint enfin à gagner le rivage où se trouvait embossé un bâtiment anglais qui le reçut à son bord et le conduisit aux États-Unis.

Le roman de sa vie ne s'arrêta pas là.

Pendant la traversée, une maladie très grave — suite de ses fatigues — vint frapper Désaugiers au milieu des matelots effrayés. A certains symptômes, on crut à la fièvre jaune, à la contagion par conséquent, et comme la peur parle, d'ordinaire, plus éloquemment que l'humanité, on jeta notre poète, presque nu, presque mourant, sur le rivage, à deux pas de New-York.

Les mourants ne meurent pas toujours, — heureusement. Il y a toujours, sur n'importe quel coin du globe où l'on échoue, épave humaine, des âmes charitables qui viennent réparer envers vous les injustices ou les colères du sort. Ces âmes sont souvent des femmes, — ces sœurs-grises de l'amour et du hasard. Une femme — on ne sait de quel âge! — eut pitié de ce pauvre jeune homme qui se mourait là, à mille lieues de son pays natal, sans secours et sans amis. Elle le recueillit chez elle, lui prodigua, avec le plus grand désintéressement, les soins qu'exigeait son état, et le sauva. La *pierre* qui devait atteindre Désaugiers n'était pas encore lancée par le Destin!...

La maladie fut longue et douloureuse. Désaugiers put entrevoir l'envers de la vie, — le royaume sombre dont on ne revient jamais : Par bonheur, il était jeune, et comme Gusman, la jeunesse ne connaît pas d'obstacles. La mort était là, attendant : Désaugiers se colleta avec elle — et resta debout.

La convalescence fut longue. Désaugiers se survivait à lui-même. Mais il était pauvre, et la généreuse femme qui l'avait recueilli, soigné et guéri, n'était guère plus riche que lui. Il songea alors à se réclamer, auprès du consul de France, de ses deux frères, secré-taires de la légation française à Copenhague, et, tout aussitôt, des secours lui arrivèrent qui lui permirent de s'acquitter, comme argent, non comme reconnaissance, envers sa bienfaitrice.

Je passe, on le comprend, sur les divers épisodes qui suivirent celui-là. L'espace me manque, — non le désir. Après cinq ans d'exil volontaire et d'aventures intéressantes, notre poète rentra en France. On ne naît pas impunément dans ce glorieux pays : on veut toujours y revenir mourir. C'est un peu l'histoire du lièvre qui, blessé à mort, en pleine campagne, se traîne comme il peut jusqu'à son gîte, pour terminer son agonie là où il avait commencé sa vie.

La tourmente révolutionnaire avait cessé. Le ciel était redevenu plus calme et plus bleu. Les orages s'apaisèrent dans l'âme du poète : il chanta! Il chanta — et il engraissa.

Il n'avait plus de fortune : il s'en gagna une à la pointe de son esprit. Il fit des chansons et des vaudevilles qui ne tardèrent point à asseoir solidement sa réputation. Il devint bientôt le collaborateur assidu de gens d'esprit aussi gais que lui, les Rougemont, les Piis, les Françis, les Brazier, les Gentil, les Merle, les Radet, les Desfon-taines, etc. C'est ainsi qu'il fit successivement *l'Hôtel garni, le Mari intrigué*, *l'Avis au public*, *l'Homme aux précautions*, *les petites Danaïdes*, et cinquante autres pièces dont les titres m'échappent et qui furent souvent applaudies.

Après une éclipse d'une vingtaine d'années, la Chanson reparaissait à l'horizon — comme un arc-en-ciel. On avait eu peur : on éprouvait le besoin de se rassurer en chantant. On chanta.

Il y avait alors à Paris une phalange épicurienne, — celle des *Garçons de bonne humeur*, — qui répandait à foison l'esprit et la gaîté dans des dîners devenus célèbres. Je veux parler des *Dîners du Caveau*. Le *Rocher de Cancale*, les salons de *Balaine*, réunissaient périodiquement un certain nombre de docteurs-ès-plaisir, qui s'appelaient Chazet, Bourgueil, Rosière, Léger, Maurice Séguier, Ségur, Dupaty, Le Prévôt d'Iray, Desfontaine, Radet, Piis, Laujon, Barré et quelques autres. Désaugiers vint grossir leur nombre. « Vive la joie! vive le vin! vive l'amour!... » voilà quelle était la devise des bénédictins de cette aimable abbaye de Thélême. Charmante devise! La vie est une mauvaise plaisanterie : il faut la siffler, — et le plus joyeusement possible. Ainsi faisaient-ils, ces épicuriens de la France nouvelle! Ce n'est pas moi qui les en blâmerai. Il est si bon de rire, — surtout lorsque la vie est triste à en pleurer!...

A force de couplets, de chansons et d'esprit, Désaugiers s'était conquis une réputation que le talent ne donne pas toujours. Ses contemporains étaient justes envers lui; ils l'estimaient et l'aimaient : une fois n'est pas coutume.

Le théâtre du Vaudeville venait de perdre son directeur, Barré, qui, après vingt-trois ans de règne, avait éprouvé le besoin d'abdiquer — comme Charles-Quint. Avant de se retirer cependant, Barré, qui se connaissait en hommes, — et surtout en hommes d'esprit, — avait désigné Désaugiers pour le remplacer. Louis XVIII — qui s'occupait aussi de flons-flons à ses moments perdus — avait ratifié le choix du vaudevilliste et confié à Désaugiers le sceptre, ou plutôt la marotte du théâtre du Vaudeville.

On ne sait pas assez, dans le public, ce que c'est que le métier de directeur de théâtre. On lui fait un crime des mauvaises pièces qu'il laisse jouer, — comme s'il les avait faites lui-même. On ne lui tient nul compte des conflits d'intérêts et d'amours-propres dont son cabinet est le théâtre. On ne veut pas qu'il cède aux pressions d'en haut et aux pressions d'en bas, aux auteurs imposés et à la foule. On veut qu'il gouverne bien — quand même!... C'est tout simplement impossible, avec la meilleure volonté et le meilleur caractère du monde. Le roi d'Yvetot seul pouvait bien gouverner, — parce qu'il n'avait pas de royaume.

Les devoirs fatigants et pénibles de cette nouvelle position troublèrent souvent le repos et le bonheur de Désaugiers. Mieux eût valu cent fois pour lui rester membre du Caveau, comparse obscur de la grande confrérie des gais lurons et des gais buveurs. Les chutes au *Rocher de Cancale* étaient moins dangereuses que les chutes au théâtre du Vaudeville. Il était entré en fonctions en 1815; quelques années après il les quittait, dégoûté. Mais le vœu des actionnaires du théâtre et la volonté du roi Charles X, qui aimait sa personne et son talent, le rivait de nouveau à sa chaîne, en 1825.

Heureusement que, pour se distraire de ses ennuis directoriaux et de sa responsabilité de roi de théâtre, les dîners joyeux et les réunions du *Caveau* étaient là, qui le réclamaient. C'étaient alors des équipées splendides où les soucis se noyaient dans un fleuve d'Aï et de gaîté.

Mais la gaîté se paie, — et cher! Au printemps de 1825, Désaugiers ressentit les atteintes de la maladie féroce qui devait le conduire à grandes guides au cimetière : la *pierre!*... Il se coucha, souffrit et attendit avec courage. Cette maladie-là pardonne rarement. Plusieurs essais de lithotritie furent tentés, sans succès, sur lui. Enfin, le 9 août 1827, on dut procéder à la douloureuse opération de la *taille!*...

Désaugiers supporta héroïquement les tortures de cette opération. Il trouva même un calembour dans un moment où l'on ne trouve plus rien que de l'effroi dans son esprit. « Suis-je enfin au bout de ma carrière? » demanda-t-il aux médecins, en faisant allusion aux calculs que l'on extrayait de sa vessie. Quelques instants après cette boutade humoristique, il se sentit défaillir et demanda de l'air. Il étouffait! On le replaça sur son lit — et il expira.

Il avait cinquante-quatre ans. Anacréon, son modèle, avait vécu davantage!

Désaugiers n'était pas de l'Académie; lui, qui riait de tout, ne voulait pas prêter à rire.

Ses obsèques eurent lieu, le 11 août 1827, au milieu « d'un peuple d'amis », — suivant l'heureuse expression de M. Hapdé, qui faisait partie de ce peuple-là. Ses restes mortels furent conduits au Père-Lachaise, dans une fosse provisoire, dont il avait fait lui-même, d'avance, l'inscription :

> « Ci-gît, hélas! sous cette pierre
> Un bon vivant mort de la pierre;

> Passant, que tu sois Paul ou Pierre,
> Ne va pas lui jeter la pierre. »

Voilà l'homme, il est tout entier dans ses œuvres qui, quoique légères, auront la durée des œuvres vraies.

Non pas que Désaugiers ait écrit des chefs-d'œuvre immortels ! Telle n'était point sa prétention, d'ailleurs. Il a chanté comme chantent les oiseaux. « Son cœur était une fête continuelle » — comme sa vie. Il avait la philosophie des gens d'esprit. Il prenait le temps comme il venait, buvait les meilleurs vins, estimait les meilleurs hommes, aimait les meilleures femmes, et s'esclaffait de rire devant tous les vices et devant tous les ridicules, — sans songer à corriger rien ni personne. Méchant, il ne l'était point, car on est encore à lui trouver un ennemi. Rieur, seulement. C'est si bon, le rire, — et cela vous venge si bien des niaiseries et des stupidités humaines ! Cet ami des franches lippées et des prandions plantureux se vengeait ainsi. Nul ne fut plus moqueur, plus *gabeleur*, — comme disait maître François Rabelais, cet autre joyeux compère.

Peut-être qu'en sa qualité d'homme intelligent, — ayant comme tel des devoirs sociaux à remplir, — a-t-il traité un peu trop par dessous la jambe les gens de cœur, qu'on appelle si ironiquement des utopistes. L'esprit nuit quelquefois. Il a nui ici à Désaugiers, qui n'a pas voulu *se tarabuster l'entendement* ni *s'emburelucoquer les esperitz* à comprendre et à expliquer les grandes questions qui agitent le monde depuis tant de siècles. L'épicuréisme est assurément une belle chose, mais nul n'a droit de s'abstraire à ce point de l'Humanité, — sous n'importe quel motif. Riez des imbéciles, si cela vous plaît ; mais ne riez pas des fous, cela vous est défendu, — charmants égoïstes que vous êtes, — parce que vous ne savez pas exactement ce que contient la cervelle des fous ! ·

> « Qui découvrit un nouveau monde ?
> Un fou qu'on raillait en tout lieu...
> Sur sa croix, que son sang inonde,
> Un fou qui meurt nous lègue un Dieu !
> Si demain, oubliant d'éclore,
> Le jour manquait, eh ! bien, demain
> Quelque fou trouverait encore
> Un flambeau pour le genre humain !... »

C'est un chansonnier qui a dit cela. Mais ce chansonnier-là y voyait d'un peu plus loin que Désaugiers. Celui-là n'a pas fait *Monsieur et madame Denis*, *Cadet-Buteux*, *Quand on est mort*, mais il a fait *Jeanne-la-Rousse*, *le Vieux Vagabond*, *le Dieu des bonnes gens*.

Mais il ne faut pas parler de Béranger à propos de Désaugiers : ils n'ont aucun rapport. On chante l'un en buvant ; on le chante sur-

tout lorsque le vin vous a rendu indulgent. On chante l'autre en rêvant : on le lit. Les chansons de l'un sont des *compulsoires de bu-
vettes ;* les chansons de l'autre sont... autre chose. « Beaune et Cham-
bertin ! » voilà ce qu'il y avait écrit sur le drapeau de Désaugiers,
— un drapeau blanc comme une nappe. « Patrie et liberté ! » voilà
ce qu'il y avait écrit sur le drapeau de Béranger, — un drapeau tri-
colore !

Béranger, c'est Béranger. Désaugiers, c'est Anacréon, c'est Tibulle, c'est La Fare, c'est Chaulieu, avec Panard, Piron et Collé. L'un
et l'autre vivront, parce qu'ils s'adressent à des sentiments différents, éternels dans le cœur de l'homme.

Peut-être, après tout, que Désaugiers est celui qui a le plus raison
des deux. Peut-être a-t-il mieux compris la vie que Béranger.
Comme nous ne savons pas exactement où nous allons, tout est permis sur l'interprétation à faire de notre devoir en ce monde. J'ai cru
longtemps, je l'avoue, que le rire était une chose malsaine et mal-
honnête, parce qu'il me semblait qu'il n'était pas permis à un seul
homme de se mettre en joie lorsque tant de pauvres diables étaient
en mal de misère. Il me semblait, en outre, que le visage de l'homme
— pur reflet de la face auguste de Dieu — ne devait pas s'enlaidir
sous les contractions inharmoniques du rire. Il paraît que je me
trompais. Il faut rire de tout, de tous et de toutes dans la vie. Cela
console et réconforte. Les oiseaux chantent : chantons. Les vignes
des coteaux luxuriants de Bourgogne se dorent à notre intention :
buvons. Chanter et boire, boire et chanter — tel est le devoir de
tout homme honnête et bien portant. Il s'agit de vivre dans un
agréable oubli de la vie, — ainsi que le recommandait Horace,
le plus éloquent des épicuriens d'autrefois.

J'ai beaucoup parlé, je vous en demande pardon. J'ai parlé sans
boire, indigne que je suis ! Cela altère pourtant le Désaugiers !

Nunc est bibendum... sodales !

ALFRED DELVAU.

DIALOGUE DÉDICATOIRE

L'AUTEUR.

Où courez-vous, mes vers, et quelle est votre audace?
Au temple de Thémis oser vous présenter !
Croyez-vous qu'au palais on daigne vous chanter,
Lorsque personne encor ne vous chante au Parnasse !

LES CHANSONS.

Nous allons frapper aujourd'hui,
Non chez l'homme d'état, mais chez l'homme du monde;
Celui sur qui tout notre espoir se fonde,
Des arts comme des lois est l'organe et l'appui.

L'AUTEUR.

Il protége les arts utiles
Et dédaigne ces jeux futiles,
Ephémères enfants d'un frivole loisir.

LES CHANSONS.

Il sait, aimable autant que juste,
Aux soins d'un ministère auguste
Entremêler parfois les roses du plaisir.

L'AUTEUR.

Vous flatteriez-vous de lui plaire
Avec d'aussi faibles accents ?

LES CHANSONS.

Non, mais quand on aime le père,
On accueille bien les enfants.

L'AUTEUR.

Vous oubliez qu'il tient cette balance
Dont le fatal ou consolant arrêt
Punit toujours ou récompense
Le bien ou le mal qu'on a fait.

LES CHANSONS.

Ah ! bon Dieu ! sur quel ton notre père déclame !
A peine à ces grands mots nous te reconnaissons...
Tu parles comme un mélodrame.

L'AUTEUR.

Vous pensez comme des chansons.

LES CHANSONS.

C'est toi qui nous appris à rire ;
Et si, par cette gaîté-là,
Du juge bienfaisant qui bientôt nous lira
Nous pouvions un instant exciter le sourire...

L'AUTEUR.

Législateur, il vous dédaignera,
Ou, poète, il vous raillera.

LES CHANSONS.

Tu crois ?... Eh bien, tâchons de le surprendre à table ;
Au dessert... oui, c'est l'instant favorable.
Ensuite, papillons légers,
Voltigeons en riant sur son front vénérable.
Ecartons-en les soucis passagers ;
Et si dans l'ivresse bruyante
Du fol essaim de tes chansons,
Nous entendons de sa bouche riante
De l'un de nos refrains s'échapper quelques sons,
« Mon père, le Destin comble notre espérance, »
Te dirons-nous, vers toi poussant un joyeux cri :
« Minerve pour la lyre a déposé sa lance,
Et Thémis a souri. »

L'AUTEUR.

Vous me persuadez ; tous mes sens s'abandonnent
Aux charmes de l'espoir que vous me présentez...
Mais qu'entends-je ? cinq heures sonnent :
Le banquet va s'ouvrir ; partez.
Cette balance, hélas ! qu'à bon droit je redoute,
Vous sera funeste, sans doute,
Si dans tout son pouvoir l'équité la maintient :
Mais du bonheur vous atteindrez le faîte,
Et pour jamais votre fortune est faite,
Si c'est l'amitié qui la tient.

PRÉFACE

La plaisante chose qu'une préface à la tête d'un Recueil de Chansons! Que ferait-on de plus pour fixer l'attention publique sur un ouvrage consacré à polir l'esprit, former le cœur ou agrandir l'âme? Il me semble traverser un immense péristyle pour arriver à la chétive cabane d'un berger. Ne vaudrait-il pas cent fois mieux promettre peu et tenir beaucoup? — D'accord, Messieurs de la critique; mais si je veux plus promettre que tenir!... Que diable! chacun a sa manière d'attraper son monde: j'ai remarqué que la modestie est un mauvais moyen de réussir; dites que vous ne valez rien, le public va vous prendre au mot; et, désirant que mes chansons se répandissent, j'ai eu la faiblesse de croire que j'amorcerais plus facilement les amateurs en leur donnant une bonne idée de mon recueil, qu'en les prévenant sur ses défauts. — Mais comment osez-vous vous hasarder encore dans un champ où les Panard, les Collé, les Piron et tant d'autres ont moissonné avant vous? — Eh! Messieurs, comment a-t-on osé prendre la plume après Racine et Molière, le pinceau après Raphaël et Michel-Ange, le ciseau après Phidias et Praxitèle, etc., etc., etc.?

D'ailleurs, quel est mon but en publiant ces bagatelles? de distraire un moment, par quelques images riantes, l'esprit toujours préoccupé de l'homme en place, de réveiller, par de piquants souvenirs, l'imagination appesantie du vieillard, et d'exciter enfin, par la gaîté de mes tableaux, le cœur d'un sexe charmant à cet abandon délicieux qui embellit la laideur même et divinise la beauté. Accourez donc, ô mes vers, enfants vagabonds d'une muse badine; réunissez-vous tous à la voix d'un père qui vous chérit, et qui veut aujourd'hui, d'un seul coup d'œil, embrasser toute sa famille. Par une bizarrerie assez commune en poésie, les fils aînés de mes fils sont les plus faibles; eh bien! que les derniers venus leur prêtent un appui fraternel, et, soutenus ainsi l'un par l'autre, lancez-vous joyeusement dans le monde. Et toi, ô Gaîté, toi qui nous offre un port assuré contre tous les orages de la vie, ne refuse pas aux enfants le secours protecteur que tu daignas accorder au père dans des circonstances dont le souvenir, quoique pénible, a des charmes pour moi, par le tribut de reconnaissance qu'il m'impose! — Peste! voilà une apostrophe bien sentimentale et que nous n'attendions guère à la tête d'un pareil ouvrage. — Soit, Messieurs; mais permettez-moi de payer à la Gaîté, ma généreuse libératrice, un hommage que l'ingratitude la plus noire pourrait seule lui refuser; daignez m'entendre, et vous allez juger. C'est elle qui, me tendant une main secourable sous un autre hémisphère, adoucit pour moi les périls et les horreurs d'une guerre dont l'histoire n'offrira jamais d'exemple (1); c'est elle qui me consola dans les fers où me retenait la férocité d'une caste sauvage; c'est elle enfin qui, m'environnant de tous les prestiges de l'Illusion, me fit envisager d'un œil calme le moment où, pris les armes à la main par ces cannibales, condamné par un conseil de guerre, agenouillé devant mes juges, les yeux

---

(1) L'auteur a été témoin de l'insurrection générale des Nègres à Saint-Domingue, et victime, à l'existence près, de tous les désastres qui en ont été la suite.

Désaugiers.   1

couverts d'un bandeau qui semblait me présager la nuit où j'allais descendre, j'attendais le coup fatal... auquel j'échappai par miracle, ou plutôt par la protection d'un Dieu qui n'a cessé de veiller sur moi pendant le cours de cette terrible guerre. Une maladie cruelle fit bientôt renaître pour moi de nouveaux dangers ; ce n'était pas assez d'avoir été condamné par mes juges, je le fus par les médecins. J'allais périr... quand la Gaîté, mon inséparable compagne, soulevant d'une main le voile de l'avenir, me montra de l'autre le beau ciel de ma patrie, où le bonheur semblait m'appeler : Momus me souriait au bruit des grelots ; Bacchus agitait à mes yeux le myrte et le pampre ; un jeune enfant semblait m'inviter à me joindre à lui par son regard malin et les pas légers qu'il formait au son d'une flûte et d'un tambourin ; Thalie elle-même me présentait son masque riant... Je n'y résistai pas ; plus enivré du bien à venir qu'affecté du mal présent, j'opposai l'arme de l'espérance aux traits aigus de la douleur, les transports d'une joie anticipée au délire d'une fièvre brûlante, et, confiant mes destinées à Neptune, je voguai vers la France, que commençait à éclairer un plus bel horizon ; et la Gaîté, devançant notre vol rapide, me conduisit enfin à ce port tant désiré, où une nouvelle existence me fit bientôt oublier cinq ans de périls et de malheurs.

Voilà, messieurs, voilà les titres de cet ange tutélaire à ma reconnaissance ; et dites s'il peut jamais avoir un ami plus constant, un apôtre plus dévoué que l'homme qui lui doit le bonheur et la vie ! Mais c'était peu d'avoir oublié mes anciens revers ; inspiré par ma fidèle consolatrice, je voulus chanter mes nouveaux plaisirs ; la Chanson, séduisante fille de la Gaîté, vint conduire ma plume ; mille sujets sourirent à mon imagination ; les rimes s'arrangèrent bien ou mal sous mes doigts ; elles finirent par former ce volume, aussi léger par la forme que par le fond : l'offrir au public, c'est m'exposer sans doute, mais

> Si j'eus la double maladresse
> D'écrire ce recueil et de le publier,
> Un mot va me justifier :
> « Quel homme est sans défaut, quel auteur sans faiblesse ? »
> L'arrêt qu'on va lancer ne me fait point frémir
> Et quand déjà la critique s'éveille,
> Ma vanité, loin d'en gémir,
> Vient tout bas me dire à l'oreille :
> Il vaut mieux l'éveiller encor que l'endormir.

CHANSONS

DE

DÉSAUGIERS

TABLEAU DU JOUR DE L'AN

Air : *V'là c' que c'est qu' d'aller au bois.*

Depuis que pour nous le jour luit,
Un an succède à l'an qui suit ;
Traçons d'une époque aussi belle,
   Aussi solennelle,
   L'image fidèle,
Et qu'on s'écrie en la voyant :
  V'là c' que c'est que l' jour de l'An.

Le soleil a peine a brillé,
Que tout Paris est éveillé :
A chaque étage on carillonne,
   On reçoit, on donne,
   On sort, on ressonne,
Chacun va, vient, monte et descend...
  V'là c' que c'est que l' jour de l'An.

Au lever de ce jour chéri,
Lolotte, qui n'a pas dormi,
Accourt recevoir la première
   Six francs de son père,
   Un dé de sa mère,
Un psautier de sa grand'maman...
  V'là c' que c'est que l' jour de l'An.

A sa Chloris, de grand matin,
Le banquier apporte un écrin ;
Moins riche, mais aussi fidèle,
   Pour faire à sa belle
   Un don digne d'elle,

L'employé met sa montre en plan...
V'là c' que c'est que l' jour de l'An.

Nous allons voir certains amis
Quand nous savons qu'ils sont sortis ;
Chez le concierge on se présente.
 « Madame est absente. »
 Nouvelle accablante !
On s'inscrit, on s'en va content...
V'là c' que c'est que l' jour de l'An.

Parents brouillés, gens refroidis
Semblent redevenir amis :
Pour quelques livres mesurées
 D'amandes sucrées,
 Quelquefois plâtrées,
On plâtre un raccommodement...
V'là c' que c'est que l' jour de l'An.

Voyez-vous cet homme de bien,
Marchandant tout, n'achetant rien ?
Il tourne, il retourne, il approche,
 Flaire chaque poche,
 Accroche ou décroche,
Puis va plus loin en faire autant...
V'là c' que c'est que l' jour de l'An.

Chaque neveu vient visiter
L'oncle dont il doit hériter.
Tous voudraient qu'il vécût sans cesse ;
 Mais sur sa richesse,
 Réglant leur tendresse,
Ils l'étouffent en l'embrassant...
V'là c' que c'est que l' jour de l'An.

Le tendre amant, fort peu jaloux
De se ruiner en bijoux,
Dès Noël néglige sa belle,
 Lui cherche querelle
 Pour s'éloigner d'elle ;
En février il la reprend...
V'là c' que c'est que l' jour de l'An.

Bref, après force compliments,
Force souhaits, force présents,
Chacun regagne sa demeure,
 Puis au bout d'une heure
 Fort souvent on pleure
Ses vœux, ses pas et son argent...
V'là c' que c'est que l' jour de l'An.

CHANSON A MANGER

Air : *Aussitôt que la lumière.*

Aussitôt que la lumière
Vient éclairer mon chevet,
Je commence ma carrière
Par visiter mon buffet ;
A chaque mets que je touche,
Je me crois l'égal des dieux ;
Et ceux qu'épargnant ma bouche
Sont dévorés par mes yeux.

Boire est un plaisir trop fade
Pour l'ami de la gaîté;
On boit lorsqu'on est malade;
On mange en bonne santé.
Quand mon délire m'entraîne,
Je me peins la Volupté
Assise, la bouche pleine,
Sur les débris d'un pâté.

A quatre heures, lorsque j'entre
Chez le traiteur du quartier,
Je veux toujours que mon ventre
Se présente le premier.
Un jour les mets qu'on m'apporte
Sauront si bien l'arrondir,
Qu'à moins d'élargir la porte
Je ne pourrai plus sortir.

Un cuisinier, quand je dîne,
Me semble un être divin
Qui, du fond de sa cuisine,
Gouverne le genre humain.
Qu'ici-bas on le contemple
Comme un ministre du ciel,
Car sa cuisine est un temple
Dont les fourneaux sont l'autel!

Mais sans plus de commentaires,
Amis, ne savons-nous pas
Que les noces de nos pères
Finirent par un repas?
Qu'on vit une nuit profonde
Bientôt les envelopper,
Et que nous vînmes au monde,
A la suite du souper?

Je veux que la mort me frappe
Au milieu d'un grand repas,
Qu'on m'enterre sous la nappe,
Entre quatre larges plats...
Et que sur ma tombe on mette
Cette courte inscription:
CI-GIT LE PREMIER POÈTE
MORT D'UNE INDIGESTION.

LA NEIGE

Air: *Dans la paix et l'innocence.*

Vous, dont la muse hardie
Me bat tous les vingt du mois,
Aujourd'hui je vous défie,
Tremblez enfin à ma voix!
Mais que vois-je! au mot de *neige*
Déjà vous frissonnez tous...
Ventrebleu! levez le siége,
Ou je vais fondre sur vous.

Ma neige, en bloc arrondie,
Sur vous tous pleuvra si bien,
Que votre main engourdie
De six mois n'écrira rien.
Ce combat à coup de neige

Peut m'être encor familier,
Puisqu'ici, comme au collége,
Je ne suis qu'un écolier.

La neige, à certain théâtre,
Joue un rôle intéressant :
Arbres, toits, tout est d'albâtre...
Quel coup d'œil intéressant !
On y transit, on y gèle;
Et pour comble de succès,
Tout finit par une grêle...
Une grêle de sifflets.

Mais vive cette fillette
Qui, fuyant fort à propos,
Dans une neige indiscrète
Perdit un de ses sabots !
A son amoureux manége
Le public sourit longtemps,
Et tant que tomba la neige
On vit le ciel au beau temps.

Du sol brûlant d'Italie,
Des flots bouillonnants du Nil,
Les Français, pour leur patrie,
Ont affronté le péril.
Aux confins de la Norvége,
Suivez ces mêmes guerriers,
Sous leurs pas un champ de neige
Devient un champ de lauriers.

O toi, par qui la peinture
Voit son domaine agrandi,
Toi, Vanloo, de la nature
Et rival et favori,
Par ton heureux privilége
Nous voyons, peintre brillant,
Sous les glaces de la neige
Briller le feu du talent.

Hélas ! mes amis, que n'ai-je
Des pinceaux plus éloquents,
Pour vous peindre une autre neige
Qui ne brille qu'au printemps !
Au corset de ma maîtresse
Soir et matin je la vois,
Et jamais, quand je la presse,
Elle ne fond sous mes doigts.

Quoi ? devant une bouteille,
Sur la neige huit couplets !
Pardonne, ô Dieu de la treille,
A l'affront que je te fais.
J'expirai ce sacrilége
En sablant un verre plein.
Fuyez, vils flocons de neige,
Devant ce flacon de vin !

LA CHEMINÉE

Air *du Verre*

Je voulais peindre la saison
Dont les frileux déjà frémissent;

Et, prêt à tracer ma chanson,
Voilà mes doigts qui s'engourdissent;
Mais puisqu'en vertu de nos lois
Elle ne peut être ajournée,
Pour faire mes couplets moins froids,
Faisons-les sur la cheminée.

La cheminée offre aux gourmands
Les trésors futurs de leur table,
Aux vieillards un doux passe-temps,
Aux Grâces un miroir aimable;
L'amant y voit du rendez-vous
Approcher l'heure fortunée;
Près de leurs belles que d'époux
Gèleraient sans leur cheminée !

Si contre l'horreur des glaçons
Elle soutient notre faiblesse,
Dans la plus belle des saisons
Elle sert aussi la tendresse :
Sur le point d'être rencontrés
Par l'époux de leur dulcinée,
Que d'amants, par la porte entrés,
Sont sortis par la cheminée.

Où met-on un billet d'ami?
Au miroir de la cheminée.
Où se place un portrait chéri ?
A côté de la cheminée.
Où pleure-t-on un tendre époux?
C'est au coin de la cheminée.
Où s'en console-t-on chez nous?
Quelquefois sous la cheminée.

Rien n'est plus beau que le soleil,
C'est lui qui féconde la terre;
De ses feux l'éclat sans pareil
Embellit la nature entière;
Il dore depuis nos côteaux
Jusqu'au sommet des Pyrénées;
Mais pour dorer nos aloyaux
Il ne vaut pas nos cheminées.

Hortense avait depuis longtemps
Une cheminée assez noire;
Un beau jour, de peur d'accidents,
On manda le jeune Grégoire :
Je ne sais comme il s'en tira,
Mais, quoiqu'il l'eût bien ramonée,
Tous les soirs depuis ce jour-là,
Le feu prend à la cheminée.

Sur ce mot enfin j'ai conçu
Ces couplets, fort mauvais peut-être;
Libre à vous, s'ils vous ont déplu,
De les jeter par la fenêtre ;
Mais n'allez pas brûler ce soir
Ma chanson à peine entonnée :
Un gourmand n'aime pas à voir
Le feu prendre à sa cheminée.

MA PETITE REVUE

Air : *Ah ! voilà la vie.*

De dame nature
Amant assidu,
J'ose en miniature,
Pour payer mon dû,
Vous tracer la vie,
  La vie
  Suivie, (*bis.*)
Vous tracer la vie
De chaque individu.

Dans un mélodrame,
Tuer sans fureur,
Larmoyer sans âme,
Brûler sans chaleur :
Voilà la manière
  De plaire, (*bis.*)
Dont, pour l'ordinaire,
Use plus d'un auteur.

Changer à son aise
Dièse en bémol,
Bécarre en dièse,
Fa-dièse en sol ;
Voilà comme chante,
  Enchante, (*bis.*)
Maint fat dont on vante
La voix de rossignol.

Parler par saccade,
Faire avec vigueur
Ronfler la tirade
Et le spectateur ;
C'est l'art que professe
  Sans cesse, (*bis.*)
Dans plus d'une pièce
Plus d'un célèbre acteur.

Enterrer son homme,
Toucher son argent ;
Le soir, rire comme
S'il était vivant ;
Voilà la méthode
  Commode (*bis.*)
Qu'à mise à la mode
Maint docteur savant.

En mauvaise prose
Défendre un méchant,
Et gagner sa cause...
On sait bien comment ;
Voilà le commerce
  Qu'exerce (*bis.*)
Dans la controverse
Plus d'un esprit normand.

Sur sa joue empreinte
Garder deux soufflets,
Et porter sa plainte
Au juge de paix ;

Voilà le courage
   Fort sage (*bis*.)
De maint personnage
Prôné pour ses hauts faits.

Le jour, inhumaine,
Jeter les hauts cris ;
La nuit, tendre Hélène,
Céder à Paris :
Voilà comme fille
   Gentille (*bis*.)
De fil en aiguille
Se conduit à Paris.

Se dire novice,
Serrer son corset,
Flatter la nourrice
Qui tient le secret...
De fillette instruite
   Trop vite (*bis*.)
Voilà la conduite
Pour trouver un benêt.

Vivre d'espérance,
Tromper le chagrin ;
Rêver l'opulence,
Et mourir de faim ;
Joueurs, que la veine
   Entraîne, (*bis*.)
Voilà votre peine
Et votre juste fin.

Si cet opuscule
Sent un peu l'aigreur,
Lève ta férule
Et frappe, censeur ;
Puisque c'est l'usage,
   Courage ! (*bis*.)
Déchire l'ouvrage,
Mais épargne l'auteur.

LE NOUVEAU MONDE.

Air : *J'ai vu partout dans mes voyages.*

En vices notre globe abonde ;
Moi, pour en terminer le cours,
Je viens de faire un nouveau Monde
Qui ne m'a coûté que dix jours.
Je sais que par fanfaronnade,
En sept jours le nôtre fut fait :
Que n'y mettait-on la décade ?
Il eût été meilleur qu'il n'est.

J'aime beaucoup les formes rondes :
Elles nous offrent tant d'appas !
Mais je pense qu'en fait de Monde,
Cette rondeur ne convient pas :
Ne nous étonnons pas des chutes
Qu'ici-bas on voit tous les jours ;
Il faut bien s'attendre aux culbutes
Dans un lieu qui tourne toujours.

Je veux que le soleil n'éclaire
Que les talents et les vertus,
Je ne fais gronder le tonnerre
Que sur les hommes corrompus;
Et si dans la fange du crime,
Le malheureux veut se plonger,
Un éclair au bord de l'abime
Viendra l'avertir du danger.

De tout animal nécessaire
Je veux que l'homme prenne soin,
Et je débarrasse la terre
De ceux dont il n'a pas besoin;
Les insectes ne font que nuire,
Mais j'aurais trop à m'occuper
Si j'entreprenais de détruire
Tous les êtres qu'on voit ramper.

Je donne à l'usurier plus d'âme,
Et plus de tête à l'étourdi;
Un peu moins de langue à la femme,
Un peu plus de nez au mari;
Moins de front à nos empiriques,
Moins d'oreilles aux curieux,
Moins de fiel aux satiriques,
Et moins de dents aux envieux.

Pour faire un léger badinage,
Si j'ai remué terre et ciel,
J'ai du moins le rare avantage
De m'être fait père éternel;
Je ne crains pas que l'on me fronde
Et voulez-vous savoir pourquoi?
C'est qu'étant le père du monde
J'aurai tout le monde pour moi.

CHANSON BACHIQUE

Air : *Ainsi jadis un grand prophète.*

Puisque sans boire on ne peut vivre,
Célébrons ce nectar parfait!
Mais permettez que je m'enivre,
Pour me remplir de mon sujet.
Etourdi du jus de la tonne,
Je puis ne dire rien de bon;
Mais du moins si je déraisonne,
Ce ne sera pas sans raison.

D'Anacréon et d'Epicure
Suivons le précepte charmant :
Amis, tout boit dans la nature,
Les enfants boivent en naissant,
L'homme boit dans la maladie,
Il boit quand il est bien portant;
De boire enfin telle est l'envie;
Que l'on boit même en se noyant.

On dit qu'on chancelle à trop boire,
Que la chute suit le faux pas;
Mais on voit, vous pouvez m'en croire,
Tout le contraire en certains cas :
Car, lorsque le public écoute

Des pièces dont nous l'assommons,
Lui seul est bientôt soûl sans doute,
Et c'est pourtant nous qui tombons.

Juliet, que n'ai-je ton adresse
Pour représenter les buveurs?
A nos yeux quand tu peins l'ivresse,
Tu la fais passer dans nos cœurs.
Dans ton délire, combien j'aime
Les heureux faux pas que tu fais!
Ah! chancelle toujours de même,
Et tu ne tomberas jamais.

LA PLUME

Air : *Restez, restez, troupe jolie.*

Quand la plume avec élégance
Ombrage le front de Mirthé,
Sa blancheur nous peint l'innocence,
Sa mollesse, la volupté.
Chaque jour la beauté, pour plaire,
Emprunte son pouvoir vainqueur;
Mais souvent, hélas! trop légère,
La plume est l'emblème du cœur.

Brûlant du feu qui me consume,
Belle Chloé, plus d'une fois,
Tu m'as su prouver que la plume
Se prête à de plus doux emplois.
Le soir où ta bouche muette
Laissa pour moi parler ton cœur,
Cette plume, souple et discrète,
Fut le trône de mon bonheur.

A la plume de Philomèle
Delille a dû tout son éclat,
L'Amour détacha de son aile
Celle qui fit aimer Dorat;
C'est l'aigle qui prêta la plume
Qui nous a tracé Mahomet;
Et l'auteur de plus d'un volume
A pris sa plume au perroquet.

Virgile, d'un nouveau costume
Par la plume fut revêtu;
Mais Scarron, pourquoi sous la plume
Toi-même te déguisas-tu?
Ta plume, qui nous fit tant rire,
Ton nom nous dit de la chérir,
Et ton nom nous dit de maudire
Celle qui te fit tant souffrir.

Tel jadis dormait sur l'enclume
Mourant de froid, mourant de faim,
Qui dort aujourd'hui sur la plume,
Ivre d'orgueil, ivre de vin.
D'où viennent ces chances nouvelles?
C'est que des voleurs... renommés
Joignent aux plumes de leurs ailes
Celles des gens qu'ils ont plumés.

Sexe charmant, à qui la plume
Doit et sa grâce et son éclat,

Daigne recevoir de ma plume
L'hommage par et délicat.
Si mes sept couplets sur la plume
Ont pu te prévenir pour moi,
Ah! puissé-je un jour sur la plume
Faire davantage pour toi!

MORALITÉ

Air du Bouffe et du Tailleur.

Enfants de la folie,
   Chantons;
Sur les maux de la vie
   Glissons;
Plaisir jamais ne coûte
   De pleurs;
Il sème notre route
   De fleurs.

Oui, portons son délire
   Partout...
Le bonheur est de rire
   De tout;
Pour être aimé des belles,
   Aimons;
Un beau jour changent-elles,
   Changeons.

Déjà l'hiver de l'âge
   Accourt;
Profitons d'un passage
   Si court;
L'avenir peut-il être
   Certain!
Nous finirons peut-être
   Demain.

HYMNE A LA GAITÉ

Air: *Fuyant et la ville et la cour* (de M. Guillaume).

Quand des amours et des plaisirs
L'essaim brillant nous environne,
A la Gaîté, dans nos loisirs,
Amis, tressons une couronne;
Ce devoir si cher à nos cœurs,
Nous ne pouvons le méconnaître;
Comment lui refuser des fleurs,
Quand sous nos pas elle en fait naître.

De l'amour avec nos beaux ans
L'illusion nous est ravie;
Mais la Gaîté change en printemps
L'hiver même de notre vie;
Elle adoucit tous nos regrets
Par les plus riantes images;
Elle est enfin par ses bienfaits
La volupté de tous les âges.

L'homme que soutient la Gaîté
Se rit du coup qui le menace;
C'est d'elle aussi que la beauté
Tient son coloris et sa grâce.

De la Gaîté le doux attrait
Embellit jusqu'à la sagesse;
De l'enfance elle est le hochet,
Et le bâton de la vieillesse.

Il n'est donné qu'à la vertu
D'éprouver son heureux délire;
Lorsque le cœur est corrompu,
La bouche peut-elle sourire?
Cette aimable sérénité
De l'innocence est la parure;
Une belle âme sans gaîté
Serait un printemps sans verdure.

O Gaîté! doux charme des cœurs,
A mon bonheur toi qui présides,
Puisse un jour ta main sous les fleurs
De mon front me cacher les rides!
Brillante des mêmes appas
Qui me charmaient à mon aurore,
Laisse-moi mourir dans tes bras,
Et je me croirai jeune encore.

LA HALLE

Air *du vaudeville de* Jean Monnet, *ou* Frère Jean
à la cuisine..

Je sais qu'au seul mot de halle
Nos aimables du bon ton
Vont tous crier au scandale...
Je ris du qu'en dira-t-on;
    Et guidé,
    Secondé
Par mon sujet qui m'inspire,
Je n'ai qu'un mot à leur dire :
La halle inspira Vadé.

Si Lucullus, qu'on dit être
Des Romains le plus gourmand,
Jadis avait pu connaître
Ce superbe monument,
    Chers amis,
    Je prédis
Qu'il eût troqué, ce brave homme,
Le Capitole de Rome
Pour la halle de Paris.

Bœuf, lapin, canard sauvage,
Maquereau, macaroni,
Saucisson, merlan, fromage,
Tout s'y trouve réuni;
    Et le né,
    Etonné
Du parfum qui s'en exhale,
En s'éloignant de la halle,
Croit avoir dix fois diné.

Si, par un nouveau déluge,
Le monde était submergé,
Permets, ô souverain Juge!
Que ce lieu soit protégé.
    Tu prétends

Des méchants
Punir la race infernale ;
Mais le quartier de la Halle
Est celui des *Innocents.*

Voyez l'anguille vivante
Frétiller dans ce baquet ;
Quelle chère succulente
Elle promet au gourmet !
Traiter l'eau
De fléau
Est une erreur des plus sottes ;
Aurions-nous des matelottes,
Si nous n'avions pas de l'eau ?

Bref, viande fraîche ou salée,
Œufs, lard, pois, pain, vin, choux-fleurs,
Tout se prend dans la mêlée ;
Et chacun des acheteurs,
Du repas
A grands pas
Sentant que l'instant approche,
Court, l'un son veau dans sa poche,
L'autre son bœuf sous le bras.

Fourneaux, pétillez bien vite !
Rôtisseurs, chauffez vos fours ;
Dressez-vous, chaudron, marmite ;
Et toi, broche, mes amours,
Viens du cours
De mes jours
Nourrir la gaîté féconde ;
Et tourne comme ce monde,
Qui, dit-on, tourne toujours.

LE PALAIS-ROYAL.

Air *de la Sauteuse.*

Du Palais-Royal
Comme je peindrais bien l'image,
Si de Juvénal
J'avais le trait original !
Mais tant bien que mal,
Muse, entamons ce grand ouvrage...
Quel homme, au total,
Mieux que moi connaît le local ?
Entrepôt central
De tous les objets en usage ;
Jardin sans rival,
Qui du goût est le tribunal...
L'homme matinal
Peut, à raison d'un liard la page,
De chaque journal
S'y donner le petit régal.
D'un air virginal,
Une belle au gentil corsage,
Vous mène à son bal,
Nommé *Panorama moral...*
Sortant de ce bal,
Si de l'or vous avez la rage,

Un râteau fatal
Sous vos yeux roule ce métal;
   Et par ce canal
L'homme de tout rang, de tout âge,
   Va d'un pas égal
A la fortune, à l'hôpital.
   Le Palais-Royal
Est l'écueil du meilleur ménage;
   Le nœud conjugal
S'y brise net comme un cristal.
   Le provincial,
Exprès pour l'objet qui l'engage,
   Y vient d'un beau schall
Faire l'achat sentimental;
   Mais l'original
A vu certain premier étage...
   Heureux si son mal
Se borne à la perte du schall!...
   Dans un temps fatal,
Si de maint politique orage
   Le Palais-Royal
Devint le théâtre infernal,
   Du gai carnaval
Il est aujourd'hui l'héritage;
   Jeu, spectacle, bal,
Y sont dans leur pays natal.
   Flamand, Provençal,
Turc, Africain, Chinois, sauvage,
   Au moindre signal
Tout se trouve au Palais-Royal.
   Bref, séjour banal
Du grand, du sot, du fou, du sage,
   Le Palais-Royal
Est le rendez-vous général.

LA DÉSOLATION GÉNÉRALE

OU LA SUPPRESSION DES BILLETS GRATIS

CHŒUR

Air : *Quel désespoir!*

   Quel désespoir!
Plus de billets de comédie!
   Quel désespoir!
Qu'allons-nous devenir le soir?

   C'est nous que congédie
   Un ordre révoltant!
   C'est une perfidie...
   Nous applaudissions tant!

   Quel désespoir!
Plus de billets de comédie!
   Quel désespoir!
Qu'allons-nous devenir le soir?

PLUSIEURS VOISINS ET VOISINES.

Air : *Que le sultan Saladin.*

Ces billets m'ont tant de fois
Epargné chandelle et bois!
Tout-à-coup on les retranche;

Et qui voudra le dimanche
Voir comédie , opéra,
    Paîra,
    Paîra;
Et, d'après cet ordre-là,
Il faudra brûler de plus belle
    Bois et chandelle. (*bis*)

UN DIRECTEUR.

Air : *Lise épouse l' beau Germance*

A chaque pièce nouvelle,
Bien certains de votre zèle,
Nous opposions aux sifflets
Un déluge de billets :
C'est l'intérêt de la pièce
Qui nous prescrivait cela...
Mais l'intérêt de la caisse
N' connaît pas ces billets-là. (*bis*)

LES CAFETIERS DES DIFFÉRENTS THÉATRES.

Air : *Je vous comprendrai toujours bien.*

Mais nous, dont les punchs renommés
Disposaient si bien les athlètes,
Les billets *gratis* supprimés
Suppriment aussi nos recettes :
C'est chez nous que ces fiers soldats
De la pièce prenaient la cause;
Et, qu'elle prît ou ne prît pas,
Ils prenaient toujours (*ter*) quelque chose.

UN CABALEUR.

Air : *On dit que le diable est céans*
(*de* Monténéro).

Sans doute, messieurs les acteurs,
Ce changement est votre ouvrage ;
Et c'est d'un si cruel outrage
Que vous payez vos défenseurs ?
    Mais patience, (*bis*.)
Plus de billets, plus d'indulgence,
Craignez notre indignation...
La bonne ou mauvaise action
A tôt ou tard sa récompense.

UN CHEF DE FILE.

Air : *Il faut que l'on file doux.*

Et moi qui de votre gloire
Fus le premier instrument,
Une trahison si noire
Paîra donc mon dévoûment !
Tragédie ou vaudeville ,
Faible de plan et de style,
Paraissait-il chanceler,
C'est le chef de file, file, file,
Qui l'empêchait de filer.

UN CLAQUEUR , *à un chef d'emploi.*

Air : *Traitant l'amour sans pitié* (*de* Voltaire
chez Ninon).

Un soir, dans Agamemnon,
Nous vous jurâmes d'avance

D'applaudir à toute outrance
A chaque coup de talon;
Achille était votre rôle,
Et je ne sais trop, mon drôle,
Sans ce petit coup d'épaule,
Ce qui vous fût arrivé.
Mais la main fut si docile,
Et le talon si mobile,
Que ce qui perdit Achille
Est ce qui vous a sauvé. (*bis.*)

LES ACTEURS.

Air : *Que d'établissements nouveaux!*

Quoi! vous vous en prenez à nous
Des billets *gratis* qu'on supprime?
Eh! mes amis, bien plus que vous
L'acteur n'en est-il pas victime?
Quand un créancier inquiet
Venait faire le bon apôtre,
Nous lui faisions notre billet...
Pour ne pas en payer un autre. (*bis.*)

UN COMIQUE.

Air : *Je suis né natif de Ferrare.*

Uthal payait la revendeuse,
Le Traité nul, la parfumeuse,
Richard payait le bijoutier,
Anacréon, le cordonnier;
Othello payait la modiste,
Et les Templiers, l'aubergiste;
Titus payait le perruquier,
Et la Prude, le culottier.

UNE PRINCESSE.

Air : *des Fleurettes.*

Hélas¹ avant la pièce,
Qui nous exaltera?
Dans le cours de la pièce,
Qui nous applaudira?
Si nous manquons dans la pièce,
Quel ami nous défendra?
Et qui nous demandera
Après la pièce?

CHŒUR GÉNÉRAL DES CABALEURS.

Air : *Courez vite, prenez le patron.*

Rendez-nous, rendez-nous nos billets,
Ou vous périrez sous les sifflets...
Oui, j'en fais hautement
Le serment,
Nous sifflerons jusques au bout
Tout.
Chaque ouvrage qui sera joué
Sera bafoué,
Honni, hué
Et conspué.
A chaque morceau,
Mauvais ou beau,
Nous éternûrons,

Désaugiers.   2

Nous bâillerons,
Nous tousserons...
Dans l'horreur
De ce courroux vengeur,
Rien enfin
N'ira jusqu'à la fin;
Et l'auteur
Ou l'acteur
Le meilleur,
Fût-il un prodige, un phénix,
Nix.

RONDE DE TABLE

Air : *Pour étourdir le chagrin.*

Allons, mettons-nous en train;
Qu'on rie,
Et que la folie
D'un aussi joli festin
Vienne couronner la fin.

Si par quelques malins traits
Les convives se provoquent,
Ici ce ne sont jamais
Que les verres qui se choquent.
Allons, etc.

Le vin donne du talent
Et vaut, dit-on, une muse;
Or donc, en me l'infusant,
J'aurai la science infuse.
Allons, etc.

Amis, c'est en préférant
La bouteille à la carafe,
Qu'on voit le plus ignorant
Devenir bon géographe.
Allons, etc.

Beaune, pays si vanté,
Chablis, Mâcon, Bordeaux, Grave...
Avec quelle volupté
Je vous parcours dans ma cave!
Allons, etc.

Champagne, ton nom flatteur
A bien plus d'attraits, je pense,
Sur la carte du traiteur
Que sur la carte de France.
Allons, etc.

A voir ainsi du pays,
On s'expose moins sans doute :
Il vaut mieux, à mon avis,
Verser à table qu'en route.
Allons, etc.

Je sais qu'une fois en train,
On est étendu par terre
Tout aussi bien par le vin
Que par un vélocifère.
Allons, etc.

Mais voyage qui voudra ;
A moins que l'on ne me chasse,
D'un an, tel que me voilà,
Je ne bougerai de place.
Allons, etc.

Ce lieu vaut seul, en effet,
Toute la machine ronde,
Et le tour de ce banquet
Est pour moi le tour du monde.
Allons, etc.

Il faudra pourtant, amis,
Fuir de ce séjour aimable ;
En quittant ce paradis,
Nous nous donnerons au diable.
Allons, mettons-nous en train,
Qu'on rie,
Et que la folie
D'un aussi joli festin
Vienne couronner la fin.

LE NOIR

Air : *De la Sauteuse.*

Du matin au soir
Le noir
Joint l'éclat à la grâce,
Dans toute saison
Le noir, dit-on,
Est de bon ton.
On se met en noir
Lorsqu'on va voir
Les gens en place,
Le juge est en noir
Quand sur son siége
Il va s'asseoir,
Le noir
Fait valoir
Dans le boudoir
Un sein de neige ;
Auteur
Et docteur
Ont adopté cette couleur ;
C'est en habit noir

Que l'on épouse cet qu'on aime ;
　　Maint drame le soir
　　Nous a fait voir
　　Thalie en noir.
　Suit-on un cercueil,
　　Le noir du deuil
　　Offre l'emblême,
　　Et c'est la couleur
Qu'au bal aime plus d'un danseur.
　　Bref, le noir
　　S'allie
　　Au désespoir
　　A la folie,
　Et sous cet habit
On juge, on danse, on pleure, on rit.

MA PHILOSOPHIE

CHANSON MORALE

Air : *Fournissez un canal au ruisseau.*

Pour jamais l'an vient de s'écouler,
　Amis, c'est un mal sans remède,
Et bien loin de nous en désoler,
　Ne songeons qu'à l'an qui succède :
　Oui, livrons-nous, pour rajeunir,
　Aux transports d'une gaîté folle,
Et, ne pouvant fixer le temps qui vole,
　Tâchons de fixer le Plaisir.

Si l'objet dont nous sommes épris
　Devait toujours rester le même,
A nos yeux il perdrait de son prix :
　Tout vieillit, c'est la loi suprême ;
　Et lorsque l'an, vers son déclin,
　Loin de moi fuit à tire-d'aile,
Je vois bien moins ce qu'il ôte à ma belle
　Que ce qu'il ajoute à mon vin.

Moquons-nous de la fuite du temps,
　Et n'en regrettons que la perte ;
Que toujours de vingt mets différents
　Notre table reste couverte...
　Et chantons à tous nos repas :
　L'appétit naît de la folie ;
Or, les seuls jours perdus dans cette vie
　Sont les jours où l'on ne rit pas.

Aimons bien, buvons bien, mangeons bien,
　Jusqu'à la fin de notre route,
Et surtout, amis, ne gardons rien
　Pour un lendemain dont on doute.
　Alors l'avare nautonier,
　Aux enfers prêt à nous descendre,
Prévoyant bien qu'il n'aurait rien à prendre,
　Finira par nous oublier.

JEAN QUI PLEURE ET JEAN QUI RIT

Air *du vaudeville du* Rémouleur et la Meunière.

　Il est deux Jean dans ce bas monde
　Différents d'humeur et de goût ;
　L'un toujours pleure, fronde, gronde,

L'autre rit partout et de tout.
Or, mes amis, en moins d'une heure,
Pour peu que l'on ait de l'esprit,
On conçoit bien que Jean qui pleure
N'est pas si gai que Jean qui rit.

Aux Français une tragédie
A-t-elle éprouvé quelque échec,
Vite, d'une autre elle est suivie :
Le public la voit d'un œil sec;
L'auteur en vain la croit meilleure;
On siffle... son rêve finit...
Dans la coulisse est Jean qui pleure,
Dans le parterre est Jean qui rit.

Jean-Jacques gronde et se démène
Contre les hommes et les mœurs;
La gaîté de Jean La Fontaine
Epure et pénètre les cœurs;
L'un avec ses grands mots nous leurre;
De l'autre un rat nous convertit :
Nargue, morbleu, du Jean qui pleure!
Vive à jamais le Jean qui rit!

Dupe d'une fausse caresse,
Floricourt, ivre de désirs,
Saisit la coupe enchanteresse
Qu'un dieu fripon offre aux plaisirs.
En riant l'imprudent l'effleure,
Il la savoure, il la tarit :
Et le lendemain Jean qui pleure
Succède, hélas! à Jean qui rit.

Jean, porteur d'eau de la Courtille,
Un soir se noya de chagrin;
Un autre Jean, jeune et bon drille,
Tomba mort ivre un beau matin,
Et sur leur funèbre demeure
On grava, dit-on, cet écrit :
« Le ciel fit l'eau pour Jean qui pleure,
Et fit le vin pour Jean qui rit. »

Auprès d'un vieux millionnaire
Qui va dicter son testament,
Le Jean qui rit est en arrière,
Le Jean qui pleure est en avant;
Jusqu'à ce que le vieillard meure
Il reste au chevet de son lit;
Est-il mort, adieu Jean qui pleure;
On ne voit plus que Jean qui rit.

Professeurs dans l'art de bien vivre,
Dispensateurs de la santé,
Vous que ne cessent pas de suivre
Et l'appétit et la gaîté,
Ma chanson est inférieure
A tout ce qu'on a déjà dit,
Et je vais être Jean qui pleure
Si vous n'êtes pas Jean qui rit.

V'LA C' QUE C'EST QUE L' CARNAVAL

Air : *V'là c' que c'est qu' d'aller au bois.*

Momus agite ses grelots,

Comus allume ses fourneaux,
Bacchus s'enivre sur sa tonne,
   Pallas déraisonne,
   Apollon détonne;
Trouble divin, bruit infernal...
   V'là ce que c'est que l' Carnaval.

Au lever du soleil on dort,
Au lever de la lune on sort;
L'époux, bien calme et bien fidèle,
   Laisse aller sa belle
   Où l'amour l'appelle :
L'un est au lit, l'autre est au bal...
   V'là c' que c'est que l' Carnaval.

Carrosses pleins vont par milliers,
Regorgeant, dans tous les quartiers;
Dedans, dessus, devant, derrière,
   Jusqu'à la portière,
   Quelle fourmillière!
Des fous on croit voir l'hôpital...
   V'là c' que c'est que l' Carnaval.

Un char, pompeusement orné,
Présente à notre œil étonné
Quinze poissardes, qu'avec peine
   Une rosse traîne;
   Jupiter les mène;
Un cul-de-jatte est à cheval...
   V'là c' que c'est que l' Carnaval.

Arlequin courtise Junon,
Colombine poursuit Pluton,
Mars, madame Angot qu'il embrasse,
   Crispin une Grâce,
   Vénus un Paillasse;
Ciel, terre, enfers, tout est égal...
   V'là c' que c'est que l' Carnaval.

Mercure veut rosser Jeannot,
On crie à la garde aussitôt,
Et chacun voit, de l'aventure,
   Le pauvre Mercure
   A la préfecture,
Couché sur un procès-verbal...
   V'là c' que c'est que l' Carnaval.

Profitant aussi des jours gras,
Le traiteur déguise ses plats,
Nous offre vinaigre en bouteille,
   Ragoût de la veille,
   Daube encor plus vieille.
Nous payons bien, nous soupons mal...
   V'là c' que c'est que l' Carnaval.

Un bœuf, à la mort condamné,
Dans tout Paris est promené :
Fleurs et rubans parent sa tête,
   On chante, on le fête,
   Et, la ronde faite,
On tue, on mange l'animal...
   V'là c' que c'est que l' Carnaval.

Quand on a bien ri, bien couru,
Bien chanté, bien mangé, bien bu,

Mars d'un fripier reprend l'enseigne,
Pluton son empeigne,
Jupiter son peigne,
Tout rentre en place, et bien ou mal...
V'là c' que c'est que l' Carnaval.

LE CARÊME

Air : *Mon père était pot.*

Puisqu'on s'exerce plus gaîment
Sur un sujet qu'on aime,
Devrait-on forcer un gourmand
A chanter le Carême?
Mais tant bien que mal,
Il faut du journal
En tout point suivre l'ordre.
Puisse mon sujet,
Tout maigre qu'il est,
Me donner de quoi mordre!

Adieu, pâtés et saucissons!
En ces jours d'abstinence,
Ce n'est, hélas! que de poissons
Que se nourrit la France.
Pour que le péché
Dont il s'est taché
S'efface de lui-même,
Vous voyez qu'il faut
Que le vrai dévot
Pêche tout le Carême.

Cochons, que votre sort est doux,
Quand Mardi-Gras nous laisse!
Vos bourreaux, suspendant leurs coups,
Respectent votre graisse,
Et quoiqu'à bon droit
Le Carême soit
Proscrit par plus d'un moine,
Un pareil statut
Prouverait qu'il fut
Fondé par saint Antoine.

Hélas! de plaisirs aussi courts
Faut-il qu'on se repente!
Et pour avoir ri quinze jours
Doit-on jeûner quarante?
Le marin souvent
Subit, en rentrant,
Une aussi longue peine :
Mais au moins il peut
Manger ce qu'il veut
Pendant sa quarantaine.

Hier, pensant à ma chanson
Plus qu'à ma ménagère,
Je ne lui disais que : « Paix donc!
J'ai mon Carême à faire. »
Je voulus la nuit
Lui dire sans bruit
Ce qu'on dit quand on aime...
« Un peu moins d'amour,

Dit-elle à son tour;
Faites votre Carême. »

Enfin, chers gourmands, je l'ai fait :
Il faut qu'on se résigne;
Mais convenez que le sujet
De nous n'était pas digne,
Et toi, cher lecteur,
Puisque, par malheur,
Le Carême est d'instance,
Bien tournée ou non,
Chante ma chanson
Au moins par pénitence.

COUPLETS

CHANTÉS UN JOUR DE NOCES PAR LE PÈRE DE LA MARIÉE.

Air : *V'là c' que c'est d'aller au bois.*

Mon Dieu! mon Dieu! quel embarras
Qu' d'avoir un' fille sur les bras!
On se dit, dès son bas âge :
« Sera-t-elle sage?
Heureuse en ménage? »
Pendant quinze ans on n' pens' qu'à çà...
V'là c' que c'est que d'êt' papa.

A quatre ans, quel maudit sabbat!
Ça crie, ou ça mord, ou ça bat :
Pour rendre l'espiègle muette
On lèv' la jaquette,
On soufflette, on fouette :
Puis un baiser vient gâter ça...
V'là c' que c'est que d'êt' papa.

A huit ans ça veut babiller,
Ça veut trancher, ça veut briller :
Soir et matin la p'tit' coquette
N' rêve que toilette;
Il faut qu'on achète
Colliers par-ci, brac'lets par là...
V'là c' que c'est que d'êt' papa.

C'est à douze ans qu' faut voir venir
Des maîtres à n'en plus finir!
Danse, dessin, musique, histoire,
Enflent le mémoire...
C'est la mer à boire!
Au bout du mois faut payer ça...
Vlà c' que c'est que d'êt' papa.

Mais p'tit à p'tit v'là qu' ça grandit;
Qu' ça s'embellit, qu' ça s'arrondit...
D' not' fille on vante la figure,
L'esprit, la parure,
Le ton, la tournure,
Et nous mordons à c't ham'çon-là...
V'là c' que c'est que d'êt' papa.

Un beau garçon s' présente enfin,
Doux, honnête, et d' cœur sur la main;
D' plaisir, d'amour son cœur pétille...

Il plaît à la fille,
A tout' la famille;
L' père enchanté dit : « Touchez là... »
V'là c' que c'est que d'êt' papa.

Les bans sont bientôt publiés,
Et les jeunes gens mariés :
Au Cadran-Bleu l' festin s'ordonne;
L' mari qui le donne
D' plaisir déraisonne
En pensant qu'un jour il dira :
« V'là c' que c'est que d'êt' papa! »

A la fin du joyeux repas,
Au couple heureux on tend les bras;
L'un, quittant sa place et son verre,
Saute au cou d' la mère,
L'autre au cou du père,
Qui pleure, et dit en voyant ça :
« V'là c' que c'est que d'êt' papa! »

LA TABLE

Air : *Je ne veux la mort de personne.*

En vrai gourmand, je veux ici
Chanter ce meuble nécessaire
Dont tous les mois l'attrait chéri
Double les nœuds et les resserre;
Oui, quels que soient les traits mordants,
Dont la critique nous accable,
Au risque de ses coups de dents,
Je vais m'étendre sur la table.

Comment refuser son tribut
A cette mère universelle?
Sans la table point de salut,
Et nous n'existons que par elle.
L'alcôve où l'homme s'amollit
Lui peut-elle être comparable?
Les pauvres mourants sont au lit,
Les bons vivants ne sont qu'à table.

Quel doux spectacle, quel plaisir
De voir ces sauces parfumées
Dont toujours, prêt à les saisir,
L'odorat pompe les fumées!
On rit, on chante, on mange, on boit...
De bonheur source intarissable!
Le cœur pourrait-il rester froid
Quand il voit tout fumer à table?

Deux rivaux entendent sonner
L'instant qui menace leur vie :
A faire un dernier déjeuner
Un témoin sage les convie;
Dans le vin tous deux par degrés
Eteignent leur haine implacable :
Ils seraient peut-être enterrés,
S'ils ne s'étaient pas mis à table.

Le gros Raymond voit chaque jour
Cent wiskys assiéger sa porte :
Il reçoit la ville et la cour;

La renommée aux cieux le porte.
« Il a donc de rares vertus?
— Non. — A-t-il un nom remarquable,
Des talents, de l'esprit? — Pas plus.
— Qu'a-t-il donc? — Il a bonne table. »

Grands yeux bien noirs et bien piquants,
Oreille ou poitrine rôtie,
Petite bouche, belles dents.
Cervelle grasse et bien farcie,
Taille légère, bons gigots,
Sein de lis, langue délectable,
Jambe mignonne, pieds de veaux,
Voilà ma maîtresse et ma table.

A table on compose, on écrit;
A table une affaire s'engage;
A table on joue, on gagne, on rit;
A table on fait un mariage;
A table on discute, on résout;
A table on aime, on est aimable;
Puisqu'à table on peut faire tout,
Vivons donc sans quitter la table.

FAUTE D'UN MOINE

L'ABBAYE NE MANQUE PAS

Air : *Ça n' se peut pas.*

De Comus nous ouvrons le temple;
Gourmands, buveurs, accourez tous.
Et pour mieux suivre notre exemple,
Soyez exacts au rendez-vous;
Car la soupe une fois servie,
Si l'un de nous manque au repas,
Faute d'un moine, l'abbaye
    Ne manque pas. (*bis.*)

Avez-vous vu la pauvre Ursule
Depuis que son mari n'est plus?
Sa maison est une cellule,
Tous les hommes en sont exclus.
Les uns pensent qu'elle s'ennuie,
Et les autres disent tout bas :
Faute d'un moine, l'abbaye
    Ne manque pas.

La nuit, la frileuse Laurence
Au feu d'un moine avait recours;
Sa vieille maman, par prudence,
Proscrit le moine pour toujours;
Mais quand une fille jolie
Craint de grelotter dans ses draps.
Faute d'un moine, l'abbaye
    Ne manque pas.

Santeuil, de joyeuse mémoire,
Du couvent s'échappait sans bruit,
Pour aller chanter, rire et boire
Le jour et quelquefois la nuit.
« Autant vaut, se disait l'impie,
Rire ici que ronfler là-bas;

Faute d'un moine, l'abbaye
    Ne manque pas. »

Jurons, quoique tout ait son terme
De ne jamais nous désunir ;
Amis, verre en main, tenons ferme
Jusqu'à notre dernier soupir ;
Et si la mort me congédie,
Chantez tous après mon trépas :
Faute d'un moine, l'abbaye
    Ne manque pas.

LES COUPS

Air *du vaudeville du* Chapitre *second.*

Tout homme ici-bas a sa part
Des coups qui menacent la vie :
Le joueur craint ceux du hasard ;

Le riche craint ceux de l'envie;
L'ennemi craint ceux du canon,
Le poltron craint les coups de canne,
Et l'homme à talent est, dit-on,
Sujet au coup de pied de l'âne.

Un coup de tête bien souvent
Aux jeunes gens devient funeste;
Un coup de langue est du méchant
L'arme qu'à bon droit on déteste;
L'espérance du laboureur
Par un coup de vent est trompée;
Un coup de patte à son auteur
Parfois attire un coup d'épée.

Un coup de théâtre mal fait
Indispose tout un parterre,
Et l'auteur, au coup de sifflet,
Est frappé d'un coup de tonnerre;
Les coups fourrés ont des attraits
Pour la beauté la moins friponne;
Mais, chez elle, on sait que jamais
Un coup manqué ne se pardonne.

Tout fiers de leurs nouveaux succès,
Nos riches étonnés de l'être
Se vantent que les coups d'essais
Ont été de vrais coups de maître.
Mais de la fange étant sortis,
Malgré l'éclat de leurs carrosses,
La poussière de leurs habits
Résiste à tous les coups de brosses.

Il est des coups que ne craint pas
L'amant bien épris de sa belle;
Un seul coup d'œil lui dit tout bas :
« Au coup de minuit sois fidèle. »
Minuit sonne : au coup de marteau
S'ouvre la porte clandestine,
Et ceints de l'amoureux bandeau
Ils font leurs coups à la sourdine.

Chers amis, comme en vous chantant
Coup sur coup six couplets, je tremble
D'avoir perdu des coups de dent,
Buvons au moins un coup ensemble;
Si de ma chanson sur les coups
L'assommante longueur vous lasse,
Je consens, par pitié pour vous,
A vous donner le coup de grâce.

TOUT CE QUI LUIT N'EST PAS OR

Air : *Dans la paix et l'innocence.*

Pour une chanson nouvelle
J'invoquais mon Apollon,
Quand je vis à ma chandelle
Se brûler un papillon;
Et cet incident tragique
M'inspira, sans nul effort,
Ce refrain philosophique :
Tout ce qui luit n'est pas or.

Sans argent, sans espérance,
Figeac plaignait son destin.
« Hé, morgué ! d' la patience,
Lui dit Pierre, son voisin;
L' soleil luit pour tout le monde.
— Il luit, j'en tombé d'accord;
Mais lorsqué l'estomac gronde,
Tout cé qui luit n'est pas or. »

De la nuit perçant les voiles,
Un faux savant, un vrai sot,
Au feu brillant des étoiles,
Croit faire bouillir son pot;
Mais loin de faire fortune,
Il se perd dans son essor,
Et voit qu'autour de la lune
Tout ce qui luit n'est pas or.

Dans mille pièces mesquines
Qu'un jour voit s'évanouir,
Costumes, décors, machines,
Tout est fait pour éblouir;
Mais au bout de la quinzaine,
La baisse du coffre-fort
Prouve au caissier qu'à la scène
Tout ce qui luit n'est pas or.

Le jour de l'hymen d'Hortense,
Son papa dit au futur :
« C'est la vertu, l'innocence;
Le jour qui luit est moins pur. »
Mais la nuit, dit la chronique,
L'époux, déplorant son sort,
« S'écria d'un ton tragique :
« Tout ce qui luit n'est pas or. »

Quand une Agnès se dit riche,
Quand un fat vante son nom,
Quand un médecin s'affiche,
Quand une belle dit non,
Quand un voyageur bavarde,
Quand un Anglais se dit lord,
Mes amis, prenez-y garde,
Tout ce qui luit n'est pas or.

PETITE PLUIE ABAT GRAND VENT

Air *du Partage de la richesse*
ou *du Petit Matelot*

Lundi matin, un grand tumulte
Réveille toute ma maison :
C'est un créancier qui m'insulte
Et veut m' renvoyer en prison :
Les soufflets pleuvent sur sa face,
Et mon juif, en les recevant,
Plus poli, me demande grâce :
Petite pluie abat grand vent.

Je sors, je rencontre une belle,
Au teint de lis, aux doux contours.
Je la poursuis en dépit d'elle,
Elle veut crier au secours;

J'use aussitôt d'une recette
Qui réussit assez souvent ;
Ma Danaé devient muette :
Petite pluie abat grand vent.

Comblé des bontés de la dame,
Je cours chez l'ami Roberto :
Ce tendre époux battait sa femme
Prise... *in flagrante delicto.*
Mais, au plus fort de la tempête,
Il la voit de pleurs s'abreuvant ;
Son courroux meurt, son bras s'arrête :
Petite pluie abat grand vent.

Deux hommes écumant de rage,
Plus loin se prenaient aux cheveux,
Voilà qué d'un premier étage
On les arrose tous les deux ;
Voilà nos héros de l'ondée
A droite, à gauche, se sauvant ;
Voilà la querelle vidée :
Petite pluie abat grand vent.

Le soir, je livrais au parterre
Le sort d'un enfant nouveau-né :
Je verse le punch à plein verre
A maint claqueur déterminé ;
On veut siffler, et ma cohorte,
Tour à tour claquant et buvant,
Met tous les siffleurs à la porte :
Petite pluie abat grand vent.

Je regagne enfin ma demeure,
Où m'attendait certain minois ;
Je l'embrasse... il était une heure :
Le baiser dura jusqu'à trois.
Mais tôt ou tard l'amour sommeille,
Et bientôt Morphée arrivant,
Vint tout bas me dire à l'oreille :
Petite pluie abat grand vent.

L'EAU VA TOUJOURS A LA RIVIÈRE.

Air : *J'étais bon chasseur autrefois.*

Amis, il est un fait certain
Que ne doit ignorer personne ;
La Moselle s'unit au Rhin,
La Dordogne à la Garonne ;
L'Oise dans la Seine se rend,
Le Rhône se rend à l'Isère,
Et, bien ou mal, voilà comment
L'eau va toujours à la rivière.

Armateur, jadis porteur d'eau,
Mondor, qui se nommait Antoine,
Achète, équipe maint vaisseau,
L'Océan est son patrimoine ;
Humble autrefois, fier aujourd'hui,
Au Pactole il se désaltère,
Et les faveurs pleuvent sur lui :
L'eau va toujours à la rivière.

L'ami Vigier, tous les matins,
Chez lui voit accourir la foule ;

Et tant qu'il coulera des bains,
Nous ne craignons pas qu'il se coule.
Vigier roule et nage dans l'or,
Sa fortune est liquide et claire,
Et chaque été la double encor ;
L'eau va toujours à la rivière.

Un Jean-Baptiste, vigneron,
Ayant adopté pour système
D'imiter en tout son patron,
Honorait son vin de baptême.
Un jour, la Seine débordant
Vient inonder sa cave entière.
Il devait prévoir l'accident :
L'eau va toujours à la rivière.

Je voulais boire ce matin
A la source de l'Hippocrène ;
Vous m'avez coupé le chemin,
Et je reviens tout hors d'haleine.
Chaque mois vous m'opposerez
Cette insurmontable barrière ;
Plus vous buvez, plus vous boirez :
L'eau va toujours à la rivière.

LA MOUTARDE APRÈS LE DINÉ

Air : *Au clair de la lune.*

Ma chanson à faire
Jusqu'à ce moment
Ne m'occupa guère ;
Ce matin pourtant,
Ma muse musarde,
Avant déjeuné,
A fait la moutarde
Après le diné.

Qu'une tragédie
Ait un plein succès,
Et, par jalousie,
Que, deux jours après,
Un journal bombarde
L'auteur couronné,
C'est de la moutarde
Après le diné.

Jaloux de sa belle,
Certain vieux galant
Trouve un jour près d'elle,
Son représentant ;
Le sot qu'on brocarde
Crie en déchaîné...
C'est de la moutarde
Après le diné.

Dans la capitale
Un pauvre ingénu
Boit, joue et régale
Le premier venu ;
Mais s'il se hasarde
A traiter Phryné,

Gare à la moutarde
Après le dîné.

Roch, purgeant Ragonde,
Que l'âge accablait
Disait que ce monde
Etait un baquet.
« Alors, dit la garde,
Tout votre séné
Est de la moutarde
Après le dîné. »

Madame Gertrude,
Veut, à soixante ans,
Faire encor la prude,
Mais il n'est plus temps.
En vain elle farde
Son teint suranné ;
C'est de la moutarde
Après le dîné.

Amis, je m'arrête,
Et crains, entre nous,
Qu'un grand mal de tête
Ne vous prenne à tous.
A tort je bavarde ;
Rien ne monte au né
Comme la moutarde
Après le dîné.

COUPLET

D'UNE JEUNE FEMME A SON AMANT

EN LUI ADRESSANT UNE LETTRE

Dans cette feuille de papier
Je vois ton image chérie :
Comme elle, tu te sais plier
Aux caprices de ton amie.
Elle est aussi de mon amour
La dépositaire fidèle ;
Mais, hélas ! je crains bien qu'un jour
Tu ne sois aussi léger qu'elle.

LE FOIN

Air *du Vaudeville du Mameluk.*

Nous, qui pour payer nos dettes
Chantons ici tous les mois,
Allons, gais, friands poètes,
Que le foin nous mette en voix !
Mardi, près d'une bruyère,
Un fait dont je fus témoin
M'a prouvé qu'on pouvait faire
Quelque chose sur le foin

Aussitôt, vaille que vaille,
J'ai griffonné ce couplet :
La misère est sur la paille,
Le luxe est sur le duvet.
La grandeur est sous un dôme,
Le talent est dans un coin,

Le repos est sous le chaume,
Le plaisir est sur le foin.

Puis, aux traits de la satire
Abandonnant mon esprit,
J'ai fait un malin sourire,
Et tout bas je me suis dit :
« Maint fat que j'ai sur mes notes
N'eût jamais été si loin,
S'il n'avait pas dans ses bottes
Mis quelques bottes de foin. »

Foin du censeur trop austère,
Foin des fats, foin des pédants,
Foin des fous, foin de la guerre,
Foin des sots, foin des méchants;
Foin des riches qu'importune
L'aspect touchant du besoin...
Ils mangeraient leur fortune,
Si l'or se changeait en foin.

Le malheureux, par un songe,
Dans un palais transporté,
Prend d'abord ce doux mensonge
Pour une réalité :
Mais bientôt le pauvre diable
Voit, dès que le songe est loin,
Que Dieu mit dans son étable
Plus de paille que de foin.

Chercher l'esprit dans un drame,
Le bon sens dans un roman,
La raison chez une femme,
L'honneur chez un charlatan,
La froideur chez une fille,
Mille écus dans un besoin,
Ah! c'est chercher une aiguille
Dans une botte de foin.

LES BROUILLARDS

Air : *Tenez, moi, je suis un bon homme.*

Pour un gastronome intrépide
Quel triste sujet à chanter !
Mais comme il est assez humide
Je commence par m'humecter :
Si le vin trouble un peu ma vue,
Amis, pardonnez mes écarts;
On peut bien faire une bévue,
Lorsque l'on est dans les brouillards.

Le papier brouillard ne peut guère
Garder l'empreinte d'un écrit;
Aussi, chez Plutus, chez Cythère,
Ce papier a-t-il du débit;
Serment d'amour, vœu d'être sage,
Billets payables sans retard,
Jusqu'aux contrats de mariage,
Tout s'écrit sur papier brouillard.

Figeac à son futur beau-père
Disait : « Sandis! s'il faisait beau
Sur l'autre bord de la rivière

Désaugiers.   3

Vous admirériez mon château;
Mais un nuagé qui l'environne,
Et nous dérobé ses remparts...
Les biens placés sur la Garonne
Sont presque tous dans les brouillards. »

Brouillons tous les vins de la cave,
Brouillons tonnerre et malaga,
Brouillons mâcon, champagne et grave,
Brouillons et madère et rota,
Que de leurs vapeurs salutaires
Jaillissent des couplets gaillards;
Mais entre nous, mes chers confrères,
Jamais, jamais d'autres brouillards.

VŒU D'UN IVROGNE

Air : *Un Chanoine de l'Auxerrois.*

Si l'eau de la Seine un matin
Venait à se changer en vin
  (Ce que je n'ose croire),
Puissé-je à l'instant voir aussi
Chacun de mes bras raccourci
  Se changer en nageoire;
Et, troquant ma forme et mon nom
Pour ceux de carpe et de goujon,
    Hé! bon, bon, bon,
    Devenir poisson,
  Pour ne faire que boire!

COUPLETS

CHANTÉS PAR UN SEXAGÉNAIRE

A JACQUELINE X***

La 1er du mois de mai, jour de sa fête.

Air : *Dans la paix et l'innocence.*

Pour chanter de Jacqueline
Le nom, l'esprit et le cœur,
Vite une chanson badine,
Et qu'on la répète en chœur;
Du doux feu qui me pénètre
Que chacun soit animé;
Au plaisir on doit renaître
Le premier du mois de mai.

C'est l'époque où la nature
Reprend ses riches couleurs,
Où nous voyons la verdure
S'émailler de mille fleurs :
Tour à tour notre patronne
Présente à notre œil charmé
Fleurs du printemps, fruits d'automne,
Le premier du mois de mai.

D'après un antique usage,
On voyait en ce beau jour
Un jeune arbre offrir l'image
Du bonheur et de l'amour :
Au lieu des vers que je chante,
J'aurais aussi mieux aimé
Te planter ce que l'on plante
Le premier du mois de mai.

Que t'offrirais-je? Une rose
Te peindrait mal mon amour;
Quelques vers sont peu de chose
Pour fêter un si beau jour :
Jacqueline, il fut un âge
Où mon cœur, plus enflammé,
T'en aurait fait davantage
Le premier du mois de mai.

COUPLETS A UNE JEUNE MARIÉE

Air : *J'étais bon chasseur autrefois.*

Sophie, au gré de nos désirs,
L'hymen va couronner ta tête;
Nouveaux devoirs, nouveaux plaisirs,
Voilà ce que ce dieu t'apprête.
Pour toi tout change; et dès demain,
Par une douce expérience,
Tu diras : « Du soir au matin,
Ah! bon Dieu! quelle différence!

Aujourd'hui ton heureux époux,
Brûlant et d'amour et d'ivresse,
N'aspire qu'à l'instant si doux
Qui doit te prouver sa tendresse.
Ah! puisses-tu, de ses serments
Regrettant la vive éloquence,

Ne pas dire dans quelque temps :
« Ah! bon Dieu! quelle différence!
Unis par l'âge et par le cœur,
Que peut-il vous manquer encore?
L'âge fuit, c'est un grand malheur,
Mais le cœur reste à son aurore.
Vieux, on s'aime toujours autant,
Soit habitude, soit constance;
On se le prouve moins souvent,
Voilà toute la différence.

COUPLETS D'UNE JEUNE DAME

A SON RETOUR AUPRÈS DE SON MARI APRÈS UN SÉJOUR
DE TROIS MOIS DANS LA CAPITALE

Air *du vaudeville de Lasthénie.*

Enfin me voilà de retour!
C'était le seul vœu de mon âme.
Combien il est heureux le jour
Qui rend un époux à sa femme!
Ah! mon ami, je te réponds
Que, loin de celui que j'adore,
Les jours me paraissaient bien longs,
Et les nuits plus longues encore.

Pendant trois mois, que j'ai souffert,
Quoique dans le cours du voyage
Mille jeunes gens m'aient offert
De me consoler du veuvage!
Séquestrée ainsi loin de toi,
Hélas! quel pénible trimestre!
Quelques jours de plus, et, ma foi!
J'aurais pu lever le séquestre.

Mais n'en conçois pas de frayeur :
Embrasse une épouse qui t'aime;
T'en voilà quitte pour la peur,
Et plus d'un n'en dit pas de même.
Ah! ne va jamais à Paris;
Je ne veux pas te voir paraître
Dans une ville où les maris
Sont presque tous fâchés de l'être.

J'en ai pourtant vu dont jamais
Le temps n'avait éteint l'ivresse :
A chaque instant ils étaient prêts
A faire preuve de tendresse.
Tous les ans, leur fidèle ardeur
Double une famille chérie;
Mais mon cher époux, par malheur,
N'était pas de la compagnie.

Puisque aujourd'hui tu m'es rendu,
Ami, quel bonheur est le nôtre!
A réparer le temps perdu
Il faut s'occuper l'un et l'autre.
Mais, monsieur, pendant ce temps-là,
Vous-même.... Chut! bientôt, j'espère,
Ce que vous ferez m'instruira
De ce que vous avez pu faire.

SOUVENIRS NOCTURNES

DE DEUX ÉPOUX DU DIX-SEPTIÈME SIÈCLE.

Il avait plu toute la journée, et, n'ayant pu aller le soir faire leur partie de
loto chez madame Caquet, sage-femme, rue des Martyrs, monsieur et madame
DENIS s'étaient couchés de bonne heure. Au bout de vingt-trois minutes, madame DENIS, qui ne dormait pas, impatientée du silence obstiné de son mari,
qui n'avait pas cessé de lui tourner le dos, soupira trois fois et prit la parole :

Air : *Premier mois de mes amours.*

MADAME DENIS.

Quoi ! vous ne me dites rien !
Mon ami, ce n'est pas bien ;
Jadis c'était différent ;
Souvenez-vous-en, souvenez-vous-en...
J'étais sourde à vos discours,
Et vous me parliez toujours.

MONSIEUR DENIS, *se retournant.*

Mais, m'amour, j'ai sur le corps
Cinquante ans de plus qu'alors ;
Car c'était en mil sept cent ;
Souvenez-vous-en, souvenez-vous-en...
An premier de mes amours,
Que ne duriez-vous toujours !

MADAME DENIS, *se ravisant.*

C'est de vous qu'en sept cent un
Une anguille de Melun
M'arriva si galamment !
Souvenez-vous-en, souvenez-vous-en...
Avec des pruneaux de Tours
Que je crois manger toujours.

MONSIEUR DENIS.

En mil sept cent deux, mon cœur
Vous déclara son ardeur :
J'étais un petit volcan ;
Souvenez-vous-en, souvenez-vous-en...
Feu des premières amours,
Que ne brûlez-vous toujours !

MADAME DENIS.

On me maria, je crois,
A Saint-Germain-l'Auxerrois.
J'étais mise en satin blanc ;
Souvenez-vous-en, souvenez-vous-en...
Du plaisir charmants atours,
Je vous conserve toujours.

MONSIEUR DENIS, *se mettant sur son séant.*

Comme j'étais étoffé !

MADAME DENIS, *s'asseyant de même.*

Comme vous étiez coiffé !

MONSIEUR DENIS.

Habit jaune en bouracan ;
Souvenez-vous-en, souvenez-vous-en...

MADAME DENIS.

Et culotte de velours,
Que je regrette toujours.

(*Continuant.*)

Comme, en dansant le menuet,
Vous tendîtes le jarret!
Ah! vous alliez joliment!
Souvenez-vous-en, souvenez-vous-en...
Aujourd'hui nous sommes lourds.

MONSIEUR DENIS.

On ne danse pas toujours.

(*S'animant.*)

Comme votre joli sein
S'agitait sous le satin!
Il était mieux qu'à présent;
Souvenez-vous-en, souvez-vous-en...
Belles formes, doux contours!
Que ne duriez-vous toujours!

MADAME DENIS.

La nuit, pour ne pas rougir,
Je fis semblant de dormir.
Vous me pinciez doucement;
Souvenez-vous-en, souvenez-vous-en...
Mais à présent, nuits et jours,
C'est moi qui pince toujours.

MONSIEUR DENIS.

La nuit, lorsque votre époux
S'émancipait avec vous;
Comme vous faisiez l'enfant!
Souvenez-vous-en, souvenez-vous-en...
Mais on fait les premiers jours
Ce qu'on ne fait pas toujours.

MADAME DENIS.

« Comment avez-vous dormi? »
Nous demandait chaque ami :
« Bien, » répondais-je à l'instant;
Souvenez-vous-en, souvenez-vous-en...
Mais nos yeux et nos discours
Se contredisaient toujours.

MONSIEUR DENIS, *lui offrant une prise de tabac.*

Demain, songez, s'il vous plaît,
A me donner mon bouquet.

MADAME DENIS, *tenant la prise de tabac sous
le nez.*

Quoi! c'est demain la Saint-Jean?

MONSIEUR DENIS, *rentrant dans son lit.*

Souvenez-vous-en, souvenez-vous-en...
Epoque où j'ai des retours
Qui me surprennent toujours.

MADAME DENIS, *se recouchant.*

Oui, jolis retours, ma foi!
Votre éloquence avec moi
Eclate une fois par an;
Souvenez-vous-en, souvenez-vous-en...

Encor votre beau discours
Ne finit-il pas toujours.
(*Ici M. Denis a une réminiscence*).

MADAME DENIS, *minaudant.*

Que faites-vous donc, mon cœur?

MONSIEUR DENIS.

Rien... je me pique d'honneur.

MADAME DENIS.

Quel baiser!... il est brûlant...

MONSIEUR DENIS, *toussant.*

Souvenez-vous-en, souvenez-vous-en...

MADAME DENIS, *rajustant sa cornette.*

Tendre objet de mes amours,
Pique-toi d'honneur toujours!

Ici le couple bâilla,
S'étendit et sommeilla.
L'un marmottait en ronflant :
« Souvenez-vous-en, souvenez-vous-en... »
L'autre : « Objet de mes amours,
Pique-toi d'honneur toujours! »

SOIRÉE DE CADET BUTEUX

PASSEUX D' LA RAPÉE

AUX EXPÉRIENCES DU SIEUR OLIVIER

Air : *Voulez-vous savoir l'histoire.*

Je n' vois, en fait de pestacles;
    Foi d' Cadet Buteux,
Rien qui vaille les miracles
    D' nos escamoteux;
J'en savons un passé maître,
    Qu' j'avons vu l'aut' soir;
Gn'y a qu'un moyen de l' connaître,
    Et c'est d'aller l' voir.

J' crois que c' luron s'appelle
    Monsieur Olivier :
Et c'est dans la ru' d' Guernelle
    Qu' travaille l' sorcier;
I' sait vous r'tourner, vous prendre
    Qu'on n'y connaît rien;
Et j' dis qu' s'il ne s' fait point pendre,
    C'est qu'il le veut bien.

J' pensons un' carte, i' m' la nomme,
    C'était l' roi d' carreau :
V'là qu' d'une main il prend z'un' pomme,
    Et d' l'autre un couteau;
Il la partage, il la montre,
    Et, voyez l' malin!
V'là mon roi qui s'y rencontre
    En guise d' pépin.

C' qu'est pus fort, c'est qu'il prépare
    Un grand verre d' vin,
Et vous l' flanque, sans dir' gare,
    Au nez d' mon voisin :
L' diable d' vin s' métamorphose
    En rose, en œillet :

V'là, m' dis-je en restant tout chose,
Un vin qu'a l' bouquet !
J' li prêtons, à sa prière,
Mon castor à glands,
Parc' qu'il avait z'envi d'faire...
Une om'lette d'dans :
Gn'y a point z'a dire, il l'a faite,
Et ça sous not' né,
Et, jarni, moi, d' voir c't' om'lette,
Ça m'a tout r'tourné.

Il me d'mande que j' li garde
Six écus tournois ;
J' les prenons, mais quand j'y r'garde
V'là qu'i' m'en manqu' trois ;
On les trouv' dans un' aut' poche :
A Paris, quoiqu'ça,
N' faut point z'un' lunett' d'approche
Pour voir ces coups-là.

Il perce un mouchoir d' percale
D' grosseur d'un œuf ;
Il souffle d'sus, il l'étale,
Crac, le v'là tout neuf.
Pour nos fill's, ah ! queu trouvaille,
Dans c' siècle d' vartus,
Si, pour boucher z'une entaille,
N' fallait qu' souffler d'ssus !

V'là qu' tout-à-coup la nuit tombe...
Et, pour divartir,
J' vois comm' qui dirait d'un' tombe
D's esquelett's sortir :
A leurs airs secs et mipables,
On s' dirait comm' ça :
C'est-i d's artist's véritables
Qui jou'nt ces rôl's-là ?

Mais avant qu'un chacun sorte,
(Et c'est là l' chiendent !)
V'là l' Fanfan qui nous apporte
Deux torches d' rev'nant.
Morgué ! que l' bon Dieu t' béniasse,
Suppôt d' Lucifer !
J' croyions que j'avions la jaunisse,
Tant j'avions l' teint vert.

Bref, c't Olivier z'est capable,
Dans l' méquier qu'i' fait,
D'escamoter jusqu'au diable,
Si l' diable l' tentait :
Par ainsi, sans épigramme,
Crainte d'accident,
Faut toujours, messieurs et dames,
S' tâter en sortant.

CADET BUTEUX

A L'OPÉRA DE LA VESTALE

~~POT-POURRI EN TROIS ACTES~~

Air : *V'là c' que c'est qu' d'aller au bois.*

L'aut' matin, je m' disais comm' ça :

Mais qu'eu c' qu' s'est qu'un opéra?
V'là qu' dans un' rue, au coin d' la Halle,
J' lisons : *la Vestale* ;
Faut que j' m'en régale ,
C'est trois liv's douz' sous qu' ça m' coût'ra...
Un' vestale vaut ben ça.

Air : *Tous les bourgeois de Chartres*.

L'heur' du spectacle approche,
J' me r'quinqu' pus vite qu' ça,
Et les sonnett's en poche,
J' courons à l'Opéra ;
Mais voyant qu' pour entrer l'on s' bat dans l'antichambre,
Je m' dis : voyez queu chien d'honneur
Quand pour c'te Vestale d' malheur
J' me s'rai foulé z'un membre !

Air *du lendemain*.

N' croyez pas , ma cocotte,
Qu' tout exprès pour vos beaux yeux,
J'allions, à propos d' botte,
M' fair' casser z'un' jambe ou deux ;
Je r'vien'rons, n' vous en déplaise...
N' sait-on pas qu'il est d's endroits
Où c' qu'on entre plus à l'aise
La s'conde fois?

Air : *Tarare Pompon*.

J' n'ons pas pus tôt ach'vé,
Qu' la parole étouffée,
Par un' chienne d' bouffée
Je m' sentons soulevé ;
Le déluge m'entraîne,
Et me v'là z'en deux temps,
Sans billet z'et sans peine,
Dedans.

Air : *A boire ! à boire ! à boire !*

Silenc' ! silenc ! silence !
V'là qu' la première act' commence ;
Chacun m' dit d' mettre chapeau bas,
Je l' mets par terre, il n' tomb'ra pas.

Air : *Il était une fille*.

J' voyons un monastère
Où c' qu'un' fille d'honneur
Etait r'ligieuse à contre-cœur.
C'était monsieur son père
Qui, l' jour qu'il trépassa ;
D' sa fille exigea ça...
Ha !...

Air : *Quoi ! ma voisine, es-tu fâchée ?*

Quand aux règles du monastère
Un' fill' manquait,
On vous la j'tait tout' vive en terre
Comme un paquet.
Si la terre aujourd'hui d' nos belles
Couvrait l's abus,
J' crais ben qu' j'aurions pus de d'moiselles
Dessous que d'ssus.

Air : *Dans les Gardes-Françaises.*

V'là z'enfin un bel homme
Qu' alle avait pour amant,
Qui r'vient vainqueur à Rome
Avec son régiment ;
Il apprend que l' cher père
A cloîtré son objet...
Il pleure, il s' désespère ;
Mais c'est comm' s'il chantait.

Air : *Traitant l'amour sans pitié.*

Dans c' pays-là, par bonheur,
La loi voulait qu'on choisisse
La Vestal' la plus novice
Pour couronner le vainqueur.
« Tu r'viens comme Mars en carême,
(Lui dit tout bas cell' qu'il aime)
Pour r'cevoir le diadème,
Du cœur dont t'as triomphé. »
Il veut répondre, il s'arrête,
Il la r'garde d'un air bête ;
Et le v'là qui perd la tête
Au moment d'être coiffé. (*bis.*)

Air : *Bonsoir la compagnie.*

Enfin,
Un serr'ment de main
Lui dit : « Prends garde,
On nous regarde. »
Le v'là qui se remet ;
V'là qu'elle lui met
Un beau plumet.
« A c'te nuit, j' te l' promets.
— A c'te nuit, j' te l' permets.
— Puisqu' la carimonie,
Dit l'abbesse, est finie,
Rentrez dans vot' dortoir ;
Jusqu'au revoir,
Bon soir. »

Air : *A boire ! à boire ! à boire !*

Silenc' ! silenc' ! silence !
V'là qu' la seconde act' commence,
Et j' vois l'enceinte du saint lieu
Avec un réchaud z'au milieu.

Air : *J'arrive à pied de province.*

On ordonne à la religieuse
D'entret'nir le feu ;
S'il s'éteint, la maheureuse
N'aura pas beau jeu.
A son devoir ell' s'apprête,
N'osant dir' tout haut
Qu'ell' a bien d'aut's feux en tête
Que l' feu du réchaud.

Air *des Fraises.*

La v'là seule ; et dans son cœur,
Où qu' la passion se concentre,
Elle appelle son vainqueur ;
Mais que d'viendra son honneur,
S'il entre, s'il entre, s'il entre ?

Air : *Du haut en bas.*

« Il entrera,
S' dit-elle au bout d'un bon quart d'heure ;
Il entrera,
Et puis après il sortira.
Gn'y a bien assez longtemps quo j' pleure ;
    Du moins j' dirai,
    S'il faut que j' meure :
    Il est entré. »

Air : *Une fille est un oiseau.*

Sitôt pris, sitôt pendu ;
Elle court ouvrir la porte :   -
L'amant, que l'plaisir transporte,
Accourt, d'amour éperdu.
« Faut qu' ce soir je t'appartienne ;
J'ai ta parole, t'as la mienne,
Pus d' feu, pus d' réchaud qui tienne.
— Ciel ! m'arracher de c' lieu saint ! »
Bref, mêm' rage les consume,
Et tandis que leur feu s'allume,
V'là-t-i' pas qu' l'autre s'éteint ! (*bis.*)

Air : *Au coin du feu.*

« O ciel ! je suis perdue !
Dit la Vestale émue ;
    Gn'y a pas d' bon Dieu. »
Et v'là qu' la pauvre amante
Tombe glacée et tremblante
    Au coin du feu. (*trois fois.*)

Air *des Trembleurs.*

Les cris d' la belle évanouie
Donnent l'alerte à l'abbaye,
Qui s'éveill' tout ébahie :
Et l'amant, qui s' sent morveux,
Voyant qu'on crie à la garde,
S'esbigne en disant : « Si j' tarde,
Si j' m'amuse à la moutarde,
Nous la gobons tous les deux. »

Air : *Dépêchons, dépêchons, dépêchons-nous.*

« Ah ! mam'zell', qu'avez-vous fait là !
    Dit d'un' voix de tonnerre
Le revérend du monastère ;
Ah ! mam'zell', qu'avez-vous fait là !
Vot' feu s'est éteint, mais il vous en cuira.
D'shabillez, d'shabillez, d'shabillez-la ;
        Son affaire
        Est claire :
Qu'à l'instant même on l'enterre,
Et qu'ça, mor... et qu'ça, mór... et qu'ça, morbleu,
L'i apprenne un' aut' fois à bien souffler son feu ! »

Air *des Pendus.*

Là-d'sus on lui couv' l'estomac
D'un ling' tout noir qu'a l'air d'un sac ;
L'orchest' li pince à sa manière
Un' marche à porter l' diable en terre ;
Et la patiente, de son côté,
S' dit tout bas : « J' m'en avais douté. »

Air : *A boire ! à boire ! à boire !*

Silenc'! silenc'! silenc'!
V'là qu' la troisième act' commence!
J'vois six tombeaux, sept, huit, neuf, dix,
Qu' c'est gai comme un *De profundis.*

Air : *Au clair de la lune.*

Au clair de la lune
L'amant, tout en l'air,
Sur son infortune
Vient chanter z'un air,
Où c' qu'il dit : « Qu' all' meure,
Et j' varrons beau train !
S'il fait nuit à c't' heure,
Il f'ra jour demain. »

Air *des Fleurettes.*

Mais drès que d' la Vestale
Il entend v'nir l' convoi,
Crac, le v'là qui détale...
On n' sait pas trop pourquoi.
D'vant la fosse il s'arrête :
On croit que l' pauvre officier
D'chagrin va s'y j'ter l' premier ;
Mais pas si bête !

Air : *Le port Mahon est pris.*

Du plus haut d' la montagne,
L'enfant
Descend,
Tout l' monde l'accompagne,
Et tout bas chaqu' compagne
S' dit, en allongeant l' cou :
« V'là son trou, v'là son trou, v'là son trou. »
Pendant l' *Miserere*
Qu'entonne m'sieu le curé,
Blème et plus morte qu' vive,
Au bord du trou la Vestale arrive :
Tout l' monde d'mande qu'all' vive;
L'curé répond : « Nenni,
N, i, ni, c'est fini. »

Air : *Bonjour, mon ami Vincent.*

C'pendant, qu'il dit, j' veux bien
Faire encor queuq'chose pour elle ;
Sur c' réchaud où gn'y a plus rien
Mettez l'fichu de la d'moiselle;
Si l' linge brûle, on n' l'enter'ra pas;
S'il n' brûl' pas, ell' n' l'échapp'ra pas.
Vous l' voyez, aucune étincelle
N' vient contremander son trépas :
Or, plus d' débats;
Du haut en bas,
Gn'y a point z'à dir', faut qu'ell' saute l' pas. »

Air : *Nous nous mari'rons dimanche.*

« Douc'ment,
Dit l'amant
Qui guettait l' moment,
Faut qu'enfin l' chap'let se débrouille :
C'est moi qu'a tout fait,

Grâc' pour mon objet;
Simon j'ai là ma patrouille;
Par son trépas
D'un crim' vot' bras
Se souille;
Si ça n'est pas,
J' veux qu' mon damas
Se rouille.
— Mon Dieu! comme il ment!
Dit la pauvre enfant;
Ni vu, ni connu, j' t'embrouille. »

Air : *Rlantanplan tinelire.*

« Vite, à moi, mon régiment!
En plein, plan,
Rlantanplan,
V'là z'un enterr'ment
Qu'à l instant
Et d' but en blanc
Il faut mettre en déroute;
Battons-nous, coût' qui coûte;
Quoique j' n'y voyons goutte. »
Mais l' régiment
Du couvent,
En plein, plan,
Rlantanplan,
Qu'est pour l'enterr'ment,
Répond qu'il vers'ra son sang
Jusqu'à la dernière goutte.
Pendant queququ' temps on doute
Qu'est-c' qu'emport'ra la r'doute.
Au bout d'un combat sanglant,
En plein, plan,
Rlantanplan,
Au lieu d' l'enterr'ment,
C'est l' régiment
De l'amant
Qui s' trouve être en déroute.

Air : *Il a vendu, il n'a pas pu.*

Gn'y a pas d' milieu,
Faut s' dire adieu;
C'est-i ça qui vous l' coupe!
Rien que d' les voir,
V'là mon mouchoir
Qu'est trempé comme un' soupe.

Air : *N'est-il, amour, sous ton empire.*

L' pauvre agneau descend dans la tombe!
Qu' c'est pain béni!
Sur sa tête l' couvercle r'tombe;
V'là qu'est fini.
Pour si peu s' voir si maltraitée!
L' beau chien d' plaisir!
Et n' la v'là-ti pas ben plantée
Pour raverdir!

Air : *Ciel! l'univers va-t-il donc se dissoudre!*

Mais, patatras! v'là z'un éclair qui brille,
Et l'Tout-Puissant, qui, j' dis, n'est pas manchot,
Pour sauver la pauvre fille;

Vous lâche un pétard qui grille
L' diable d' chiffon qui pendait sur l' réchaud.
Vive l' Père éternel,
Qui d' son tonnerre
Arrang' l'affaire!
J' n'y comptions guère;
C'est z'un coup du ciel.

Air : *Ah! mon Dieu! que je l'échappai belle!*

« Ah! mon Dieu! que je l'échappe belle!
Dit en haussant l' cou
Au d'ssus du trou
La demoiselle;
Au bon Dieu je d'vons un' fièr' chandelle!
Car je n' pouvons pas
M' dissimuler qu' j'étions ben bas! »

Air : *O Filii et Filiæ!*

Tant y a que l' coupl' s'épousa,
Et qu' chaqu' vestal' dit, voyant ça :
« Quand est-c' qu'autant m'en arriv'ra?
Alleluia. »

CADET BUTEUX

AU SPECTACLE DES CHIENS SAVANTS.

Air : *Ton humeur est, Catherine.*

Hier, j'ons vu c'te nouvell' salle,
Là z'où c' que, vantez-vous-en,
Olivier z' et la Vestale
N' sont, morgué, que d' la Saint-Jean!
Pour voir d's homme's ou d's automates,
Je n'aurions, jarni, point payé;
Mais c'est d's artis's à quat' pattes,
Et qui n' se mouch'nt pas du pié.

Qui sort de c'te toil' fendue?
Une valseuse; ah! qu'elle est bien!
Mais, si j' n'ons pas la berlue,
J' crais qu'elle a z'un museau d' chien.
Dieu m' pardonne! à sa tournure,
Je n' l'aurions point deviné...
Si l'enfant n' sent pas la m'sure,
C' n'est pas faut' d'avoir du né.

Dans un' forêt d' chaises de paille
Un autr' chien voudrait percer.
Comme il court, jappe et s' travaille,
A c'te fin d' la traverser!
Bref, il fait tant qu'il pénètre
D' part en part c'te muraille-là;
Et m'est avis qu'il faut z'être
Un artis' à poil pour ça.

V'là z'un soldat qui déserte;
Six chiens lui fris'nt les mollets...
On l' saisit; il s' déconcerte;
Zeste! on li fait son procès;
Et l' déserteur qu'on canarde
Tomb' raid' mort d' la premièr' main,
Comme s'il avait, par mégarde,
Mangé z'un' boulette en ch'min.

L'un s' met deux pieds en écharpe,
Et court plus vite que l' vent...
Ravel, avec ses sauts d' carpe,
En aurait-il fait z'autant?
Un aut' vient danser l'all'mande,
Et d' tous les canich's qu'on voit,
Pas un qui, lorsqu'on l' demande,
N' sach' son rôl' sur l' bout du doigt.

Et c't aut' mâtin qui s' cramponne
Sous un glob' de feu qui part...
C'est Garnerin z'en personne :
Ferme au post' comme un César,
Il n' lâch'ra pas qu'on n' l'assomme,
Et dans l'occasion j' maintiens
Que c' fanfan-là n'est point z'homme
A laisser sa part aux chiens.

Mais c'est dans l'assaut d' la place
Qu'il faut les voir travailler;
Pour leur donner tant d'audace,
Comme on a dû l's étriller!
C'est pis qu' des lions, pis qu' des diables,
Quand ils sont en train z'une fois...
Parlez-moi d' soldats semblables
Pour mettre une place aux abois!

A Paris c'est z'un miracle
Quand un théâtre va bien;
Chaqu' directeur de spectacle
Dit que c'est un métier d' chien;
Mais, sans exposer sa rente,
J' crois ben qu'on peut z'engager
Une troupe qui s' contente
D'avoir un os à ronger.

Gn'y a pourtant z'un point qui, j' pense,
N'aurait pas dû s'oublier...
Quand une entrepris' commence,
Il est bon d' la publier;
Et, pour piquer la pratique,
Je n' sais comment l' directeur
A la porte d' sa boutique
N'a pas mis un aboyeur.

CADET BUTEUX

A LA TRAGÉDIE D'ARTAXERCE

Air *des Folies d'Espagne*.

Ecoutez-moi, vous tous qui d'Altaxerce
N' connaissez point la tragédie en vers!
C'est, voyez-vous, un ouvrage qui perce...
L'âme d' tous ceux qui n' l'ont pas à l'envers.

Air : *Aussitôt que la lumière*.

Dans c'te pièce gn'y a z'un père
Qui d'abord, d'un air en d'sous,
Vient nous dire qu'à la guerre
Son garçon fait les cent coups,
Et qu'un jour dans un' mêlée,
Sans lui, du vieux roi Xercès

Les enn'mis auraient d'emblée
Envoyé l' fils *ad patres.*

Air : *Fons un curé patriote.*

« Faut, dit-il, qu'enfin j' m' hasarde
A faire un coup dign' de moi ;
V'là z'assez longtemps qu' la garde
S' monte à la porte du roi ;
Sitôt qu' mon fils arriv'ra,
C'est pour lui qu'on la mont'ra,
Et Xercès (*ter*) la descendra (*ter*). »

Air : *Oui, je suis soldat, moi.*

« Oui, qu'il règne aujourd'hui,
Maugré qu'on en glose ;
Quand on s'est battu comm' lui,
C'est ben la moind' chose. »
Sur c' mot-là son fils paraît.
V'là qu'Artaban l'embrasse,
Et qu' tout plein d' son beau projet,
Lui dit : « Cher Alsace,
J'entendons qu' tu sois roi,
Maugré qu'on en glose ;
Quand on s'est battu comm' toi,
C'est ben la moind' chose.

Air : *Bon, bon, mariez-vous.*

— Ah ! papa, pourriez-vous bien...
— Mais, paix donc ! faut du mystère.
— Mais, papa, c'est z'un coup d' chien.
— Paix ! qui n' risque rien n'a rien.
Nous, nous, nous, nous sommes six
Qui nous chargeons d' tuer l' père ;
Tu, tu, tu tûras l' fils,
Et j'aurons l' trône *gratis...*
— Ah ! papa, pourriez-vous bien...
— Mais, paix donc ! faut du mystère.
— Mais, papa, c'est z'un coup d' chien.
— Paix ! qui n' risque rien n'a rien.

Air : *J'arrive à pied de province.*

— V'là qu' pour faire ton commerce,
T'arrives tout chaud.
C'est qu'à la tête d' la Perse
N' faut point z'un manchot !
L' maintien de c' peuple indocile
D'mande un autre bras ;
Xercès est un imbécile ;
Tu lui succéd'ras.

Air *du Vaudeville* d'Arlequin Cruello.

— Hé quoi ! lorsque je m' suis battu
Contre vent et marée,
Vous voudriez voir ma vertu
Ainsi déshonorée !
Après avoir vengé mon roi,
Puni les enn'mis d' sa loi,
J'aurais l'âme assez fausse
Pour aller comm' ça, d' but en blanc,
D' Sa Majesté percer l' flanc !
Papa (*bis*), ça s'rait gâter la sauce.

Air : *Sur l' port, avec Manon, un jour.*

— Quand j' te dis qu' t'es fait pour régner !
Ainsi qu'y a point à barguigner ;
Songe qu'il y va de ta gloire...
— Tuer l' pèr' par-ci, tuer l' pèr' par-là,
   Je n' vois, papa,
    Pas d' gloire à ça...
    L' premier vaurien
   Qui m'a dit que j' frais bien,
J' li ai cassé la gueule et la mâchoire. »

Air : *Courons d' la brune à la blonde.*

Là-dessus le papa, qui s' damne,
Connaissant l' faible d' l'enfant,
Quand il d'mande à voir Mandane,
Lui dit que le roi l' défend.
 « Jarni ! c'est ainsi qu'il m' traite,
Dit l' jeune homme tout en feu,
Et j' serions assez bête...
   Non, morbleu !
   Non, corbleu,
  Berdi, berda,
  Patati, patata. »
    Le papa,
   Croyant qu' ça
   L'irrit'ra,
   L' décid'ra,
   Le plant' là,
   Et s'en va...
Mais l' jeune homme est honnête.

Air : *La bonne aventure.*

Las d' s'avoir tant fatigué
  Sans toucher son âme,
De l'avoir ainsi harangué
  Pour l' succès d' sa trame,
L' papa r'vient l'air intrigué,
L'œil hagard et l' visage gai
  Comme un mélodrame,
   O gué,
  Comme un mélodrame.

Air : *Lise épouse l' beau Gernance.*

« Ah ! te v'là, qu'il dit : silence,
Va-t'en... reste... la couronne...
La vengeance... c'est fini...
La nature... c'est pour toi...
On vient... c'est égal... Que dire ?
— Mais, répond l' fils étonné,
Tout c' que vous dit's là, mon père,
N'a ni rime, ni raison. »

Air : *Réveillez-vous, belle endormie.*

Bref, par sa main il nous dit comme
Le roi vient d'être poignardé...
Il fallait que le pauvr' cher homme
Fût ce jour-là bien mal gardé.

   Air : *Du haut en bas.*

  « Le roi z'est mort,
Répond le jeun' héros qui bisque,

Désaugiers.   4

Le roi z'est mort !
Ah ! papa, c'est un peu trop fort...
N' savez-vous pas l' danger que j' risque...
Vous n' fûtes jamais mon père, pisque
Le roi z'est mort !

Air : *Pierrot, sur le bord d'un ruisseau.*

— Queu trait d' sournois ! queu rag' d'enfer !
C' coup diabolique
D'viendra du tragique...
Si dans vos mains on trouve c' fer,
Vous s'rez pendu, rien n'est plus clair.
Daignez permettre
Que j'aille l' mettre
Dans certain coin
Où je n' crains pas d' témoin...
Et crac, le v'là qui s'enfuit l'arme au poing...
Ha ! ha ! comme on ne l' verra point !

Air : *Y a de l'ognon.*

Il s'esbigne en cachette ;
Mais au bas d' la maison
Un' patrouille en védette
Surprend l' pauvre garçon...
Y a de l'ognon (*bis*), d' l'ognon,
D' l'ognette...
Y a de l'ognon.

« C'est lui, dit-on sur l'heure,
C'est lui qu'a tué l' patron...
Il faut, il faut qu'il meure.
Ce n' s'ra pas sans raison...
Y a d' l'ognon (*bis*), d' l'ognon,
Il pleure...
Y a d' l'ognon. »

Air : *A la façon de Barbari.*

V'là qu'on amène l' criminel
Par devant z'Altaxerce...
Mais voyez l' respect paternel !
Pas d' danger qu' rien n' transperce.
« J' vois trop qu'il n'est pas innocent,
Dit l' juge en l' chassant ;
Qui n' dit mot consent.
Et toi, ma sœur, toi dont pour lui,
Aujourd'hui,
L'amour s'était encore accru,
L'euss'-tu cru ?

Air : *J'ai perdu mon âne.*

— Hé quoi ! dit Mandane,
Votr' bouche l' condamne !
Mais j' vous dis devant témoins
Que c' n'est là, ni plus ni moins,
Qu'un jugement d'âne.

Air de *Marcelin.*

Ne t'a-t-il pas sauvé le jour ?
Sans lui l' destin tranchait ta vie ;
Sans lui, j' te perdais sans retour ;
La lumière t'était ravie ;
L'air qu' tu respires, tu li dois :

Si j' te r'vois, c'est lui qu'en est cause, »
Enfin la pauvr' sœur aux abois
Disait toujours la même chose.

Air : *A la papa.*

« Qu' tes discours sont éloquents ! »
Dit à la sœur ce bon frère :
S'fait-il revenu des camps
Pour des crim's si conséquents ?
C'est des cancans.
Artaban qu'est là
Décidera l'affaire,
Et puisque le v'là,
Il va nous juger ça
A la papa,
A, à, à la papa. (*bis.*) »

Air : *Je vous comprendrai toujours bien.*

N' sachant trop sur queu pied danser
V'là z'Artaban qui perd la tête.
I' d'mande la permission d' valser...
V'là z'Altaxerce qui l'arrête.
Accusé du crime infernal,
Albac, paraît, tout l' monde tremble,
Et pour remplir le tribunal,
V'là papa tout seul (*ter.*) qui s'assemble.

Air : *Quoi, vous ne me dites rien ?*

« A l'av'nir, dit-il, mon fils,
Suivrez-vous mieux mes avis ?
Qu' vous conseillait Artaban ?
Souvenez-vous-en, souvenez-vous-en...
Vous avez fait des façons
Et nous v'là jolis garçons !

Air : *Cadet Roussel est bon enfant.*

— Allons, dit l' prince, il faut parler.
— Allons, dit l' père, il faut parler.
— Songe, dit l'un, à n' pas r'culer.
— Parl', dit l'autre, sans te troubler;
Si t'es innocent, j' te pardonne,
Sinon c'est ton trépas qu' j'ordonne. »
Mais, mais, fort heureus'ment,
L' fils de Xercès est bon enfant.

Air : *O Richard ! ô mon roi !*

« O mon ch' père, ô mon roi !
Qu' voulez-vous que j' vous dise ?
C' n'est pas moi, non, non, c' n'est pas moi
Qu'ai fait un' pareille sottise. »
Là-d'ssus l' père interdit
Le r'garde d'un œil qui dit :
N' vas pas faire encore un' bêtise.
— O mon ch' père, ô mon roi !

Air : *C'est un enfant.*

— Veux-tu parler ? réplique l' prince.
— Non, répond-il, je n' sors pas d' là.
— Nomme l' coupable, qu'on l' pince.
— S'il en faut z'un, hé ben, me v'là ;
Que l'on m'mène au supplice,

Ou qu'on m'ensev'lisse...
Dans un cachot, in sœcula...
Je n' sors pas d' là. (bis.)

Air : Si Dorilas.

— J'opinons pour qu' l'accusé meure,
Dit l' père en roulant de grands yeux.
— En c' cas-la, qu' ça soit tout à l'heure,
Dit l' fils en l'vant les bras aux cieux.
— Jarni ! l'étonnant caractère !
Dit l' prince en sortant à grands pas...
V'là z'un fils comme on n'en voit guère,
Un papa comme on n'en voit pas. »

Air : J' commençons à m'apercevoir.

Mais dans l' terrible désespoir
    Où l' met la mort d' son père,
    Savez-vous c' qu'il va faire ?
Vite sur l' trône il va s'asseoir :
    V'là c' qui s'appelle
    Un fils fidèle !
Un fils fi, fi, fidèle ;
Au lieu d' perdre l' temps en regrets,
Sur un malheur encor tout frais,
Voyez (bis) comme un quart d'heure après,
    C' bon fils est pressé d' faire
    Comme faisait son père !

Air du ballet des Pierrots.

Mais Artaban, qui sait qu' la mode,
Quand on est roi, c'est d' boire un coup,
S'avis' d'un expédient commode
Pour s' tirer d'affaire tout d'un coup,
Certain du succès d' l'entreprise,
Il s' dit tout bas : « Ah ! queu bonheur !
Avant qu' mon fils boive ma sottise,
L' cher prince aval'ra la douleur. »

Air : Nous nous mari'rons dimanche.

    Il va pour sortir ;
    Crac, il voir s'ouvrir
Deux superbes rideaux d' Perse :
    Moi j' pense d'abord
    Qu' c'est le lit du mort...
C'est l' couronn'ment d'Artaxerce.
    Quel appareil !
    Gn'y a z'un soleil,
    En face
    Un p'tit buffet
    Sur lequel est
    Un' tasse,
    Et vingt-cinq soldats,
    La hall'barde au bras,
Qui r'présentent l' peuple en masse.

Air : Tous les bourgeois de Châtres.

    L' prince allait boir' la tasse
    Quand un garde du corps
    Vient lui dire qu'Albace
    Fait le diable au dehors ;
Qu'il a de sa prison fui z'à la dérobée ;

Qu'il porte partout l' fer et l' feu ;
Et qu' si le roi n' se montre un peu,
Sa couronne est flambée.

Air : *Mon père était pot.*

« Ah ! dit Mandane en accourant,
Qu'Albace est un fier homme !
Criant, courant de rang en rang,
Mill' z'yeux ! il faut voir comme,
Pour l'amour de toi,
D' sa belle et d' son roi,
Il renverse et vous perce
Jusqu'en ce palais,...
Mon frère, tous les...
Tous les enn'mis d' la Perse.

Air : *Le saint, craignant de pécher.*

Eh ! t'nez, messieurs, vous l' voyez... »
Sur c' mot v'là qu'Albace
Se présente et tombe aux pieds
D' son roi qui l'embrasse.
« Mais, dit c' bon prince au vainqueur,
J'ai toujours papa sur le cœur...
Vers le ré, ré, ré,
Vers le gi, gi, gi,
Vers le ré,
Vers le gi,
Vers le régicide...
J' veux qu' ton bras me guide.

Air : *Je n' saurais danser.*

— J' n' saurais l' nommer,
Non, répond-il, non, morguienne !
Je n' saurais l' nommer,
Quand on devrait m'assommer ;
Mais si vous pensez
Qu' la mort du roi d'mand' la sienne,
Je l'aimons assez
Pour payer les pots cassés.

Air : *Avale, avale, avale.*

— Hé bien, dit le roi,
J' m'en rapporte à ta foi :
Mais c' peupl' qu'est là
Veut une autre preuve que ça.
Tu sais comment
J' prêtons ici serment ?
Bois d' ce flacon
Pour dissiper l' soupçon :
C'est z'Altaxerce qui t' régale ;
Avale, avale, avale, avale, avale, avale... »
L'autr', qui n'en peut plus,
Dit qu' ça n'est pas de r'fus.

Air *du vaudeville du Sorcier.*

L' jeune homme, auparavant que d' boire,
Jure au public qu' l' contemplait,
Qu'il n'a pas fait d' brèche à sa gloire,
Qu' ses mains sont blanches comm' du lait.
A c' mot, il va pour boire sa tasse :
L' papa sur lui tomb' tout-à-coup,

Et s' résout
A boir! tout
D'un seul coup...
« Ah !. dit tout le monde, queu grimace !
J' vois d' quoi zi r'tourne ; il a l' frisson...
C'est d' la poison, c'est d' la poison (bis).

Air *du Pas redoublé.*

— Gageons, dit Mandane en pleurant,
  Qu' c'est lui qu'a tué not' père.
— Et n' me r'merciez pas, dit l' mourant,
  Si j' n'ai pas tué vot' frère :
Cont' son sort on a beau r'gimber,
  Jamais on n' s' dérobe ;
J' voulais la lui faire gober...
  Et c'est moi qui la gobe.

Air : *Cœurs sensibles, cœurs fidèles.*

Altaxerce... je succombe....
Au v'nin... qu' j'allais te r'passer...
Me v'là un pied... dans la tombe :
L'autre... y va bientôt... passer...
Bonsoir donc. » La toile tombe
Sitôt qu'il a trépassé...
Requiescat in pace.

MES CHATEAUX EN ESPAGNE

Air des *Triolets.*

Je voudrais, pour mon entretien,
N'avoir que mille écus de rente !
Deux amis, y compris mon chien,
M'aideraient à manger mon bien,
Que confondrait avec le sien
Une jeune et douce parente...
Dieux, pour qu'il ne me manque rien,
Donnez-moi mille écus de rente !

J'aimerais pourtant beaucoup mieux
Avoir deux mille écus de rente.
Dans un boudoir délicieux,
Jusqu'à trente ans, quel train joyeux !
Petite cave de vin vieux
Me rajeunirait à soixante...
Oui, je le sens, pour être heureux,
Il faut deux mille écus de rente.

Mais on dit que le jeune Armand
A dix mille livres de rente ;
Dans un cabriolet charmant
Il se promène mollement ;
Chantant, dansant, buvant, aimant,
Il charme ainsi sa vie errante...
Bornons-nous donc décidément
A dix mille livres de rente.

C'est pourtant un bien bel avoir
Que vingt mille livres de rente ;
Ce lot comblerait mon espoir :
J'aime beaucoup à recevoir,
Et tout Paris viendrait me voir.
D'ailleurs mon voisin en a trente...

Or, le moins que je puisse avoir,
C'est vingt mille livres de rente.

Mais pourquoi Mondor, sans parents,
A-t-il vingt mille écus de rente ?
Je me marierai ce printemps :
Dans dix ans j'aurai trente enfants,
Car ma femme n'a que seize ans,
Et ma femme est, ma foi, charmante.
A mon tour, enfin, je prétends
Avoir vingt mille écus de rente.

Mais rien n'est tel, pour nous lancer,
Que cent mille livres de rente.
Comme cela vous fait percer !
Vous êtes certain de passer
Pour mieux écrire et mieux penser
Que tous les savants qu'on nous vante ..
Je ne puis donc pas me passer
De cent mille livres de rente.

A présent me voilà jaloux
D'avoir cent mille écus de rente :
Si je les avais, entre nous,
Ce serait pour vous loger tous,
Et tenir au milieu de vous
Table splendide et permanente...
Jugez donc s'il me serait doux
D'avoir cent mille écus de rente !

AUX CONVIVES DU CAVEAU.

Mais pour moi (puis-je l'oublier !)
Il est une plus douce rente :
Voici le jour de mon quartier,
Le plaisir va me le payer,
Je vis depuis un mois entier
Dans cette espérance enivrante :
Votre Apollon est un banquier,
Et je touche aujourd'hui ma rente.

LES CHIENS MUSELÉS

VAUDEVILLE MORAL

Air : *J'ons un curé patriote.*

Oh ! quel attirail fantasque !
Sommes-nous dans les jours gras ?
Quoi ! tous les chiens ont un masque !
— C'est pour qu'ils ne mordent pas.
— Si l'on eût su tout prévoir,
Ah ! combien on pourrait voir
   De chrétiens (*bis.*)
Muselés comme des chiens,
Oui, muselés comme des chiens !

Voyez-vous ce bon apôtre
A l'œil tendre, au ton mielleux,
Flattant l'un, caressant l'autre,
Et les déchirant tous deux !
Sa dent ne ménage rien,
Amis, muselez-le bien :
   C'est un chien (*bis.*)

Sous la forme d'un chrétien;
Oui, c'est un chien; oui, c'est un chien.

Et ce triste parasite,
Faux ami, franc animal,
Qui vous dédaigne et vous quitte
Dès que vous le traitez mal!
Pour qu'il ne mange plus rien,
Amis, muselez-le bien; etc.

Et ce fat dont l'âme impure,
Reniant son Créateur,
Sans frémir, de la nature
Ose blasphémer l'auteur!
Arrêtez-moi ce païen :
Amis, muselez-le bien; etc.

Et ce poète à la rame,
Fier d'un succès acheté,
Qui consacre au mélodrame
Sa féconde nullité!
Pour qu'il ne déclame rien,
Amis, muselez-le bien; etc.

Et cet avocat sans âme,
Acheté, vendu vingt fois,
Pour un criminel infâme
Invoquant l'appui des lois!
Pour qu'il n'invoque plus rien,
Amis, muselez-le bien; etc.

Et ce bavard d'empirique,
Empoisonneur patenté,
Des drogues de sa boutique
Infectant notre santé!
N'en déplaise à Galien,
Amis, muselez-le bien; etc.

Et ce Zoïle qui tue
Jusqu'au germe des talents,
Qui chaque jour prostitue
Et sa plume et son encens!
Pour qu'il ne morde plus rien,
Amis, muselez-le bien; etc.

Et ce fléau de la scène,
Dont l'intrépide sifflet
A Thalie, à Melpomène,
Tous les soirs donne un soufflet!
Pour qu'il ne siffle plus rien,
Amis, muselez-le bien; etc.

Et cet ami charitable
Qui d'un époux malheureux
Va, par un rapport coupable,
Sottement ouvrir les yeux!
Pour qu'il ne rapporte rien,
Amis, muselez-le bien; etc.

Et cet acteur emphatique
Dont le pas fait tout trembler,
Qui, burlesquement tragique,
Aboie au lieu de parler;
Oh! le plaisant tragédien!
Amis, muselez-le bien; etc.

Et ce sot que rien n'enflamme,
Et que n'ont jamais tenté
Ni les grâces d'une femme,
Ni la croûte d'un pâté!
Nous n'en ferons jamais rien;
Amis, muselez-le bien, etc.

Et ce traiteur sec et maigre,
Qui, réformant chaque plat,
Pour vin donne du vinaigre,
Et pour lièvre sert du chat;
Pour l'honneur épicurien,
Amis, muselons-le bien;
    C'est un chien (*bis.*)
Sous la forme d'un chrétien;
Oui, c'est un chien; oui, c'est un chien.

IL FAUT BOIRE ET MANGER

Air : *Ça n' durera pas toujours.*

Disciples d'Épicure,
Suivons sans déroger
Cette loi que Nature
Sait si bien propager :
Il faut boire et manger. (*Quater.*)

Puisqu'on ne voit sur terre
Qu'ennui, peine et danger,
Amis, que faut-il faire
Pour ne pas y songer?
Il faut boire et manger.

Amour, gloire, richesse,
Votre charme est léger:
Le seul qui me paraisse
N'être pas mensonger,
C'est de boire et manger.

Lorsque notre maîtresse
S'avise de changer,
Pour narguer la traîtresse,
Qui croit nous affliger,
Il faut boire et manger.

Verrait-on en ce monde
Tant d'hommes déloger,
S'ils chantaient à la ronde,
Avant de s'égorger :
Il faut boire et manger.

Mœurs, usages, costume,
Tout finit par changer :
Il n'est qu'une coutume
Qu'on ne peut négliger:
C'est de boire et manger.

Quel est du pauvre hère
Le bonheur passager,
N'eût-il que de l'eau claire
Et qu'un os à ronger!
C'est de boire et manger.

J'ai, par terre et sur l'onde,
Visité l'étranger :

Dans tous les coins du monde
Où j'ai pu voyager,
J'ai vu boire et manger.

Amant, qui te disposes,
A l'heure du berger,
Veux-tu de quelques roses
Voir ton front s'ombrager!
Il faut boire et manger.

Fi du docteur maussade
Qui pour mieux le gruger,
Soutient à son malade
Qu'il ne peut sans danger
Ni boire ni manger!

De Paris jusqu'en Chine
On aime à vendanger;
De Rome en Cochinchine
On court au boulanger :
Il faut boire et manger.

Jusqu'à l'heure fatale
Où le noir messager
Dans sa barque infernale
Viendra tous nous ranger,
Il faut boire et manger.

COUPLETS

Faits en société avec M. Moreau

POUR LA FÊTE DE M. CHAUVEAU-LAGARDE

Air : *Eh! voilà la vie.*

Lorsqu'en c'jour de fête
Tout m'impos' la loi
D' faire une chansonnette,
Trop heureux, ma foi,
Si Chauveau-Lagarde
La garde, (*bis.*)
Si Chauveau la garde
Pour se souv'nir de moi.

Chez Thémis charmée,
C't appui d's innocents
Doit sa renommée
A ses seuls talents,
Et Chauveau-Lagarde
La garde, (*bis.*)
Et Chauveau-Lagarde
La gardera longtemps.

Voit-il une fille
Notre ami, soudain,
Sur elle en bon drille
Jette le grappin;
Et Chauveau-Lagarde
La garde, (*bis.*)
Et Chauveau la garde
Jusques au lendemain.

Gn'y a jamais d' dispute
Chez ce luron-là,
Et dans aucun' lutte

Personn' n'appell'ra
Chez Chauveau-Lagarde
　La garde, (bis.)
Chez Chauveau, la garde
Pour mettre le holà!

Gn'y a-t-il une couronne
Pour l' talent l' plus beau,
Chacun l'ambitionne,
Mais l' dieu du barreau
Pour Chauveau-Lagarde
　La garde, (bis)
Pour Chauveau la garde,
La garde pour Chauveau.

A-t-il une pièce
De vin vieux exquis,
En cave il la laisse
Pour doubler son prix;
Et Chauveau-Lagarde
　La garde, (bis.)
Et Chauveau la garde
Pour ses meilleurs amis.

C'est pour l'innocence
Et lœtitiam
Qu'il r'çut l'existence;
Amis, *utinam*
Que Chauveau-Lagarde
　La garde, (bis.)
Que Chauveau la garde
In vitam æternam.

LE CARILLON BACHIQUE

Air : *Et zig, et zig et zog, et fric, et fric et froc.*

(Tous les convives doivent trinquer en mesure
à chaque refrain.)

Et tic, et tic et tic, et toc et tic, et tic et toc;
　De ce bachique tintin
　Vive le son argentin!

De la harpe enchanteresse,
Du clavier qu'une main presse
Le charme entraîne et séduit.
Mais, chers convives, je nie
Qu'il existe une harmonie
Plus touchante que ce bruit :
Et tic, et tic et tic, etc.

Le premier buveur d'eau claire
Qui tira des sons d'un verre,
Contre Bacchus forniqua;
Et pour moi, qui ne m'éveille
Qu'aux glouglous de la bouteille,
Voici mon harmonica :
Et tic, et tic et tic, etc.

C'est à tort que de sa lyre,
Orphée exerça l'empire
Pour séduire Lucifer;
Ce seul bruit, rempli de charmes,
Eût attendri jusqu'aux larmes

Tous les diables de l'enfer.
Et tic, et tic et tic, etc.

D'une sirène à la mode
Qu'on admire la méthode,
L'art et le goût infinis;
Des deux vertus en cadence
L'admirable discordance
Vaut trente Catalanis.
Et tic, et tic et tic, etc.

Du Très-Haut les saints ministres,
Avec leurs cloches sinistres,
Effarouchent les mortels;
Mais si l'heure des prières
S'annonçait au bruit des verres,
Quelle affluence aux autels!
Et tic, et tic et tic, etc.

Combien je t'aime, ô fougère!
Lorsque, discrète et légère,
Tu sers de trône aux plaisirs;
Ou quand, fragile et sonore,
Par le jus qui te colore
Tu ranimes nos désirs!
Et tic, et tic et tic, etc.

Au choc redoublé du verre,
Le vieillard au front sévère
Se déride, reverdit;
Et la belle qu'on adore
Paraît plus piquante encore
Quand avec elle on a dit :
Et tic, et tic et tic, etc.

La peste soit du bélitre
Qui le premier de la vitre
Fonda le maudit abus !
Il nous ôte par fenêtre
Trente verres que peut-être
Aujourd'hui nous aurions bus.
Et tic, et tic et tic, etc.

Vingt juifs (que le diable emporte!)
Sont consignés à ma porte
Peut-être à la vôtre aussi.
Mais, ma foi, je me résigne,
Et lèverai la consigne
Dès qu'ils sonneront ainsi :
Et tic, et tic et tic, etc.

O vous! poissons, volatiles,
Quadrupèdes et reptiles,
Combien vous devez pester!
Quand le hasard vous rassemble,
Vous avez beau boire ensemble,
Vous ne pouvez pas chanter :
Et tic, et tic et tic, etc.

Gloire au soldat intrépide
Qu'à l'honneur le tambour guide!
Mais je n'en suis point jaloux :
Rantanplan répand l'alarme;
Tic, tic, toc, a plus de charme;
Or, mes amis, chantons tous :

Et tic, et tic et tic, et toc et tic, et tic et toc;
  De ce bachique tintin,
  Vive le son argentin !

LE CODE ÉPICURIEN

Air : *Quand Biron voulut danser*.

ARTICLE 1er.

Santé, joie, *et cœtera*.
A qui ces statuts lira :
C'est du divin Epicure
La morale toute pure,
  Et remise à neuf
  Pour mil huit cent neuf.

ART. II.

Ordre à tout Epicurien
De ne s'affliger de rien;
Fils heureux de la Folie,
Rien n'aura droit, dans la vie,
  De le chagriner
  Qu'un mauvais diner.

ART. III.

Dès que son printemps viendra,
L'Epicurien aimera,
Mais jamais d'ardeur fidèle,
Attendu que chaque belle
  Doit, en fait d'amour,
  Réclamer son tour.

ART. IV.

Lui défendons toutefois
De changer avant un mois;
Et si la parque traitresse
Vient lui ravir sa maitresse,
  Il la pleurera...
  Le moins qu'il pourra.

ART. V.

S'il nait de ce doux lien
Un petit Epicurien,
De peur qu'il ne dégénère
Des qualités de son père,
  Ordre à l'innocent
  De boire en naissant.

ART. VI.

L'Epicurien, des autels
Fuira les nœuds *éternels*,
Attendu que ce qu'on aime
Ne peut, fût-ce Vénus même,
  Paraître charmant
  Eternellement.

ART. VII.

D'une femme quand l'époux
Sera quinteux et jaloux,
L'Epicurien, de la belle
Embrassera la querelle,
  Et la vengera
  Le mieux qu'il pourra.

ART. VIII.

Ordonnons que, le matin,
Quiconque aura soif ou faim
Se contente d'une pinte
Et d'un jambonneau, de crainte
  Que le déjeuner
  Ne nuise au dîner.

ART. IX.

S'il se trouvait un voisin
A la jalousie enclin,
Il sera réputé traître;
Mais nous lui permettons d'être
  Jaloux de celui
  Qui boit plus que lui.

ART. X.

L'Epicurien qu'un censeur
Blâmera d'être buveur,
A son style maigre et fade
Jugeant son esprit malade,
  Doit, par charité,
  Boire à sa santé.

ART. XI.

L'Epicurien se dira,
Quand sa tête blanchira :
« Dois-je à l'heureuse jeunesse
Reprocher sa folle ivresse?
  Ne crions pas tant,
  J'en ai fait autant. »

ART. XII.

Quand son heure sonnera,
Sur sa tombe on inscrira :
Ci-gît un fils d'Epicure,
Qui, malgré dame Nature,
  Certe, aurait vécu
  Plus... s'il avait pu.

ART. XIII.

Fait au temple où chaque jour,
Epicure tient sa cour;
Publié ce vingt décembre,
Au banquet de la grand' chambre,
  Par-devant Comus,
  Bacchus et Momus.

EN ATTENDANT

Air : *Chansons, chansons.*

Amis, c'est en vain que je guette
Quelque refrain de chansonnette
  Qui soit mordant;
A mes désirs le temps s'oppose;
Je vais donc chanter autre chose
  En attendant.

S'il est plus d'un auteur qu'on cite,
Quoiqu'il n'ait encor qu'un mérite
  Peu transcendant,
C'est que souvent ces bons apôtres

Ont emprunté l'esprit des autres
    En attendant.

Hortense, fillette égrillarde,
Attend de Brive-la-Gaillarde
    Un prétendant :
Il arrive, il épouse Hortense ;
Elle avait perdu... patience
    En attendant.

Purgon conseille à son malade
D'avaler force limonade,
    Force chiendent ;
Le printemps lui rendra la vie...
Mais le cher docteur l'expédie
    En attendant.

Damis a fait cinquante pièces
Par le public mises en pièces ;
    Et l'imprudent,
Comptant toujours sur la prochaine,
Se fait siffler chaque semaine
    En attendant.

Contre un banquier très honnête homme,
Dont la faillite nous assomme,
    On va plaidant :
Le débiteur fait bonne chère :
Le créancier meurt de misère
    En attendant.

L'autre jour la jeune Céphise
Epouse un reître à barbe grise...
    Quel accident !
A sa quatre-vingtième aurore
La pauvre enfant était encore
    En attendant.

Midas, que l'amour-propre gonfle,
Fait des vers où le public ronfle ;
    Et le pédant,
Visant au temple de mémoire,
A Charenton porte sa gloire...
    En attendant.

O divin Molière ! ô mon maître !
Quand de toi verrons-nous renaître
    Un descendant ?
Hélas ! depuis ta dernière heure
Thalie en deuil soupire et pleure,
    En attendant.

Mais, tandis qu'ici je m'amuse,
Contre nous je vois la camuse
    Armer sa dent.
Amis, sous le myrte et la treille,
Caressons fillette et bouteille,
    En attendant.

ÉLOGE DU LONG

EN RÉPONSE A L'ÉLOGE DU ROND

PAR M. DE ***.

Air : *Gn'y a qu'à Paris* (des Poëtes sans souci).

En l'honneur de notre patron

Je ne sais quelle chanson faire...
Mais Piis a chanté le rond;
Or, le plus court dans cette affaire,
Ma foi, c'est de chanter le long.
    Et flon, flon, flon,
    Vive le long!

Sur tous les vins, c'est au bordeaux
Que je donne la préférence;
Et le rouge dieu des tonneaux,
Pour signaler son excellence,
L'honora d'un bouchon plus long.
    Et flon, flon, flon,
    Vive le long!

Lorsque les objets, vus de loin,
N'offrent plus d'images bien nettes,
Lorsqu'un invincible besoin
Nous prescrit de porter lunettes,
Qu'il est doux d'avoir un nez long!
    Et flon, flon, flon,
    Vive le long!

Quand La Fontaine, malgré lui,
Cheminait vers l'Académie,
Pressentant l'éternel ennui
De cette séance ennemie,
Il prenait toujours le plus long!
    Et flon, flon, flon,
    Vive le long!

Pour être partout admiré,
Pour être au-dessus des menaces,
Pour être insolent à son gré,
Pour envahir toutes les places,
Il ne faut qu'avoir le bras long...
    Et flon, flon, flon,
    Vive le long!

Je tire l'épée un matin;
Mon rival était un Saint-George;
Et le fer pointu du mutin
Allait me traverser la gorge,
Quand par bonheur le mien plus long...
    Et flon! flon, flon,
    Vive le long!

De sa maison qu'un vieil époux
Ne s'absente qu'une semaine,
Pour sa tendre épouse, entre nous,
Mes amis, ce n'est pas la peine;
Mais qu'il prenne un congé plus long...
    Et flon, flon, flon,
    Vive le long!

Quel plaisir de passer la nuit
Dans les bras de celle qu'on aime!
Mais, par malheur, ce plaisir fuit
Avec une vitesse extrême...
Tendre Amour, fais qu'il soit plus long!
    Et flon, flon, flon!
    Vive le long!

Sur le long, mes amis, voici
Tout ce qu'en gros ma muse enfante;

Souffrez que je m'arrête ici...
Vive le court lorsque je chante !
Mais quand vous chantez tous en rond,
  Et flon, flon, flon,
  Vive le long !

LE MONDE PROPHÉTIQUE

Air : Lon, lan, la.

Quel est pour ma chansonnette
Le refrain qui conviendra ?
Est-ce ma tanturlurette,
Ou flon, flon, tourlourifa ?
  C'est lon, lan, la,
  Landérirette ;
  C'est lon, lan, la,
  Et m'y voilà.

L'époux que chérissait Laure
L'autre matin expira :
Un noir chagrin la dévore...
Mais Dorval la suit déjà ;
  Et lon, lan, la,
  Huit jours encore,
  Et lon, lan, la,
  Laure rira.

Honteux de sa rouge trogne,
Lorsque Guillot jurera
Que le bordeaux, le bourgogne
Plus ne le renversera...
  Et lon, lan, la,
  Serment d'ivrogne ;
  Et lon, lan, la,
  Guillot boira

Qu'à belles dents on déchire
Ce que Voltaire enfanta,
Mahomet, Brutus, Zaïre,
La Pucelle, *et cœtera ;*
  Et lon, lan, la,
  A la satire,
  Et lon, lan, la,
  Il survivra.

Du Perron, ancien pirate,
Sans pudeur Grapin vola,
Et sur sa dure omoplate
Plus d'un bâton se brisa ;
  Et lon, lan, la,
  Il rampe, il flatte,
  Et lon, lan, la,
  Il parviendra.

De Rose assiégez les charmes,
Crac, on s'évanouira ;
Donnez-lui de l'eau des carmes,
Zeste, on s'épanouira ;
  Et lon, lan, la,
  Une ou deux larmes,
  Et lon, lan, la,
  On se rendra.

Un censeur plein d'amertume

Désaugiers.   5

Toujours vous déchirera;
Sa main, comme sur l'enclume,
Sur vos défauts pèsera;
    Et lon, lan, la,
    Graissez sa plume,
    Et lon, lan, la,
    Il glissera.

La riche et vieille Laurence
Croit que Damis l'aimera;
Mais Damis, en conscience,
Fera-t-il cet effort-là?
    Et lon, lan, la,
    Qu'elle finance,
    Et lon, lan, la,
    Il le fera.

Le vieux Mondor à la banque
Doit le coffre-fort qu'il a,
Et tous les jours il le flanque
De fonds qu'il centuplera;
    Et lon, lan, la,
    Que rien n'y manque,
    Et lon, lan, la,
    Il manquera.

Paul, demain, livre au parterre
Un drame qu'on sifflera;
Mais du monde littéraire
En vain il disparaîtra;
    Et lon, lan, la,
    Chez le libraire,
    Et lon, lan, la,
    Il restera.

Mais il est temps de me taire;
Allons, ma ma muse, halte-là...
Si le public, trop sévère,
Blâme cette ronde-là,
    Et lon, lan, la,
    Il peut en faire...
    Et lon, lan, la,
    Ce qu'il voudra.

AVANT ET APRÈS.

Air : *Tarare Pompon.*

Entonnons, en buvant,
Notre joyeuse antienne;
Mais souffrez que la mienne,
Amis, se chante avant.
Heureux si l'assemblée,
Riant à mes couplets,
Les applaudit d'emblée
    Après!

L'amour, le plus souvent,
N'est qu'un moment d'ivresse!
Près de jeune maîtresse
En vain on brûle avant.
Pour que notre cœur aime
Et que ses feux soient vrais,

Il doit brûler de même
    Après.

A peine en arrivant
Fleur d'amour est cueillie :
Que fillette est jolie
Une minute avant !
Dans l'amoureuse lutte
Que d'esprit, que d'attraits !
Mais gare la minute
    D'après !

Nuit et jour écrivant ;
Chaque fois que Valère
Livre un drame au parterre,
Il est tout fier avant ;
Sa contenance atteste
L'espoir d'un plein succès...
Mais comme il est modeste
    Après !

Au sortir du couvent,
L'hymen enchaîne Laure ;
La belle était encore
Un ange une heure avant ;
Mais un bruit effroyable
Suit le calme de près,
Et notre ange est un diable
    Après.

Hypocrite savant,
Qu'un de ses parens meure,
Paul se désole et pleure
Huit ou dix mois avant ;
Mais devant l'héritage,
Insultant aux cyprès,
Comme il se dédommage
    Après !

D'une tête à l'évent
Dorante fait emplette ;
Il sait que la coquette
Fit parler d'elle avant ;
Mais l'indulgent Dorante
Aura château, laquais...
Puis arrive qui plante
    Après.

Amis, en bien buvant,
Etourdissons la Parque ;
Moquons-nous de sa barque,
Et rions bien avant :
Fût-elle à notre porte,
Mangeons chaud, buvons frais,
Et qu'elle nous emporte
    Après.

PARIS EN MINIATURE

VAUDEVILLE

Air : *du vaudeville du* Sorcier.

Amour, mariage, divorce,
Naissances, morts, enterrements,

Fausses vertus, brillante écorce,
Petits esprits, grands sentiments,
Dissipateurs, prêteurs sur gages,
Hommes de lettres, financiers,
 Créanciers,
 Maltôtiers
 Et rentiers,
Tièdes amis, femmes volages;
Riches galants, pauvres maris...
 Voilà Paris. *(Quatre fois.)*

Là, des commères qui bavardent,
Là, des vieillards; là, des enfants;
Là, des aveugles qui regardent
Ce que leur donnent les passants;
Restaurateurs, apothicaires,
Commis, pédants, tailleurs, voleurs,
 Rimailleurs,
 Ferrailleurs,
 Aboyeurs,
Juges de paix et gens de guerre,
Tendrons vendus, quittés, repris...
 Voilà Paris.

Maint gazetier, mainte imposture,
Maint ennuyeux, maint ennuyé,
Beaucoup de fripons en voiture,
Beaucoup d'honnêtes gens à pié;
Epigrammes, compliments fades,
Vaudevilles, sermons, bouquets,
 Et ballets,
 Et placets,
 Et pamphlets,
Madrigaux, contes bleus, charades.
Vers à la rose, pots-pourris...
 Voilà Paris.

Ici, des fous qui se ruinent,
Ici, d'avides grapilleurs,
Et plus loin, d'autres fous qui dînent
Quand on va se coucher ailleurs.
Là, jeunes gens portant lunettes,
Là, vieux visages rajeunis,
 Bien munis,
 Bien garnis
 De vernis;
Acteurs vantés, marionnettes,
Grands mélodrames, plats écrits...
 Voilà Paris.

Hôtels brillants, places immenses,
Quartiers obscurs et mal pavés,
Misère, excessives dépenses,
Effets perdus, enfants trouvés;
Force hôpitaux, force spectacles,
Belles promesses sans effets,
 Grands projets,
 Grands échecs,
 Grands succès;
Des platitudes, des miracles,
Des bals, des jeux, des pleurs, des cris.
 Voilà Paris.

CADET BUTEUX À LONGCHAMP

Air : *La plus belle promenade.*

La plus belle promenade
Est de Paris à Longchamp;
Tout' la vill' y est en parade,
Trottant, roulant ou marchant;
Autrefois, au son des cloches,
Ce ch'min m'nait dans un saint lieu :
A c't heure ont fait des bamboches
Où c' qu'on allait prier Dieu.

Air : *Et flon, flon, flon.*

C'est là qu' la mijaurée
En plein va s'étaler :
Suzon la délurée
Y trouve à qui parler.
Eh flon, flon, flon, la veuve éplorée
Et gai, gai, gai, va s'y consoler.

Air : *Ah ! de quel souvenir affreux !*

Qu'est-c' qu' c'est donc que c' tendron voilé
Qui jou' d' la prunelle sous cape?
Dans son char le v'là z'envolé
Comme un sansonnet qui s'échappe.
V'là qu' sa main vient, sans y penser,
D' r'lever son voile modeste.
Jarni ! si l' char vient à verser,
La pauvre enfant risque d' casser
La dernière dent qui lui reste.

Air : *Trouverez-vous un parlement ?*

Voyez-donc c't aut' gros enflé-là,
Depuis trois ans il fait l' négoce.
Ah ! jarni, l' bon métier que v'là,
Puisqu'on y roul' si tôt carrosse !
Il a pourtant fait trois faux pas...
D'où c' que sans peine on peut conclure
Que l'honneur n'est, en pareil cas,
Qu' la cinquièm' roue à la voiture.

Air : *Le port Mahon est pris.*

V'là z'une belle amazone...
Eh mais oui-dà...
C'est elle en parsonne.
Où qu' tu vas donc, mignonne,
Avec c' grand dadais-là,
A dada, à dada, à dada?
Paix donc m' dit un passant...
C'te dame est un' ci-d'vant
Oui, ci-d'vant blanchisseuse;
J' li conseillons d' fair' sa dédaigneuse !
Gar' là, qu' sur sa baigneuse
J' li r'passions un savon,
Et zon, zon, zon,
Allez donc.

Air *du pas redoublé.*

Et toi, p'tit muscadin pimpant,
A la mine éventée,
Qui vas à tout' brid' galoppant

Sur un' jument prêtée ;
Sans peine j' devinons, malin,
Au train dont tu la pousses,
Qu' tu crains qu' les Anglais de c' matin
N' soient encore à tes trousses.

Air : *Amusez-vous, jeunes fillettes.*

V'là tout là-bas un' nymph' qu'est faite
Comm' l'Apollon du Belvéder ;
Et tout' ces plumes sur sa tête
N' laiss'nt pas que d' li donner bon air.
Sa voix pourtant est un brin rauque...
Elle approche... A ses r'gards pâmés,
J' vois qu' sa coiffure est la défroque
D' tous les dindons qu'elle a plumés.

Air : *Du haut en bas.*

Du haut en bas
Alle a tout d' même assez bonn' grâce ;
Du haut en bas
J'allumons d' l'œil tous ses appas.
Ah jarni ! v'là l' lacet qui casse,
Et tout son embonpoint qui passe
Du haut en bas.

Air : *Ton humeur est, Catherine.*

Mais en trottant d' belle en belle,
Ventregué ! je n' voyais pas
C'te superbe ribambelle
D'équipages qui vont l' pas.
C'est des amis qui, sans doute,
Ce soir n' voulont pas s' quitter,
Car de peur de s' perdre en route,
Ils s' sont fait numéroter.

Air : *Jeune fille et jeune garçon.*

L's honnêt' gens qui n'ont pas l'honneur
D'avoir un carrosse à leur ordre,
Pour mieux jouir de tout c' biau désordre,
Ayant cru d'voir dîner par cœur,
Y gobent pour se r'faire
De la poussière à gogo ;
Puis l' verre de coco
Vient z'humecter l' gâteau
De Nanterre.

Air : *Tout le long de la rivière.*

Mon Dieu ! que v'là d' monde arrivant
Et par derrière et par devant !...
Par ici d's amants qui s' chamaillent,
Par là des vieux époux qui bâillent,
Des ch'vaux, des ân's au milieu d' çà ;
Puis, pour égayer c' tableau-là,
Le sabre en main, v'là la maréchaussée,
Galoppant,
Frappant
Le long de la chaussée,
Tout le long, le long de la chaussée.

Air *des Pierrots.*

Bref, au milieu d' tant d' merveilles,
C' que j'avons remarqué le mieux,

C'est un train à fendre l's oreilles,
Un' poussière à crever les yeux.
Bell's dont l's époux d'humeur maussade
N' font qu' tarabuster vos amours,
Envoyez-les à c'te promenade;
Ils en r'viendront aveugl's et sourds.

LE PETIT GARGANTUA

RONDE GOURMANDE

Air : *Quand on sait aimer et plaire.*

Quand on sait manger et boire,
A-t-on besoin d'autre bien?
Sans son ventre et sa mâchoire,
Le plus riche n'aurait rien.

La table; amante fidèle,
Eut notre premier désir,
Et du vieillard qui chancèle
Elle est le dernier plaisir.
Quand on sait manger, etc.

D'une science importune
Le pédant se charge en vain;
Où le traiteur fait fortune,
Le libraire meurt de faim.
Quand on sait manger, etc.

Les noms si beaux de Corneille,
Démosthène et Scipion,
Sonnent moins à mon oreille
Que celui d'Amphitryon.
Quand on sait manger, etc.

Pauvre au sein de l'abondance,
Midas, Tantale nouveau,
Eût troqué son opulence
Contre un plat de fricandeau.
Quand on sait manger, etc.

Si de l'amoureux manége
La fatigue me séduit,
C'est qu'elle a le privilége
De tripler mon appétit.
Quand on sait manger, etc.

A parcourir les deux mondes
Colomb en vain s'illustra,
Amis, des machines rondes
La plus belle la voilà.
Quand on sait manger, etc.

Le chagrin, la sombre envie,
Mangent peu, n'engraissent point.
Mais la bonté, la folie,
Ont pour cachet l'embonpoint.
Quand on sait manger, etc.

Si Jean-Jacque eut l'humeur aigre,
Si Panard ne boudait pas;
C'est que Jean-Jacque était maigre,
C'est que Panard était gras.
Quand on sait manger, etc.

Élevons dans cette enceinte
Une statue à Comus,

Et, pleins d'une ferveur sainte,
Gravons-y cet *oremus* :
Quand on sait manger, etc.

Que la statue embaumée
Protége nos gais festins,
Et s'anime à la fumée
Et des sauces et des vins.
Quand on sait manger, etc.

Qu'enfin en vapeur épaisse
L'encens monte vers les cieux,
Et porte ce cri d'ivresse
Jusqu'à la table des dieux :

Quand on sait manger et boire,
A-t-on besoin d'autre bien?
Sans son ventre et sa mâchoire,
Le plus riche n'aurait rien.

LE RETOUR DE L'HIVER

Air : *Chantons les matines de Cythère.*

Faisons nos adieux à la verdure
Qui favorisa nos gais loisirs,
Et charmons le deuil de la Nature
Par l'attrait de mille autres plaisirs.

Le plaisir ne fond-il pas les glaces
Du farouche hiver et des vieux ans,
Et partout où paraissent les grâces,
Ne retrouve-t-on pas le printemps?
Faisons nos adieux, etc.

L'arbre jaunissant va de ses feuilles
Nous retirer l'ombrage léger;
Mais, Suzon, la grappe que tu cueilles
Saura bien nous dédommager.
Faisons nos adieux, etc.

Sous le domino de la Folie,
Le dieu malin, cachant son carquois,
Attaque et soumet la plus jolie :
Que fait-il de plus au fond du bois?
Faisons nos adieux, etc.

Lise, sur la neige éblouissante,
Offre-t-elle à nos yeux moins d'appas?
Et là, comme sur l'herbe naissante,
Ne peut-elle pas faire un faux pas?
Faisons nos adieux, etc.

Un joli sein, quand le schall s'entr'ouvre,
Charme en été les yeux de chacun;
Mais la palatine qui le couvre
Ne s'écarte en hiver que pour un.
Faisons nos adieux, etc.

Tandis qu'Orgon, oubliant sa femme,
Pleure au coin du feu l'argent qu'il perd,
Un *lieutenant* fait rire madame
Pour égayer son quartier d'hiver.
Faisons nos adieux, etc.

En hiver, sous la voûte éthérée,

La foudre jamais ne murmura
Et qui craint le souffle de Borée,
Retrouve Zéphyre à l'Opéra.
Faisons nos adieux, etc.

Quittons Cérès pour Iphigénie,
Le garçon de ferme pour Pasquin,
Les saules pleureurs pour Mélanie,
Et les mérinos pour Arlequin.
Faisons nos adieux, etc.

Si les fruits dont l'été nous régale
Sont ravis à nos friands transports,
Pour nous consoler, amis, Cancale
De son sein nous ouvre les trésors.
Faisons nos adieux, etc.

Non, jamais vents, grêle, pluie et neige
N'auront le droit de nous alarmer,
Tant que nous aurons le privilége
De chanter, et de boire et d aimer.

Faisons nos adieux à la verdure
Qui favorisa nos gais loisirs,
Et charmons le deuil de la Nature
Par l'attrait de mille autres plaisirs.

IL FAUT RIRE.

CHANSONNTETE

Air : *Turlurette, ma tanturlurette.*

Janvier recommence encor,
Et nous retrouve d'accord :
Gaîté, viens monter ma lyre;
   Il faut rire...
   Il faut rire,
  Rire et et toujours rire.

Fidèles à notre plan,
Depuis le premier de l'an
Jusqu'à l'heure où l'on expire,
   Il faut rire... etc.

L'an qui fuit ne revient plus;
Mais nos regrets superflus
Ne pouvant le reproduire,
   Il faut rire... etc.

L'hiver nous glace aujourd'hui;
Mais en songeant qu'après lui
Un nouveau printemps va luire,
   Il faut rire... etc.

Tant que nous aurons des yeux
Pour voir minois gracieux,
Taille fine et doux sourire,
   Il faut rire... etc.

Tant que nous aurons des dents
Et des repas abondants,
De nos goûts fût-on médire,
   Il faut rire... etc.

Tant que la foudre en éclats
Dans nos caves n'ira pas

Tourner le vin qu'on en tire,
  Il faut rire... etc.

Tant qu'un merveilleux blondin
Sifflera Georges Dandin
Avant de savoir écrire,
  Il faut rire... etc.

Tant que, voyant ses monts d'or,
La jeune Agnès à Mondor
Dira : *Pour vous je soupire!*
  Il faut rire... etc.

Tant qu'un sot et vieux barbon
Dira, croira tout de bon
Qu'à sa femme il peut suffire,
  Il faut rire... etc.

Tant qu'un médecin savant
Au nombre des ci-devant
Ne viendra pas nous inscrire,
  Il faut rire... etc.

Dût-il en un tour de main
Nous expédier demain,
En entrant au sombre empire,
  Il faut rire... etc.

Sûrs d'y rencontrer Favart,
Vadé, Piron et Panard,
Le moyen de ne pas dire :
  Il faut rire... etc.

Avec eux dansant en rond,
Aux échos de l'Achéron
Que nos chants fassent redire :
  Il faut rire... etc.

Que l'infernal souverain,
Brisant son sceptre d'airain,
Avec nous chante en délire :
  Il faut rire... etc.

Par cet exemple entraînés,
Que les diables aux damnés
Disent : « C'est trop longtemps frire;
  Il faut rire... etc. »

Qu'enfin de l'enfer au ciel,
Un chorus universel
Crie à tout ce qui respire :
  Il faut rire...
  Il faut rire,
  Rire et toujours rire.

LES AMOURS DE GONESSE

ou

V'LA C' QUE C'EST QUE L' SENTIMENT.

Air : *V'là c' que c'est qu' d'aller au bois.*

A Gonesse, un jour, dans ses lacs
L'Amour prit Thérèse et Colas :
Colas n' pouvait voir sa Thérèse
  Sans se pâmer d'aise,
  Et la p'tite niaise

Trouvait son gros Colas charmant :
  V'là c' que c'est que l' sentiment.

Ça leur coupa pendant un mois
L'appétit, l' sommeil et la voix :
Quand ils s' voyaient, n'osant se dire
   L' sujet d' leur martyre,
   Ils s' mettaient à rire,
Puis r'tournaient moudre le froment :
  V'là c' que c'est que l' sentiment.

Mais comm' l'amour nous étouff'rait,
Si quelqu' jour il ne transpirait,
Colas d' sa belle un soir s'approche,
   Lui lâche un' taloche ;
   Thérès' lui décoche
Un grand soufflet... bien tendrement.
  V'là c' que c'est que l' sentiment.

Après un aveu si flatteur,
On sent qu' la goutte est de rigueur.
Thérès', dont l'œil d'amour pétille,
   Accepte du drille
   Roquill' sur roquille :
Puis tout d' son long tomb' sans mouv'ment ;
  V'là c' que c'est que l' sentiment.

Les bras pendants, sur c' coup, Colas
Reste droit comme un échalas ;
Mais quand on a bu plus d'un verre,
   Qu' sa belle est à terre,
   Et qu'on n'y voit guère,
On n' peut répondre du moment :
  V'là c' que c'est que l' sentiment.

On s'aperçoit au bout d' queuqu'mois
Que l' corset n' va plus comme aut'fois :
Frère, oncle, tante, père et mère,
   Écument d' colère,
   Et d' la téméraire
Veulent s' venger en l'assommant :
  V'là c' que c'est que l' sentiment.

Thérèse, enfin, poussée à bout,
Et préférant Colas à tout,
Dit tout haut : « Je m' moque d' mon père,
   Je m' moque d' ma mère,
   D' ma famille entière ;
Je n'aime et n'aim'rai qu' mon amant : -
  V'là c' que c'est que l' sentiment.

A ces mots, on la met sous clé,
Et l' pauvre Colas désolé,
Pour adoucir un coup si traître,
   La nuit, sans paraître,
   S'en vient sous sa f'nêtre
Crier, jurer comme un Allemand...
  V'là c' que c'est que l' sentiment.

Thérèse, aux cris d' l'infortuné,
Saut' par la f'nêtre et tomb' sur l' né ;
Son sang jaillit comme d'un' fontaine ;
   Elle y pense à peine ;
   Gn'y a pas d' né qui tienne,

Quand il s'agit d'un enlèv'ment :
V'là c' que c'est que l' sentiment.

Vite, ils s'en vont chez m'sieur l' curé ;
Colas lui dit tout effaré :
« Mam'selle et moi, v'nons côte à côte,
    Vous dir' qu' par ma faute,
    'Par ma très grand' faute,
All' s'ra mère avant l' sacrement. »
    V'là c' que c'est que l' sentiment.

L' curé leur fait un beau sermon
Au sujet d' l'œuvre du démon.
« Tout ça, dit Thérèse, est d' l'eau claire :
    Dans l'instant, mon père,
    Il s'agit de faire
Not' mariage ou notre enterr'ment... »
    V'là c' que c'est que l' sentiment.
L' curé dit qu'il n" peut les unir,

Si leurs parents n' viennent les b'nir,
L' bouillant Colas, qu' ce r'fus poignarde,
　Du suiss' prend l'hall'barde ;
　On crie : « A la garde ! »
Thérèse accouche d' saisiss'ment :
　V'là c' que c'est que l' sentiment.

Chez m'sieur l' maire on a bientôt m'né
Colas, Thérèse et l' nouveau-né,
Thérès' lui cont' sa peine amère,
　Lui dit : « Vous êt' maire,
　N'ach'vez pas un' mère
Qu'a fait ce qu'on fait en aimant : »
　V'là c' que c'est que l' sentiment.

A c'te voix, l' cœur du maire s' fend,
Il dit : « Faut un père à c't enfant...
　Puisqu' vous avez fait la sottise,
　Qu' voulez-vous que j' dise !
　Dimanche, à l'église,
Vous s'rez mariés conjugal'ment : »
　V'là c' que c'est que l' sentiment.

De plaisir tous deux, à ces mots,
Se mett'nt à pleurer comm' des veaux ;
Et moi-même qui vous l' raconte,
　Je l' dis à ma honte,
　Je m' sens pour mon compte
Prêt à pleurer d'attendrissement.
　V'là c' que c'est que l' sentiment.

ENCORE UNE CHANSON A FAIRE

VAUDEVILLE

Air : Encore un cart'ron, Claudine.

Je voudrais bien me taire,
Je le dis sans façon,
Mais je suis tributaire,
Et vous dois ma rançon :
　Encore un' chanson
　　A faire,
　Encore un' chanson !

Est-il, j'en désespère,
Après Panard, Piron,
Et maint autre confrère
Dont vous savez le nom,
　Encore un' chanson, etc.

Mais quel rayon m'éclaire ?
Je vois un avorton
Oser juger Molière
Sans duvet au menton !
　Encore un' chanson, etc.

Et ce sexagénaire,
Antique papillon,
Qui, quatre fois grand-père,
Se donne pour garçon.
　Encore un' chanson, etc.

Et ce folliculaire
Qui croit, petit Fréron,

Pouvoir tuer Voltaire
Avec un feuilleton !
  Encore un' chanson, etc.

Et l'écrivain sévère
Ne rêvant que prison,
Eclair, spectre, tonnerre,
Poignard, flamme, poison !
  Encore un' chanson, etc.

Et l'auteur éphémère
Qui, le jour de frisson,
Achète son parterre
Pour mieux avoir raison !
  Encore un' chanson, etc.

Et ce visionnaire
Qui, coulant tout à fond,
Brûle une flotte entière
Et chez lui se morfond !
  Encore un' chanson, etc.

Et l'époux débonnaire
Qui cède son tendron
Pour que son ordinaire
A l'avenir soit bon !
  Encore un' chanson, etc.

Grâce au dieu de Cythère,
Aux docteurs, aux Gascons,
Au fat, au plagiaire,
Dans cent ans nous aurons
  Encore un' chanson, etc.

Que la faux meurtrière
Me mène chez Caron ;
Je veux, armé d'un verre,
Avoir sur l'Achéron
  Encore un' chanson
    A faire,
  Encore un' chanson.

LES PLAISIRS DU DIMANCHE

Air : *Nous n'avons qu'un temps à vivre.*

Vive, vive le dimanche !
Vieil enfant du Carnaval.
De la gaîté la plus franche
Ce beau jour donne le signal.

Jeunes et vieux de leur demeure
S'empressent de déloger,
Et le même instant sonne l'heure
De la messe et du berger.
  Vive, vive le dimanche, etc.

Réunis en grande famille,
Ce jour-là nos bons lurons
Vont chanter à la Courtille
Et tomber aux Porcherons.
  Vive, vive le dimanche ! etc.

Javote, désertant la halle,
Court étaler à Clichi

Son déshabillé de percale
  Que la veille elle a blanchi.
  Vive, vive le dimanche! etc.

L'ouvrier promène sa femme
  Du Bon-Coin au Soleil-d'Or,
Du Soleil-d'Or au mélodrame,
  Où le couple heureux s'endort
  Vive, vive le dimanche! etc.

Le laquais, dédaignant sa veste,
  Se déguise en habit neuf;
Et l'homme de bien, plus modeste,
  Brosse son habit d'Elbeuf.
  Vive, vive le dimanche! etc.

Le marchand, muni d'une assiette
  Et d'un petit vin nouveau,
Pour déjeuner à la Muette
  Porte une langue de veau.
  Vive, vive le dimanche! etc.

A l'église on voit la grisette
  Prier Dieu dévotement,
Pour que le beau temps lui permette
  D'aller trouver son amant.
  Vive, vive le dimanche! etc.

Le commis au tendron qu'il aime
  Dépêche un billet galant;
Et l'écolier fait de son thème
  L'oreille d'un cerf-volant.
  Vive, vive le dimanche! etc.

A chaque porte de la ville
  Le chagrin est consigné,
Et le débiteur, plus tranquille,
  Ne craint pas d'être assigné.
  Vive, vive le dimanche! etc.

Si quelquefois l'ennui conspire
  Contre un désordre aussi beau,
Un refrain combat son empire,
  Et le vin est son tombeau.
  Vive, vive le dimanche!
  Vieil enfant du Carnaval;
  De la gaîté la plus franche
Ce beau jour donne le signal.

LE TRAIN DU MONDE

VAUDEVILLE MORAL

Air *du Curé de Pomponne.*

Amis, je ne sais quel frisson
  Vient de saisir ma muse,
Et je crains bien que ma chanson
  N'ait rien qui vous amuse.
Mais tout n'est-il pas inégal
  Sur la machine ronde?
  Tantôt bien, tantôt mal,
    Au total
  Voilà le train du monde.

S'agit-il d'un emploi brillant
  Dont l'utile exercice
Exige probité, talent
  Humanité, justice
En vain qui le méritera
   Sur son bon droit se fonde,
   C'est celui qui paira
     Qui l'aura...
  Voilà le train du monde.

Fille de parents malheureux,
  Lucile est vertueuse :
De Laure, qu'on cite en tous lieux,
  La vie est scandaleuse.
Lucile est en butte aux caquets,
   Sa misère est profonde...
   Laure a chevaux, jockeis
     Et laquais...
  Voilà le train du monde.

J'avais des amis sans parents,
  Sans place et sans fortune;
A chacun d'eux, depuis longtemps,
  Ma bourse était commune;
Pour eux le sort a varié :
   Dans leurs mains l'or abonde,
   Et tous m'ont sans pitié
     Renié...
  Voilà le train du monde.

Que d'Hortense on touche la main,
  Son teint se décompose;
Sur sa joue on voit le carmin
  Succéder à la rose :
Epousez, amant fasciné,
   Cette Agnès pudibonde,
   Et vous serez mené
     Par le né...
  Voilà le train du monde.

Un chef-d'œuvre attire aujourd'hui
  Une foule idolâtre;
Cet ouvrage est déjà l'appui,
  La gloire du théâtre;
L'acteur, sous les lauriers plié,
   Eclabousse à la ronde,
   Et l'auteur oublié
     Trotte à pié...
  Voilà le train du monde.

A son cher mari, l'autre jour,
  Ursule offre l'hommage
D'un beau garçon, fruit de l'amour
  Plus que du mariage.
L'époux, fier du don que lui fait
   Cette mère féconde,
   Croit y voir trait pour trait
     Son portrait...
  Voilà le train du monde.

Le sot racontant ses hauts faits,
  Le fat son épigramme;
Le courtier maudissant la paix,

Et le mari sa femme,
Le buveur, bronchant et chantant
 La liqueur rubiconde,
 Le médecin purgeant
  Et tuant...
 Voilà le train du monde.

Mais pour nous, amis, qu'ici-bas
 Nul chagrin ne menace,
Etourdissons de nos ébats
 Cythère et le Parnasse;
Poursuivant, la nuit, à tâtons
 Et la brune et la blonde,
 Aimons, buvons, sautons
  Et chantons :
 Voilà le train du monde.

STANCES SUR LA MORT DE P. LAUJON

Air : *C'est à mon maître en l'art de plaire.*

Le philosophe de la Grèce,
L'aimable et tendre Anacréon,
Aux préceptes de la sagesse
Du plaisir unit la leçon,
Toujours à l'abri de l'envie,
Autant aimé qu'il sut chérir,
Anacréon perdit la vie...
Laujon, Laujon devait mourir!

Epicure, notre modèle,
Le chantre de la volupté,
De Bacchus l'apôtre fidèle,
L'amant constant de la gaité,
A son flacon, à son amie,
Adressant son dernier soupir,
Epicure perdit la vie...
Laujon, Laujon devait mourir!

Piron, dont la muse légère
Nous laisse un souvenir si doux;
Piron, dont l'ombre toujours chère
Plane encore ici parmi nous,
Après avoir vu de Thalie
Sur son front le laurier fleurir,
Piron, hélas! perdit la vie...
Laujon, Laujon devait mourir!

Favart, dont les vers pleins de charmes
Joignaient la grâce à l'enjoûment,
Collé, qui fit couler les larmes
Du plaisir et du sentiment,
Et toi, Panard, dont la folie
Si souvent a su les tarir,
N'avez-vous pas perdu la vie?
Laujon, Laujon devait mourir!

MA VIE ÉPICURIENNE

Air *de chasse de l'opéra* le Roi et le Fermier.

 Le jour,
 Chantant l'amour,

Désaugiers.   6

Et souvent le faisant sans bruit
La nuit;
Des yeux
Ou noirs ou bleus
Je fus toujours également
Amant.
Content
Et bien portant,
Lorsque ma bourse est abois,
Je bois;
J'espère que c'est bien,
Hein?
Agir en Epicurien.

Je fuis,
Tant que je puis,
Des sots, des méchants les travers
Divers;
Je plains
Les gens enclins
A croire que sur terre rien
N'est bien;
Par goût
Content de tout,
Le monde, ma foi, tel qu'il est,
Me plaît.
J'espère que c'est bien,
Hein?
Penser en Epicurien.

Combien
De *gens de bien*
Par l'intrigue ont eu des wiskis
Acquis!
Leur nom
Est en renom,
Mais en secret ils sont haïs,
Trahis.
Joyeux,
Moi, j'aime mieux
Presser le bras de l'amitié,
A pié!
J'espère que c'est bien,
Hein?
Sentir en Epicurien.

Quand par
Un grand hasard
Je sens, hélas! mon appétit,
Petit,
En vain
Mon médecin
Dit que je ne puis sans danger
Manger;
Jamais,
Lui dis-je, un mets
N'a surpris encore ma dent
Boudant...
J'espère que c'est bien,
Hein?
Parler en Epicurien.

Un sot,
　　Au moindre mot,
Souvent nous envoie un cartel
　　　Mortel;
　　　Mais fi
　　D'un tel défi.
Moi, j'ai pour toute arme un foret
　　　Tout prêt...
　　　Ma main
　　Perce; et soudain
Nous nageons dans les flots d'un vin
　　　Divin...
　　J'espère que c'est bien,
　　　Hein?
Se battre en Epicurien.

　　　Loyal,
　　Toujours égal,
Je ne fus jamais à demi
　　　Ami.
　　　A qui
　　M'aime aujourd'hui
Puis-je être utile, à son secours
　　　Je cours :
　　　Mon bien
　　Devient le sien;
Je veux enfin qu'on soit chez moi
　　　Chez soi...
　　J'espère que c'est bien,
　　　Hein?
Aimer en Epicurien.

　　　On voit,
　　Sous l'humble toit
Où voulut me placer le Sort,
　　　D'abord
　　　Un chien,
　　Mon seul gardien,
Une table, un banc, puis après,
　　　Tout près,
　　　Un lit
　　Simple et petit,
Qui peut au besoin faire deux
　　　Heureux.
　　J'espère que c'est bien,
　　　Hein?
Loger en Epicurien.

　　　Aucun
　　Trouble importun
N'altère de mes heureux jours
　　　Le cours.
　　　Tout voir
　　Sans s'émouvoir
Fut toujours la suprême loi
　　　Pour moi.
　　　J'attends
　　La faux du Temps,
Mais je ne l'attends, morbleu! qu'en
　　　Trinquant,
　　J'espère que c'est bien,

Hein ?
Vieillir en Epicurien.

Enfin
Jusqu'à ma fin,
Aimant, riant, buvant, santant,
Chantant,
Je veux
Voir mes cheveux
De pampre et de myrte verts
Couverts.
Je veux
Que mes neveux,
Disent : « Il ne recula pas
D'un pas... »
J'espère que c'est bien,
Hein ?
Mourir en Epicurien.

TOUT LE MONDE SAIT ÇA.

Air : *Pierrot sur le bord d'un ruisseau.*

Quel air choisir, et sur cet air
Quels couplets faire
Pour vous satisfaire ?
Dirai-je qu'il gèle en hiver,
Et qu'en été tout arbre est vert ?
Dirai-je que l'homme sur terre
Dans tous les temps aimera, peuplera ?
Belle
Nouvelle,
Oui-dà,
Que voilà !...
Ha ! ha !
Tout le monde sait ça.

Dirai-je qu'au siècle présent
Nos tragédies
Sont des rapsodies ?
Que le drame est assoupissant ?
Le vaudeville languissant ?
Que l'on pleure à nos comédies,
Et que souvent on bâille à l'Opéra ?
Belle, etc.

Dirai-je que du bon Scarron
Momus regrette
La gaîté parfaite ?
Ou que les plaisirs dans Piron
Ont perdu leur joyeux patron ?
Dirai-je que la chansonnette,
Grâce à Panard, à Favart, s'illustra ?
Belle, etc.

Dirai-je que, l'hiver dernier,
Ce gros visage
Qui roule équipage
Était simple palefrenier,
Et jeûnait dans un noir grenier ?
Que sa moitié, modeste et sage,
Est caressante, aimable, *et cœtera...*
Belle, etc.

Dirai-je que toujours *Fleury*
  Captive, entraîne,
  Et charme la scène ?
Que de *Mars* le talent chéri
Toujours parle au cœur attendri ?
'Dirai-je que de Melpomène
Le sceptre auguste est aux mains de *Talma?*
      Belle, etc.

Dirai-je que, telle beauté,
    Dont le sourire
    Tout bas nous attire ,
A, ce matin même, acheté
Cet éclat dont l'œil est flatté?
Que de son sein, que l'on admire,
Le doux contour ce soir se détendra ?
      Belle, etc.

Dirai-je enfin... eh! pourquoi non?
    Quelle trouvaille
    Oui, vaille que vaille,
Disons que je suis un luron
Bien gai, bien gros, bien franc, bien rond ,
Grand partisan de la futaille,
Qui but, qui boit, et qui toujours boira.
      Belle, etc.

Disons donc, s'il faut du nouveau,
    Que je suis maigre,
    Que le miel est aigre,
Que le vin est moins bon que l'eau,
Que rien n'est gai comme un tombeau,
Qu'il n'est rien d'aussi blanc qu'un nègre,
Et pour le coup peut-être on s'écrira :
      Quelle
      Nouvelle
      Oui-da,
      Est cela?...
      Ha! ha!
  Nous ne savions pas ça.

CONSOLATIONS DE LA VIEILLESSE

Air : *du pas des* Trois Cousines (*dans la* Dan-
      somanie.)

Quand des ans la fleur printanière
S'effeuille sous les doigts du Temps ,
Poursuivons gaîment la carrière ;
Un bel hiver vaut un printemps.
Pour moi l'impitoyable horloge
A soixante fois retenti :
Mais s'il faut que l'amour déloge,
Momus n'est pas encore parti.
Quand des ans , etc.

J'aimais les couleurs de Rosine,
J'aime les couleurs du raisin ;
Je trinquais avec ma voisine,
Je m'enivre avec mon voisin.
Que des ans , etc.

Chez moi plus de tendres missives ,

Mais lorsque je veux rajeunir,
Je relis mes vieilles archives,
Et j'y retrouve un souvenir.
Quand des ans, etc.

Au sopha, trône des caresses,
Succède un couvert toujours mis;
Aux baisers de jeunes maîtresses,
La gaîté de bons vieux amis.
Quand des ans, etc.

A ma voix ma jument normande
Ne lutte plus avec le vent;
Mais Pégase, que je gourmande,
Me désarçonne encor souvent.
Quand des ans, etc.

Sur le galoubet, en cadence,
J'aime parfois à m'exercer,
Et j'ai du moins, si je ne danse,
Le plaisir de faire danser.
Quand des ans, etc.

Si mon luth, sous ma main tremblante,
Ne produit plus que de vains sons,
De ma fille la voix naissante
Rajeunit mes vieilles chansons.
Quand des ans, etc.

Quand je bronche en suivant des belles,
Chloé rit et me montre au doigt;
Mais sa mère eut de mes nouvelles,
Et sait bien que je marchais droit.
Quand des ans, etc.

Hier, voulant tenter une intrigue,
Tout-à-coup ma force expira;
De ce soufflet, nouveau Rodrigue,
C'est mon fils qui me vengera.
Quand des ans, etc.

Sachons donc de la destinée
Sous les fleurs amortir les coups;
Et qu'à leur soixantième année,
Nos enfants chantent comme nous :

Quand des ans la fleur printanière
S'effeuille sous les doigts du Temps,
Poursuivons galment la carrière;
Un bel hiver vaut un printemps.

COUPLETS

CHANTÉS LE JOUR DE L'AN 1812, DANS UN MÉNAGE
DE LA RUE DES BONS ENFANTS.

Air *du lendemain.*

Bon mari, tendre épouse,
C'est vous que j'allons chanter;
Pour moi mil huit cent douze
Pouvait-il mieux commencer?
En vous offrant pour étrennes
La première d' mes chansons,
Oh ! c'est bien plutôt les miennes
Que j' me r'passons.

V'là ben longtemps, ce m'.semble
Qu' toujours gais, toujours heureux,
Vous vous livrez ensemble
Au doux plaisir d'être deux.
Et si mon calcul est l' vôtre,
Depuis l' jour d' ces nœuds constants,
M'est avis qu' l'un portant l'autre,
   Y a ben vingt ans.

  C' que c'est que d' bien s'entendre !
Chacun d' vous, depuis c't instant,
  Est d' pus tendre en pus tendre,
D' mieux portant en mieux portant.
Ça n' m'étonn' pas, ça d'vait être...
Et comme moi qui ne sent
Qu' vingt ans d'bonheur n' peuvent qu' mettre
   Du baum' dans l' sang ?

  L'usage de tout l' monde,
Quand l' jour d'emménager vient,
  Est d' choisir à la ronde
Le log'ment qui lui convient,
Et c'est chez nous chose r'connue,
Qu'un' famille d' braves gens
Devait loger dans la rue
   Des Bons-Enfants.

BIEN FORT ET TOUT DOUCEMENT

Air : *Je suis fille d'un conseiller.* (Air très
          ancien.)

Vieux galants qui craignez d'apprendre
   Quel est votre sort,
Voulez-vous ne jamais surprendre
   Vos belles en tort ?
Quand vous rentrez, frappez (*ter.*) bien fort ;
L'amant s'échappe sans esclandre,
Et sans soupçon votre œil s'endort.

Amants qui, près de votre belle,
   Guettez le moment,
Quand l'époux ronfle à côté d'elle
   Conjugalement,
Il faut frapper tout dou (*ter.*) cement.
Qui rend une femme infidèle,
Doit le faire au moins décemment.

Maris que votre femme somme
   De céder d'abord,
Et de reconnaître que l'homme
   N'est pas le plus fort,
Sans hésiter, frappez (*ter.*) bien fort ;
Dans les ménages, voilà comme
On finit par être d'accord.

Vous dont les marteaux en cadence
   Tombent lourdement,
Bons artisans, quand l'indigence
   Sommeille un moment,
Il faut frapper tout dou (*ter.*) cement ;
L'infortuné sans espérance
Ne peut être heureux qu'en dormant.

Auprès des grands de qui nous viennent

Bon ou mauvais sort,
Voulez-vous que vos vœux obtiennent
Un facile abord?
Solliciteurs, frappez (*ter.*) bien fort,
Les importuns toujours parviennent,
Et les honteux ont toujours tort.

Vous que d'un fils alarme et blesse
Le déréglement,
Si vous voulez qu'il reconnaisse
Son aveuglement,
Parents, frappez tout dou (*ter.*) cement,
La rigueur fait fuir la tendresse,
Et la douceur est un aimant.

Justes lois, faites pour proscrire
Les cœurs sans remord,
Toujours du méchant qui conspire
Réprimez l'essor,
Et sans pitié frappez (*ter.*) bien fort,
Les méchants empêchent de rire,
Et qui ne peut pas rire est mort.

Huissiers, sergents, race maussade,
Qui journellement
Venez assiéger par brigade
Mon appartement,
Frappez chez moi tout dou (*ter.*) cement,
Sans argent je suis bien malade,
J'ai besoin de ménagement.

Mais vous qui venez de bonne heure
M'apporter de l'or,
Dût-il, Messieurs, dans ma demeure
Faire nuit encor,
Frappez toujours, frappez (*ter.*) bien fort.
Ma santé me semble meilleure
Quand on remplit mon coffre-fort.

Vous qui, possédant de la cave
Le département,
Bouchez bordeaux, tonnerre et grave
Hermétiquement,
Valets, frappez tout dou (*ter.*) cement,
Pour que le liége, sans entrave,
Cède et vole plus aisément.

J'ai terminé ma chansonnette,
Et non sans effort;
Mais est-elle bien ou mal faite?
Je l'ignore encor:
Des mains, amis, frappez (*ter.*) bien fort;
Je dirai, l'âme satisfaite:
« Grâce au ciel, j'arrive à bon port. »

COUPLETS

SUR LE MARIAGE D'UN JEUNE MÉDECIN
Air *du vaudeville d'*Arlequin Musard.

A LA MARIÉE.

Enfin d'un heureux hyménée
Tu viens donc de serrer les nœuds;
Lucile, te voir fortunée

Est le plus doux de tous mes vœux.
Ton époux avait la main sûre
Le jour qu'à ton cœur il frappa ;
Mais, sachant s'il fit la blessure,
Médecin, il la guérira.

AU MARIÉ.

Aux saints devoirs de votre chaîne
Soumettez-vous, jeune mari ;
Toujours, sans murmure et sans peine
D'hymen comblez le vœu chéri.
Réparant, grâce à votre amie,
Des torts trop souvent répétés,
Epoux, sachez donner la vie
Que, médecin, vous nous ôtez.

CADET BUTEUX

A LA REPRÉSENTATION DES DEUX GENDRES

Air *du vaudeville de* M. Guillaume.

Depuis longtemps j'avions l'cœur tout en cendres
Pour les appas d' mam'sell' Manon Giroux ;
  Nous v'là fiancés... J' lis : *les Deux Gendres.*
  J'm' dis : Gn'a queuqu' mariage là-d'sous (*bis.*)
Pour aller voir cette pièce nouvelle
Faut se mett' sur un pied zélégant ;
J' sis au moment d'avoir la main d' ma belle,
  Et ça m' va comme un gant. (*ter.*)

Air : *Lison dormait dans un bocage.*

L' jour qu'il maria ses deux filles,
Un bon papa, comme un nigaud,
A ses deux gendres, mauvais drilles,
S'avisit d' donner son magot :
Chacun des fils, en bon apôtre,
A bais' main reçut son argent,
   Et l'indigent
   S'en va logeant
Six mois chez l'un, six mois chez l'autre,
   Se doutant bien
   Qu' par ce moyen
Son loyer ne lui coût'ra rien.

Air : *du vaudeville du* Ballet des Pierrots.

Faut que j' vous dise des deux gendres
Les caractèr's et les états ;
D'abord les cailloux sont plus tendres
Qu' les cœurs de ces maudits r'négats :
L'un, tranchant d' l'homme d'importance,
En eau d' boudin mange son bien :
L'autre, au comité d' bienfaisance,
Reçoit son père comme un chien.

Air : *Bonsoir la compagnie.*

Forcé de changer d' séjour
  Au premier jour
  De l'échéance,
De chez l' fils bienfaisant
  L' papa se rend
  Chez l'important,
Qui, pour tout compliment,

Lui dit ben poliment :
« J'attends un' compagnio,
Honnête et ben choisie ;
Je n' peux pas vous r'cevoir ;
Jusqu'au revoir,
Bonsoir. »

Air : *Mon père était pot.*

A c' mot, l' papa mystifié,
Tout interdit s'arrête,
N' sachant le jour où mettre l' pié,
La nuit où mett' la tête.
N'est-il pas cruel
Pour l' cœur paternel
D'un père qui vous aime,
De s' dire tout bas :
Je n' dînerai pas,
Et je m' coucherai tout de même.

Air : *On doit soixante mille francs.*

Le v'là dans la rue installé,
Et sans l' sou joliment calé...
C'est ce qui le désole ; (*bis.*)
Mais un ancien ami d' Bordeaux
Lui tomb' là comme un à-propos...
C'est ce qui le console. (*bis.*)

Air : *Regard vif et joli maintien.*

L' papa lui cont' son embarras.
« Hélas! de quenqu' côté qu' j' me r'tourne
Dit-il en l' serrant dans ses bras,
Je vois la ville de Libourne. »
L' Bordelais le traite de fou,
Et lui dit tout net qu'un beau-père
Qui s' met comme' ça la corde au cou
Et donn' jusqu'à son dernier sou,
N'a pas pour deux liards (*bis*) d' caractère.

Air : *Un chanoine de l'Auxerrois.*

Mais comm' l'instant de déjeuner
N'est pas l'instant de sarmonner,
Ce qu'aisément on peut croire,
L' Bord'lais lui dit : « V'là mon wiski ;
Viens-t'en, mon vieux, viens, et mont'-z'y
J' voulons venger ta gloire... »
L' papa saisit la balle au bond,
Ben sûr qu'en fait d' vin et de jambon,
Eh! bon, bon, bon,
L' Bord'lais a du bon
A manger comme à boire.

Air : *Ah! Monseigneur! Ah! Monseigneur.*

L' déjeuner fait : « Çà, dit l'ami,
Voyant l' barbon plus raffermi,
Ça n'est pas tout qu' boire et manger.
Du tour qu'on t' joue il faut t' venger.
Et c'est d' l'écrire en tout pays
Par la p'tit' poste de Paris. »

Air : *de la chasse de le Roi et le Fermier.*

C'est dit ;
V'là qu'il est écrit,

Et bientôt d' la ville à la cour
    Ça court.
    De c' bruit,
    L' ministre instruit,
Contre les gendr's en est d'autant mieux
    Furieux,
    Que l' cœur
    De c' bon seigneur
Mitonnait pour l'un d' ces mauvais
    Sujets
    Un ministèr' vacant,
    Quand
    On vint lui dire l' cancan.

Air : *Nous nous mari'rons dimanche.*

    L' vanitieux tremblant,
    Pour en sortir blanc,
Fait tout r'tomber sur son frère.
    « Paix ! lui jette au né
    L' ministre indigné,
Chasser ainsi son beau-père !
    Vous êtes d' mes
    Protégés, mais
    J' vous r'tranche ;
    J' vous avais cru
    Jusqu'à c' jour u-
    Ne âme franche...
    Vot' pèr' vous maudit !
    D'après c' que ça m' dit,
Vous serez placé... dimanche.

Air : *du Pas redoublé.*

« J' vois pourtant encore un moyen
    D'arranger votre affaire...
A c' soir, j'aurai grand cercle ; eh bien !
    Am'nez-moi votr' beau-père.
S'il n' vient pas, comm' lui j' vous r'nirai.
    'Voyez, que vous en semble ?
Si vous v'nez tous deux, je verrai
    Que vous êtes bien ensemble. »

Air *du vaudeville de* Lasthénie.

L' fils bienfaisant qui sait comme' quoi,
Si jamais son frère est ministre,
Il s'ra toujours, en cas d'emploi,
L' premier en tête d' son registre,
Court aussi câliner l' bon vieux,
Qui, les voyant changer d' manière,
Pour n'êt' pas en reste avec eux,
Chang' tout à coup de caractère.

Air : *Tenez, je suis un bonhomme.*

« Me prenez-vous pour un' ganache ?
Leur dit l' papa, fier comme un paon.
Je me moque d' vous, d' vous je m' détache,
Et c' n'est plus d' vous qu' mon sort dépend ;
Tout c' biau r'pentir, t'nez, ça fait brosse,
Et vous n' me dit's ces bell's chos's-là
Qu' parc' qu'on m'a vu dans un carrosse ;
On n' me fait pas aller comme ça.

Air : *Aussitôt que la lumière.*

« Vous n'épous'riez plus not' fille,
Si c' n'était pas fait déjà ;
Vous rougissez d' not' famille...
— Non, qui dit, z'et preuve d' ça,
Quittez c' air sombre et sinistre
Rasez-vous ben, c'est vot' jour,
Et j' vous présente au ministre
A la barbe d' tout' la cour.

Air : *Dans la vigne à Claudine.*

— Encore un' mauvais' niche
Qu' vous voulez m' faire là ;
Mais j' dis : Pas si godiche...
J' vous connais trop pour ça :
Nous êtes deux p'tits drôles. »
Et crac, sans plus de façons,
Il leur hauss' les épaules,
Et leur montr' les talons.

Air : *Ce mouchoir, belle Raimonde.*

A propos, bête que j' sommes,
J' crois vraiment que jusqu'ici
J' n'avons parlé que des hommes,...
Gn'a pourtant deux femm's aussi.
L'une est fraîche comm' la rose ;
Et, jarni ! l'aut' la vaut bien...
Mais comme ell's n' dis'nt pas grand'chose,
C'est c' qui fait que j' n'en dis rien.

Air : *A la façon de Barbari.*

Pour en r'venir à nos moutons,
Le' conseilleux du biau-père
S'en vient dire à l'homme aux grands tons :
« Pour vous tirer d'affaire,
Suivez l' conseil d'un franc Gascon,
La faridondaine, la faridondon,
Et vous verrez qu' vous s'rez servi,
Biribi,
A la façon de Barbari
Mon ami. »

Air : *Tous les bourgeois de Châtres.*

L' Bordelais, fin comm' l'ambre,
Sachant qu' l'autre vaurien
S'est caché dans un' chambre
D'où c' qu'il ne perdra rien,
Dit : « Tout l' bien que l' papa dans l' temps vous a fait prendre
J' sais qu' vous n' l'avez pas ménagé,
Mais c' qui n'est pas encor mangé,
J' vous conseille de l' rendre.

Air : *Sur l' port, avec Manon, un jour.*

« Ça fait que d' la restitution
Vot' frèr' n'ayant pas eu d' notion,
C'est vous qu'en aura tout' la gloire ;
Vot' père y s'ra sensible au point,
Que j' réponds qu'il n'accept'ra point,
Puis à vot' frère, à coup de pied, à coup de poing,
Il cass'ra la gueule et la mâchoire.

Air : *Une fille est un oiseau.*

Après ce p'tit entretien,
L' sournois sort de sa cachette,
Content comme un chat qu'on fouette,
Et dans un' colère d' chien.
« J' n'ai, dit-il, qu'une chose à faire,
C'est d' restituer au beau-père
Avant qu' mon fripon de frère
A sa porte n'aill' sonner...
J' sais ben qu' c'est dur de tout rendre :
Mais si l' papa n' doit pas l' prendre,
Qu'est-ce que j' risque de l' donner! »

Air : *Rien n'était si joli qu'Adèle.*

L'un après l'autre chaque frère
    S'en vint au papa
    Dir' son *mea culpâ*...
« Vous qu' longtemps vot' bon cœur dupa,
    C'est enfin l' jour
    D' rire à vot' tour.
    V'là votre bien,
    J' n'en voulons rien,
Jouissez-en, cher père :
    V'là votre bien,
    N' vous r'fusez rien,
Et portez-vous bien.

    Air : *Au clair de la lune.*

    — Vraiment, dit l' beau-père,
Vous m' confusionnez,
Et j' vois, d' la manière
Dont vous me l' donnez,
Qu' j'aurais beau m' défendre,
Il faudra céder,
Et c' qu'est bon à prendre
Est bon à garder.

Air : *O ciel! est-il possible?* (Fragment de *Félix.*)

    — O ciel! ô ciel! c'est-y possible?
    Père dénaturé!

        Air : *Grâce à la mode.*

    — Vous v'nez de m' dire
Qu' vous rendiez mon bien :
Quoiqu' je m' doutions bien
    Qu' c'était pour rire,
Je l' prends pour de bon,
Et allez donc. »

        Air : *J'ons un curé patriote.*

V'là là-d'sus la salle qui crève
D'applaudiss'ments et d' bravos;
Puis à chaqu' gendre qu' endève
L' papa dit, f'sant l' gros dos :
« J' vous tancerions encor bien,
Mais puisq' vous n'avez plus rien,
    Ça m' suffit; *(bis)*
    Faites-en votre profit. »

Air : *Aux soins que je prends de ma gloire.*

Sur c' dernier mot la toile tombe,
Et je m'dis : « L'auteur a ben fait :

Il faut qu'un mauvais fils succombe,
Chaqu' fois qu'il n'est pas bon sujet. »
C'te pièce-là prouv' que d' son biau-père
Il est juste qu'on soit l'appui,
Et que , n'eût-on rien sur la terre,
On doit l' partager avec lui.

LA PAUVRE LISE

CHANSONNETTE MORALE

Air : *Non, tu ne l'auras pas, Nicolas.*

Lise était un' fillette
Bien pauvre et sans esprit ;
  Mais on dit
Qu'elle était gentillette,
Et v'là c' qu'un jour ell' fit :
Chez un grand personnage
Ell' s'en fut tristement,
  Tout bonn'ment,
D'mander un peu d'ouvrage,
Afin d' vivre honnêt'ment.

L' Monsieur, voyant ses charmes,
Tout à coup s'attendrit,
  Et lui dit :
Ma p'tit', séchez vos larmes,
Vous m' plaisez, ça suffit :
Voyez-vous c't équipage,
Et c't or et ces bijoux !
  C'est pour vous ;
Laissez la vot' village
V'nez jouir d'un sort plus doux.

— Mais, m'sieu', répliqua Lise,
Dit's-moi donc c' qu'il faudra
  Fair' pour ça !...
— Il n' faudra qu'êtr' soumise,
Et belle comm' vous v'la. »
Gn'a pas d' filles que n' tente,
Et que n' séduis' d'abord
  Un tel sort ;
Aussi not' innocente
Consentit sans effort.

« Ah ! monsieu', lui dit-elle,
J' n'avons pas mérité
  Tant d' bonté,
Et toujours avec zèle
J' frons votre volonté. »
Lis' d'après sa promesse,
Fit si ben tant qu'ell' put
  C' qu'on voulut,
Qu' fraîcheur, gaîté, jeunesse,
Bientôt tout disparut.

Et pour prix d' ses services,
Son maître un beau jour la
  Plante là.
Fillett's encor novices,
C'te leçon vous apprendra
Qu' fortun' peu méritée
Vous tomb' souvent d' la main

L'.lendemain,
Et qu' voiture empruntée
Vous laiss'.toujours en chimin,

LE PANPAN BACHIQUE.

Air : *Repas en voyage.*

Lorsque le champagne
Fait en s'échappant
    Pan , pan ,
Ce doux bruit me gagne
L'âme et le tympan.
Le mâcon m'invite ,
Le beaune m'agite ,
Le bordeaux m'excite ,
Le pomard me séduit ;
    J'aime le tonnerre,
    J'aime le madère ;
    Mais , par caractère ,
Moi qui suis pour le bru't...
    Lorsque le champagne, etc.

Quand, aidé du pouce ,
Le liége qui pousse
L'écumante mousse ,
Saute et chasse l'ennui ,
    Vite je présente
    Ma coupe brûlante ,
    Et gaîment je chante
En sautant avec lui :
    Lorsque le champagne, etc.

Qu'Horace en goguette ,
Courant la guinguette ,
Verse à sa grisette
Le falerne si doux ;
    S'il eût , le cher homme ,
    Connu Paris comme
    Il connaissait Rome ,
Il eût dit avec nous :
    Lorsque le champagne, etc.

Maîtresse jolie
Perd de sa folie ,
Se fane et s'oublie ,
Victime des hivers.
    Mais ma Champenoise ,
    Grise comme ardoise ,
    En est plus grivoise ,
Et me dicte ces vers :
    Lorsque le champagne, etc.

De ce véhicule
Où roule et circule
Maint et maint globule ,
Si le feu me séduit ,
    C'est que de ma tête.
    Qu'aucun frein n'arrête ,
    L'image parfaite
Toujours s'y reproduit,.
    Lorsque le champagne, etc.

Quand de la folie.

La vive saillie
S'arrête affaiblie,..
Vers la fin du banquet,
Qui vient du délire
Remonter la lyre?
Du jus qui m'inspire
C'est le divin bouquet,
Lorsque le champagne, etc.

Pour calmer la peine,
Adoucir la gêne,
Et dissiper l'effroi,
Que faut-il donc faire?
Sabler à plein verre
Ce jus tutélaire,
Et chanter avec moi :

Lorsque le champagne,
Fait en s'échappant
Pan, pan,
Ce doux bruit me gagne
L'âme et le tympan.

VIVENT LES GRISETTES

Air : *Je suis Madelon Friquet.*

Je ris du qu'en dira-t-on,
Et sans mystère,
Je préfère
A nos dames du grand ton
La simple et gentille Marton.

Souvent, pendant un siècle, il faut
De ces rebelles
Citadelles
Faire comme un sot
L'assaut.
Je ris du qu'en dira-t-on, etc.

Marton à moi s'intéressait,
Et pour toute arme,
Une larme
Fit céder lacet,
Corset.
Je ris du qu'en dira-t-on, etc.

Leurs équipages, leurs écus,
Qui toujours sonnent,
Ne leur donnent
Charmes ni vertus
De plus.
Je ris du qu'en dira-t-on, etc.

A pied cheminant en tous lieux,
Sa jambe fine
Qu'on devine
N'en séduit que mieux
Les yeux.
Je ris du qu'en dira-t-on, etc.

Jamais, jamais ne me prenez
Une coquette
Qui vous jette
Vous me chiffonnez...

Au nez.
Je ris du qu'en dira-t-on, etc.

En un clin d'œil sous mes verrous,
      Faite ou défaite
      Sa toilette
   Obéit à tous
      Mes goûts.
Je ris du qu'en dira-t-on, etc.

Pour nous cacher un joli sein,
      Leur cachemire
      Qu'on admire
   Ne vaut pas un lin
      Bien fin.
Je ris du qu'en dira-t-on, etc.

Que j'aime à voir son fichu vert
      Sur sa peau blanche
      Le dimanche,
   Par un souffle d'air
      Ouvert.
Je ris du qu'en dira-t-on, etc.

Riches cristaux, nombreux valets,
      Gaîté forcée
      Et glacée,
   Font de leurs banquets
      Les frais.
Je ris du qu'en dira-t-on, etc.

Quand, pour boire à notre lien,
      Marion, peu fière,
      Cherche un verre,
   Elle fait du mien
      Le sien.
Je ris du qu'en dira-t-on, etc.

Quels que soient les trésors qu'on a,
      Les nobles flammes
      De ces dames
   Mettent bientôt à
      Quia
Je ris du qu'en dira-t-on, etc.

Une épingle qu'à son corset
      D'ôter ou mettre
      Je suis maître,
   Lui semble un bienfait
      Parfait.
Je ris du qu'en dira-t-on, etc.

De l'ennui doublant les pavots,
      La muse et l'ambre
      De leur chambre
   Assassinent vos
      Cerveaux.
Je ris du qu'en dira-t-on, etc.

L'artifice est ce qu'elle craint;
      Sa cheminée
      Est ornée
   De fleurs où se peint
      Son teint.
Je ris du qu'en dira-t-on, etc.

Désaugiers.   7

Les rubis surchargent leurs cous;
  Mais sous la bure
    La nature
  Place de plus doux
    Bijoux.
Je ris du qu'en dira-t-on, etc.
Pour mieux traiter cette chanson,
  D'une grisette
    Joliette
  J'ai pris sans façon
    Leçon.

Je ris du qu'en dira-t-on,
  Et, sans mystère,
    Je préfère
A nos dames de grand ton
La simple et gentille Marton.

MA PETITE CHANSON

Air : *Ah ! qu'il est doux de vendanger.*

De la romance l'abandon
  Séduit le Céladon :
La fable offre mainte leçon,
  L'ode est incomparable...
  Mais moi, pour la chanson,
  J'enverrais tout au diable.

Glacé par un maudit frisson,
  Gardez-vous la maison,
Opposez pour contre-poison
  Au mal qui vous accable
  La petite chanson...
  Et la fièvre est au diable.

Aux champs de Mars le plus poltron
  Veut-il se faire un nom,
Qu'il marie au feu du canon,
  A son bruit effroyable
  La petite chanson...
  Et la peur est au diable.

On se défie à l'espadon
  Pour un *oui*, pour un *non*...
Faites entendre, en gai luron,
  Au couple impitoyable
  La petite chanson...
  Le cartel est au diable.

Faut-il d'un innocent tendron
  Subjuguer la raison,
Apprenez-lui sur le gazon,
  Sous un feuillage aimable,
  La petite chanson...
  L'innocence est au diable.

On va représenter, dit-on,
  Un drame à pâmoison;
Faites succéder à son ton
  Lugubre, lamentable,
  La petite chanson...
  Et le drame est au diable.

Depuis son veuvage, Lison,
  Ne parle que poison...
Qu'un bon vivant, sous un balcon,
  Chante à l'inconsolable
  La petite chanson...
  Et le mort est au diable.

Quand la sueur couvre le front
  Du pauvre bûcheron,
Vienne, entre un baiser de Suzon
  Et le clairet qu'il sable,
  La petite chanson...
  Et la peine est au diable.

Quand, après la belle saison,
  Vient le triste glaçon,
Chantez, les pieds sur le tison,
  Les coudes sur la table,
  La petite chanson...
  Et l'hiver est au diablé.

Vous, enfin, qui craignez Caron
  Et le sombre Achéron;
Chantez gaîment à l'unisson,
  Traitant la mort de fable,
  La petite chanson...
  Er la barque est au diable.

LES PROGRÈS DE L'AGE

Air : *Et voilà comme l'homme.*

Dès le moment où je naquis,
Ma bouche, avec un charme exquis;
Caressa le sein de ma mère;
Aujourd'hui celui de Glycère
Me paraît plus appétissant...
    Et voilà comme
      L'homme
    Change en grandissant.

Quand mon père me souffletait,
Ma vanité s'en irritait,
Mais bientôt ce soufflet infâme,
Donné par la main d'une femme,
Me parut plus doux qu'offensant...
    Et voilà comme, etc.

Lorsque l'on m'envoyait coucher,
J'étais sujet à me fâcher;
A présent souvent il arrive
Que, dans le lit qui me captive,
J'éprouve un plaisir ravissant !
    Et voilà comme, etc.

J'avais, dès l'âge de dix ans,
Cinq ou six *maîtres* différents;
Mais, troquant leçons pour caresses
Plus tard je trouvai des *maîtresses*
Le savoir plus intéressant...
    Et voilà comme, etc.

A quinze ans, trop jeune et trop fou,
Je ne disposais pas d'un sou;
Mais dès que, devenu plus sage,

De mon argent je fis usage,
Mes dettes allèrent croissant...
   Et voilà comme, etc.

A seize ans j'aimais à la fois
Une vingtaine de minois;
A dix-sept, j'en aimai quarante;
A dix-huit, j'en aimai soixante;
A dix-neuf, j'en adorai cent...
   Et voilà comme, etc.

A vingt ans, mes premiers essais
Au théâtre eurent du succès,
A vingt-cinq, ma muse enhardie
Accoucha d'une comédie
Qui fut sifflée en paraissant...
   Et voilà comme, etc.

J'aimai jadis le malaga,
Puis j'ai préféré le rota,
Puis j'ai raffolé du madère,
Puis du bordeaux, puis du tonnerre,
Je les aime tous à présent...
   Et voilà comme, etc.

Jusqu'à ce jour, me mesurant,
On m'a trouvé plus gros que grand;
Ma taille est cependant honnête;
Mais que le Temps courbe ma tête,
J'irai toujours rapetissant...
   Et voilà comme
     L'homme
Change en grandissant.

L'ANGLAIS AU CAVEAU MODERNE

Air *des Confessions*.

L'ANGLAIS, *baragouinant*.

Messieurs du Rocher,
Puis-je approcher,
Sans vous déplaire?
A votre caveau
Ein Anglais est di fruit nouveau.

LE PRÉSIDENT.

Chez nous, milord qui ne riez guère
Que venez-vous faire?

L'ANGLAIS.

Je viens, député
Par un comté
De l'Angleterre,
Savoir le moyen
De devenir Epicurien.

LE PRÉSIDENT.

Avant tout, milord, en Angleterre,
Que savez-vous faire?

L'ANGLAIS.

Nous buvons beaucoup,
Et coup sur coup,
Rhum et madère,
Et quand tout est bu,
Sous la table on tombe étendu.

LE PRÉSIDENT.

Est-ce , là , milord , en Angleterre
Tout ce qu'on sait faire?

L'ANGLAIS.

Le soir, réunis,
Chez nos amis,
Après la bière ,
Nous buvons di thé
Pour nous donner plus de gaîté.

LE PRÉSIDENT.

Est-ce là , milord , en Angleterre
Tout ce qu'on sait faire?

L'ANGLAIS.

Quand nous nous trouvons
Un peu plus ronds
Qu'à l'ordinaire,
Nous ne craignons point
De nous rosser à coups de poing.

LE PRÉSIDENT.

Est-là, milord, en Angleterre
Tout ce qu'on sait faire?

L'ANGLAIS.

Lorsque nous aimons,
Nous finançons,
Afin de plaire;
D'où vient qu'en tout lieu
On dit : Ein milord pot-au-feu.

LE PRÉSIDENT.

Est-ce là , milord , en Angleterre
Tout ce qu'on sait faire?

L'ANGLAIS.

Tout autant que vous,
L'Anglais, jaloux
De bonne chère,
Se régale avec
Di plumb-pudding et di bifstec.

LE PRÉSIDENT.

Est-ce là , milord , en Angleterre
Tout ce qu'on sait faire?

L'ANGLAIS.

Le banquet fini,
Chaque lady,
Quittant son verre,
Va dans les salons,
Et puis sans elles nous fumons.

LE PRÉSIDENT.

Est-ce là , milord , en Angleterre
Tout ce qu'on sait faire?

L'ANGLAIS.

Plus libres alors
Dans nos transports,
Pour nous distraire,
Nous parlons procès,
Guerre, banqueroute et décès.

LE PRÉSIDENT.

Est-ce là , milord , en Angleterre,
Tout ce qu'on sait faire?

L'ANGLAIS.

On nous croit lourds, mais
C'est que l'Anglais,
Par caractère,
Chante entre ses dents,
Et ne rit jamais qu'en dedans.

LE PRÉSIDENT.

Est-là, milord, en Angleterre
Tout qu'on sait faire?

L'ANGLAIS.

Si nous ne jouions,
Nous péririons
D'ennui sur terre;
Et quand nous perdons,
Tout aussitôt nous nous pendons.

LE PRÉSIDENT.

Est-ce là, milord, en Angleterre
Tout ce qu'on sait faire?

L'ANGLAIS.

Toujours au malheur,
A la douleur
Faisant la guerre,
Lorsque nous souffrons,
Le *spleen* nous gagne et nous mourons.

LE PRÉSIDENT, *se rasseyant*.

Si c'est là, milord, en Angleterre
Tout ce qu'on sait faire,
Cessez de troubler,
De violer
Ce sanctuaire,
Et de profaner
Nos chansons et notre dîner.

L'ANGLAIS.

Et quoi! faut-il que je désespère?

LE PRÉSIDENT.

Nous pourrons vous faire
Enfants de Vénus,
Quand, sans écus,
Vous saurez plaire,
Et fils de Momus,
Lorsque vous ne vous pendrez plus.

LE VERRE

Air : *La bonne chose que le vin!*
ou Air : *du vaudeville du* Fandango.

Quand je vois des gens ici-bas
Sécher de chagrin ou d'envie,
Ces malheureux, dis-je tout bas,
N'ont donc jamais bu de leur vie!
On ne m'entendra pas crier
Peine, famine, ni misère,
Tant que j'aurai de quoi payer
Le vin que peut tenir mon verre.

Riche sans posséder un sou,
Rien n'excite ma jalousie;
Je ris des mines du Pérou,

Je ris des trésors de l'Asie;
Car sans sortir de mon taudis,
Grâce au seul Dieu que je révère,
Je vois et topaze et rubis
Abonder au fond de mon verre.

Tout nous atteste que le vin
De tous les maux est le remède,
Et les dieux n'ont pas fait en vain
Un échanson de Ganymède.
Je gage même que ces coups
Que l'homme attribue au tonnerre,
Sont moins l'effet de leur courroux
Que du choc bruyant de leur verre.

Chaque jour l'humide fléau
Des cieux ne romp-il pas les digues !
Si les immortels aimaient l'eau,
Ils n'en seraient pas si prodigues;
Et quand nous voyons par torrent
La pluie inonder notre terre,
C'est qu'ils rejettent en jurant
L'eau que l'on verse dans leur verre.

Le bon vin rend l'homme meilleur,
Car du monarque assis à table
Vit-on jamais le bras vengeur
Signer la perte d'un coupable?
De son cœur le courroux banni
N'obscurcit plus son front sévère :
Armé du sceptre, il l'eût puni;
Il lui pardonne, armé du verre.

Je ne sais par quel vertigo
Ou quelle suffisance extrême,
Narcisse, en se mirant dans l'eau,
Devint amoureux de lui-même.
Moi, fort souvent je suis atteint
De cette risible chimère,
Mais c'est lorsque je vois mon teint
Pourpré par le reflet du verre.

Dieu du vin, dieu de l'univers,
Toi qui me fis à ton image,
Reçois ce tribut de mes vers,
Et, pour couronner ton ouvrage,
Fais jusqu'à mes instants derniers,
Que dans ma soif je persévère,
Et qu'à ma mort mes héritiers
Ne trouvent plus rien dans mon verre

LA PROMENADE SENTIMENTALE

ou

LE DANGER DE SORTIR SANS ARGENT.

Air : *Partant pour la Syrie.*

Partant pour la Villette,
Le jeune et beau François
Dit un jour à Finchette :
« Veux-tu t'en v'nir au bois? »
Plaignez l'amant fidèle,
Délicat et galant,

Qui, pour prom'ner sa belle,
N'a pas un sou vaillant.

Ils partent : l' temps s' barbouille,
Si ben qu'ça tombe à seau,
Et qu' l'averse les mouille,
Qu' tout collait sur leur peau.
Plaignez l'amant fidèle,
Délicat et galant,
Qui, pour sécher sa belle,
N'a pas un sou vaillant.

Fanchette alors propose,
Passant d'vant z'un bouchon,
D' s'y rafraîchir d' queuqu' chose,
N' fût-ce qu' d'un pied d' cochon.
Plaignez l'amant fidèle,
Délicat et galant,
Qui, pour traiter sa belle,
N'a pas un sou vaillant.

De son cou blanc comm' ciré,
L' vent fait voler l' mouchoir,
Et j' n'ai pas besoin d' dire
Tout c' que ça laisse voir.
Plaignez l'amant fidèle,
Délicat et galant,
Qui, pour voiler sa belle,
N'a pas un sou vaillant.

Bientôt nouvell' disgrâce :
En sautant un ruisseau,
L' sabot d' Fanchette s' casse,
Et v'là son pied dans l'eau.
Plaignez l'amant fidèle,
Délicat et galant,
Qui, pour chausser sa belle,
N'a pas un sou vaillant.

Plus loin, autre anicroche :
L' parasol d'un benêt
D' la pauvr' Fanchette accroche
Et déchire l' bonnet.
Plaignez l'amant fidèle,
Délicat et galant,
Qui, pour coiffer sa belle,
N'a pas un sou vaillant.

Tandis qu' Fanchette endève,
L' carrosse d'un péquin
D'un coup d' brancard lui crève
Tout l' dos d' son casaquin !
Plaignez l'amant fidèle,
Délicat et galant,
Qui, pour nipper sa belle,
N'a pas un sou vaillant.

Un gros doguin qui joue,
Sur Fanchett' s'élançant,
Li caresse la joue,
Qu'elle en est toute en sang.
Plaignez l'amant fidèle,
Délicat et galant,
Qui, pour panser sa belle,
N'a pas un sou vaillant.

La voyant z'évanouie,
Chacun dit qu'un mat'las
La rendra z'à la vie;
V'là François dans d' beaux draps.
Plaignez l'amant fidèle,
Délicat et galant,
Qui, pour coucher sa belle,
N'a pas un sou vaillant.

Chez ell' François la r'mène,
Et l'y d'mand' par pitié,
Qu' pour prix de tout' sa peine,
All' d'vienne sa moitié.
Va donc, z'amant fidèle,
Dit-elle en s' rhabillant,
Faut, pour avoir un' belle,
Avoir queuqu's sous vaillant.

ENVOI AUX AMATEURS.

V'là ma chanson finie;
Mais comm' c' n'est pas l' Pérou,
A tout' la compagnie
J' la donne pour un sou.
Et faut qu' l'amant fidèle
Qui r'fus'rait, z'en passant,
D'en régaler sa belle,
N'ait pas un sou vaillant.

LA MAUVAISE ET LA BONNE CHANSON

Air *du vaudeville des* Deux Edmond.

N'en déplaise aux chanteurs modernes,
Avec leurs ritournelles ternes
    On chante mal (*bis*).
Quand la chanson, fruit du délire,
Part comme l'éclair qui l'inspire,
Avec son chorus pour soutien,
    On chante toujours bien (*bis*).

En dépit des auteurs tragiques,
Avec de grands vers léthargiques,
Et l'espoir d'un prix décennal,
    On chante mal.
Mais avec un gai vaudeville,
Qui va proclamant par la ville
Que rire et boire est le vrai bien,
    On chante toujours bien.

Lorsqu'en l'honneur d'une coquette,
Il faut, cédant à l'étiquette,
Rimer un éloge banal,
    On chante mal.
Mais quand notre muse endormie
Se réveille au nom de l'amie
Sans qui tout l'univers n'est rien,
    On chante toujours bien.

De nos Crésus de contrebande,
Dans une chanson de commande,
Faut-il vanter l'air jovial,
    On chante mal.
Mais chez celui dont la fortune
A tous ses vieux amis commune,

Atteste un cœur épicurien,
On chante toujours bien.

A la fin d'un repas splendide,
Auquel presque toujours préside
L'ennui d'un bon ton glacial,
   On chante mal.
Mais au banquet de la folie,
Donné par hôtesse jolie
Ou par un aimable vaurien,
   On chante toujours bien.

Époux d'une femme méchante,
Faut-il qu'à sa fête l'on chante
Les douceurs du nœud conjugal,
   On chante mal.
Mais faut-il d'une réjouie
Chanter la mine épanouie,
L'œil fripon, l'agaçant maintien,
   On chante toujours bien.

Lorsqu'aux pieds d'un objet céleste
Le gousset, par un sort funeste,
Est dans un dénûment total,
   On chante mal.
Mais qu'à la chanson qu'on entonne
Se joigne une bourse qui sonne,
Le couplet ne valût-il rien,
   On chante toujours bien.

Faut-il chanter d'un tendre père
D'un bon fils, d'un ami sincère
Le *De profundis* sépulcral,
   On chante mal.
Mais à celui d'un oncle riche,
Goutteux, méfiant, vieux et chiche
Dont on va recueillir le bien,
   On chante toujours bien.

Sur les rives de la Tamise,
Où la gaité n'est pas de mise,
Où l'on sert le thé pour régal,
   On chante mal.
Mais aux bords chéris de la Seine,
Où Bacchus verse l'hippocrène,
Où Momus est notre doyen,
   On chante toujours bien.

LE NEC PLUS ULTRA DE GRÉGOIRE

Air : *Joyeux enfant de la bouteille.*

J'ai Grégoire pour nom de guerre,
J'eus en naissant horreur de l'eau;
Jour et nuit armé d'un grand verre,
Lorsque j'ai sablé mon tonneau
   Tout fier de ma victoire,
   Encore ivre de gloire,
     Reboire,
      Voilà (*bis*)
  Le *nec plus ultrà*
Des plaisirs de Grégoire.

En latin, en droit, en physique,

Je fus toujours un ignorant ;
Poésie, algèbre, musique
Tout me paraît de l'Alcoran ;
  Fable, roman, histoire,
  Sont pour moi du grimoire ;
    Mais boire !
    Voilà (*bis*)
  Le *nec plus ultrà*
  Des talents de Grégoire.

Qu'un poète de l'Athénée,
De ses éphémères travaux
Sur la clientèle abonnée
Aille répandre les pavots :
  Son fatras oratoire
  Assomme l'auditoire ;
    Bien boire !
    Voilà (*bis*)
  Le *nec plus ultrà*
  Des amours de Grégoire.

A Cythère, dans mon jeune âge,
Si j'ai brûlé beaucoup d'encens,
Aujourd'hui, plus mûr et plus sage,
Je me dis, maître de mes sens :
  Œil tendre, dents d'ivoire
  N'ont qu'un charme illusoire ;
    Mais boire !
    Voilà (*bis*)
  Le *nec plus ultrà*
  Des amours de Grégoire.

Me trouver, en sortant de table,
Et sans soif et sans appétit ;
Voir ma cave si délectable
S'épuiser petit à petit ;
  N'avoir dans mon armoire
  Que la Seine ou la Loire
    A boire...
    Voilà (*bis*)
  Le *nec plus ultrà*
  Des chagrins de Grégoire.

Mais doué d'une âme asez ferme
Pour maîtriser les coups du sort,
De mes maux abaisser le terme,
Et savoir vendre, sans effort,
  Lit, vaisselle, écritoire,
  Tout jusqu'à l'écumoire,
    Pour boire...
    Voilà (*bis*)
  Le *nec plus ultrà*
  Des vertus de Grégoire.

Lorsqu'enfin vers l'empire sombre
Il faudra prendre mon essor,
Oubliant que je suis une ombre,
Le verre en main pouvoir encor,
  En débit du déboire,
  Chanter sur l'onde noire :
    A bo re...
    Voilà (*bis*)
  Le *nec plus ultrà*
  Des désirs de Grégoire.

L'INCONVÉNIENT D'AVOIR DES DENTS

Air : *Dans la vigne à Claudine.*

Quoiqu'en tous lieux on dise :
« Rien n'est tel que les dents, »
Je n'ai pas la bêtise
De donner là-dedans;
Car si le premier homme
Sans une dent fût né,
Le monde pour la pomme
N'eût pas été damné.

Ces dents, dont l'amant vante
L'éclatante beauté,
Et dont le gourmand chante
L'heureuse utilité,
De notre premier âge
Sont le premier tourment,
Et leur chute présage
Notre dernier moment.

De belles dents, sans doute,
J'aime l'accord parfait,
Mais que de maux nous coûte
Ce funeste bienfait !
La perte de la belle
En qui tout nous séduit,
Fait moins souffrir que celle
D'une dent qui nous fuit.

Des serpents qui se tordent
La dent donne la mort;
L'ours et le lion mordent,
Le chien enragé mord;
Et que Dieu vous préserve
Du méchant, du jaloux,
Qui dans l'ombre conserve
Une dent contre vous!

Les dents ont droit de plaire
A l'heure des repas;
C'est un mal nécessaire,
Je n'en disconviens pas;
Encor, souvent cruelles
Jusqu'en leurs fonctions,
Que nous procurent-elles?
Des indigestions.

Les dents ne servent guère
Qu'à causer du chagrin,
Oui, jusqu'à ma dernière
Ce sera mon refrain...
Puis, qu'un morceau l'emporte
A la fin d'un repas,
Je m'écrirai : « N'importe!
Pour boire, il n'en faut pas. »

CONSEILS AUX GARÇONS

Air *Du vaudeville des Deux Edmond.*

Ruinés par mainte folie
Vous qui trouvez femme jolie,

Riche en vertus, or et bijoux,
  Mariez-vous (*bis*).
Mais vous à qui femme charmante
N'apporte pour dot et pour rente
Que ses dettes et ses appas.
  Ne vous mariez pas (*bis*.)

Vous qui, contraints par vos affaires
D'être nuit et jour sédentaires,
Pouvez dépister les jaloux,
  Mariez-vous.
Mais vous dont les fâcheux voyages,
De vos solitaires ménages
Jour et nuit étoignent les pas,
  Ne vous mariez pas.

Vous de qui l'heureux ministère
N'exige point de secrétaire
Au ton galantin, à l'œil doux,
  Mariez-vous.
Mais vous de qui la place entraîne
Des commis, des clercs qui, sans gêne,
Viennent partager vos repas,
  Ne vous mariez pas.

Vous que des arts l'amour anime,
Qui brûlez de leur feu sublime,
Pour propager ces nobles goûts,
  Mariez-vous.
Mais vous dont l'esprit méthodique,
Plein de son calcul algébrique,
Ne rêve que règle et compas,
  Ne vous mariez pas.

Vous qui vous sentez le courage
De subir, à peine en ménage,
La chance commune aux époux,
  Mariez-vous.
Mais vous dont l'humeur trop jalouse
Voudrait exiger d'une épouse
Fidélité jusqu'au trépas,
  Ne vous mariez pas.

Vous dont la noble confiance
Ne commande pas la constance
Par des grilles et des verrous,
  Mariez-vous.
Mais par un esclavage infâme
Vous qui prétendez qu'une femme
Peut être à l'abri d'un faux pas,
  Ne vous mariez pas.

Vous enfin dont l'épouse aimable
Doit se plaire à vous voir à table
Et boire et chanter comme nous;
  Mariez-vous.
Mais vous dont la femme bégueule
Voudrait à sa personne seule
Réduire vos joyeux ébats,
  Ne vous mariez pas:

AH! MON DIEU! QUE J' SUIS BÊTE
  Air : *Ah! qu'il est drôle!*
Quand je vois un joli minois.

Pour moi queu fête !
Quand il me r'garde une ou deux fois,
    J'en perds la tête :
A l'entraîner dans un p'tit coin,
Quand ça n' peut pas aller plus loin,
    Tout aussitôt j' m'apprête ; *(bis)*
Mais dès qu' nous sommes sans témoin,
    Ah ! mon Dieu ! que j' suis bête !

Quand on joue un ouvrag' nouveau,
    Pour moi queu fête !
Lorsque j'entends crier *bravo,*
    J'en perds la tête ;
Et, jaloux d' faire aussi mon ch'min,
V'là t'y pas que le lendemain
    A composer j' m'apprête ; *(bis)*
Mais dès qu' j'ai la plume à la main,
    Ah ! mon Dieu ! que j' suis bête !

Quand je m' sens le gousset garni,
    Pour moi queu fête !
Si j' puis obliger un ami,
    J'en perds la tête ;
Et m' disant, lorsque j' n'ai plus d' çà...
C'ti-là qu' j'obligeai m'oblig'ra,
    A l' visiter j' m'apprête ; *(bis)*
Mais dès qu'il me faut en v'nir là,
    Ah ! mon Dieu que j' suis bête !

Quand j' vois passer un régiment,
    Pour moi queu fête !
Quand j' sais qu'il s'est battu brav'ment,
    J'en perds la tête :
C'est que j' n'aimons pas la lâcheté,
Et jamais je n' suis insulté,
    Qu'à m' venger je n' m'apprête ; *(bis)*
Mais dès qu' j'ai l'épée au côté,
    Ah ! mon Dieu ! que j' suis bête !

Quand j'ons dit quenqu' joli p'tit rien,
    Pour moi qu'eu fête !
Quand d' tout côté j' vois qu' ça prend bien
    J'en perds la tête.
Si tout haut l' voisin applaudit,
Si tout bas la voisin' sourit,
    A r'commencer j' m'apprête ; *(bis)*
Mais dès qu'chacun m' dit qu' j'ai d' l'esprit,
    Ah ! mon Dieu que j' suis bête !

Quand j' vas aux Français par hasard,
    Pour moi queu fête !
Quand j'y vois Molière ou Regnard,
    J'en perds la tête ;
Je sors d' là riant comme un fou,
Et, dussé-j' m'y fair' casser l' cou,
    A v'nir les r'voir j' m'apprête ; *(bis)*
Mais dès que j' sors de... j' sais ben où,
    A mon Dieu ! que j' suis bête !

Quand ma femme est de bonne humeur,
    Pour moi queu fête !
Quand elle m'embrass', mais là... d'bon cœur,
    J'en perds la tête !
Ell' s'emporte bien quelquefois...

Alors, en qualité d' bourgeois,
   A riposter j' m'apprête; (*bis*)
Mais dès qu'ell' prend sa grosse voix,
   Ah! mon Dieu! que j' suis bête!

Quand on m'invite à queuq's festins,
   Pour moi queu fête!
Qu'on m' place d'vant deux yeux lutins,
   J'en perds la tête.
Quand on m'échauffe le cerveau
Avec du vin vieux ou nouveau,
   A bavarder j' m'apprête; (*bis*)
Mais dès qu'on m' verse un verre d'eau,
   Ah! mon Dieu! que j' suis bête!

Quand j' dois entendre vos chansons,
   Pour moi queu fête!
Un mois d'avance j'y pensons,
   J'en perds la tête;
Et lorsque arrive c' jour si doux,
Au plaisir d' vous applaudir tous,
   En m'éveillant j' m'apprête; (*bis*)
Mais dès qu'il faut qu' j' chante après vous,
   Ah! mon Dieu! que j' suis bête!

PARLEZ-MOI D' ÇA

Air : *Mon galoubet.*

Ne m' parlez pas
   De ces repas
Où l'on sert des mets que d'avance
Sur leurs fourneaux l'ennui glaça;
Mais s'agit-il d'une bombance
Où fillettes, flacons, tout danse,
   Parlez-moi d' ça. (*Quater.*)

Ne m' parlez pas
   De ces appas
Que l'artifice dénature,
Et que Plutus seul caressa...
Mais ces charmes sans imposture,
Et dont quinze ans font la parure,
   Parlez-moi d' ça.

Ne m' parlez pas
   De ces ébats
Que, sans l'Amour, l'Hymen ordonne,
Que toujours le cœur repoussa;
Mais ceux où l'âme s'abandonne,
Goûtant les plaisirs qu'elle donne,
   Parlez-moi d' ça.

Ne m' parlez pas
   De ces débats
Où s'égorgent deux adversaires
Qu'un seul mot souvent courrouça;
Mais ces querelles passagères
Qui se vident avec les verres,
   Parlez-moi d' ça.

Ne m' parlez pas
   De ces pieds plats
Tout fiers du brillant équipage
Où leur bassesse les plaça;

Mais l'or devient-il l'apanage
Ou du génie ou du courage,
Parlez-moi d' ça.

Ne m' parlez pas
De ce fatras
Qui de la fange du Parnasse
Sortit et nous éclaboussa;
Mais ces vers dont l'esprit, la grâce,
Font revivre Tibulle, Horace...
Parlez-moi d' ça.

Ne m' parlez pas
De ces prélats
Qui ne chantent que patenôtres
Et que la paresse engraissa;
Mais ces abbés, joyeux apôtres,
Scarron, Chaulieu, Bernis et d'autres...
Parlez-moi d' ça.

Ne m' parlez pas
De l'embarras
Qui suit une fortune immense,
Que bien ou mal on amassa;
Quelques amis, un peu d'aisance,
Folle gaîté, sage dépense,
Parlez-moi d' ça.

Ne m' parlez pas
De ce trépas
Que plus d'un docteur nous attire
Par les juleps qu'il nous versa;
Mais après cent ans de délire,
Faut-il enfin mourir de rire...
Parlez-moi d' ça. (*Quater.*)

LES INCONVÉNIENTS DE LA FORTUNE

Air : *Adieu, paniers, vendanges sont faites.*

Depuis que j'ai touché le faîte
Et du luxe et de la grandeur,
J'ai perdu ma joyeuse humeur :
Adieu, bonheur! (*bis.*)
Je bâille comme un grand seigneur...
Adieu, bonheur!
Ma fortune est faite.

Le jour, la nuit, je m'inquiète :
La chicane et tous ses suppôts
Chez moi fondent à tout propos;
Adieu, repos !
Et je suis surchargé d'impôts...
Adieu, repos !
Ma fortune est faite.

Toi dont la grâce gentillette,,
En me ravissant la raison,
Sut charmer ma jeune saison,
Adieu Suzon !
Je dois te fermer ma maison...
Adieu, Suzon !
Ma fortune est faite.

Plus d'appétit, plus de goguette;

Dans un carrosse empaqueté,
Je promène ma dignité,
   Adieu, gaîté!
Et par bon ton je prends du thé...
   Adieu, gaîté!
  Ma fortune est faite.

Pour le plus léger mal de tête,
Au poids de l'or je suis traité,
J'entretiens seul la Faculté :
   Adieu, santé!
Hier, trois docteurs m'ont visité...
   Adieu, santé!
  Ma fortune est faite.

Vous qui veniez dans ma chambrette,
Rire et boire avec vos tendrons,
Qui souvent en sortiez si ronds,
   Adieu, lurons!
Quand je serai gueux, nous rirons...
   Adieu, lurons!
  Ma fortune est faite.

Mais je vois en grande étiquette,
Chez moi venir ducs et barons :
Lyre, il faut suspendre tes sons,
   Adieu, chansons!
Mon suisse annonce, finissons...
   Adieu, chansons!
  Ma fortune est faite.

L'ATELIER DU PEINTRE

OU LE PORTRAIT MANQUÉ.

Air *de la Catacoua*.

Jaloux de donner à ma belle
Un duplicata de mes traits,
Je demande quel est l'Apelle
Le plus connu par ses portraits.
C'est, me répond l'ami Dorlange,
Un artiste nommé Mathieu.
   Il prend fort peu...
   Mais ventrebleu!
Quel coloris, quelle grâce, quel feu!
Il vous attrappe comme un ange,
Et loge près de l'Hôtel-Dieu.

Vite je cours chez mon Apelle,
J'arrive et ne sais où j'en suis;
Son escalier est une échelle,
Et sa rampe une corde à puits.
Un chantre est au premier étage,
Au second loge un chaudronnier,
   Puis un gainier,
   Un rubanier,
Puis au cinquième un garçon cordonnier...
Je reprends haleine et courage,
Et j'arrive enfin au grenier.
J'entre, et d'abord sous une chaise
Je vois le buste de Platon;
Sur un Hercule de Farnèse

Désaugiers.   8

S'élève un bonnet de coton :
Un briquet est dans une mule,
Dans un verre un peigne édenté;
 Un bas crotté
 Sur un pâté,
Un pot à l'eau sous une Volupté,
 L'Amour près d'un tison qui brûle,
Et la Frileuse à son côté.

Le portrait d'un acteur tragique
Est vis-à-vis d'un mannequin;
Je vois sur la Vénus pudique
Une culotte de Nankin;
Une tête de Diogène
A pour pendant un potiron;
 Près d'Apollon
 Est un poëlon;
Psyché sourit à l'ombre d'un chaudron.
 Et les restes d'une *romaine*
Sont sous l'œil du cruel Néron.

Devant une vitre brisée
S'agite un morceau de miroir,
Et sous la barbe de Thésée
Est une lame de rasoir;
Sous un Pluton une Lucrèce;
Sur un tableau récemment peint
 Je vois un pain,
 Un escarpin,
Une Vénus sur un lit de sapin,
Et la Diane chasseresse
Derrière une peau de lapin.

Seul, j'admirais ce beau désordre,
Quand un homme, armé d'un bâton,
Entre, et m'annonce que par ordre
Il va me conduire en prison.
Je résiste... Il me parle en maître,
Je lui lance un Caracalla,
 Un Attila,
 Un Scévola,
Un Alexandre, un Socrate, un Sylla,
Et j'écrase le nez du traître
Sous le poids d'un Caligula.

A ses cris, au fracas des bosses,
Je vois vers moi de l'escalier
S'élancer vingt bêtes féroces,
Vrais visages de créancier.
Sur ma tête, assiettes, bouteilles,
Pleuvent au gré de leur fureur;
 Et le traiteur,
 Le blanchisseur,
Le perruquier, le bottier, le tailleur,
Font payer à mes deux oreilles
Le nez de leur ambassadeur:

Au lieu d'emporter mon image,
Comme je l'avais espéré,
Je sors n'emportant qu'un visage
Pâle, meurtri, défiguré.
O vous! sensibles créatures,

Aux traits bien fins, bien réguliers,
Des noirs huissiers,
Des hauts greniers,
Évitez bien les périls meurtriers,
Et que Dieu garde vos figures
Des peintres et des créanciers.

PORTRAIT DE MAM'SELLE MARGOT

LA REMPAILLEUSE

PAR SON CHER AMANT DUBELAIR, PEINTRE-DOREUR

Air : *Ça n' devait pas finir par là.*

A ma Margot
Du bas en haut,
Vous n' trouverez pas un défaut. (*bis.*)
Pour commencer par sa chev'lure,
Ah dam' ! les jours de grand' colure,
Faut voir queu tour ses ch'veux vous ont !
Et s'ils étaient moins rouges qu'ils n' sont...
Ah! mon Dieu! (*bis*) mon Dieu, qu'c'est dommage!
Mais, à ça près, j' gage
Qu'à ma Margot,
Du bas en haut,
Vous n' trouverez pas un défaut.

C'est-i sa peau qu'il faut vous peindre?
Jarni! quand all' l'aurait fait teindre,
Ell' n' l'aurait pas plus blanch' qu'ell' n' l'a,
Sauf queuqu's rousseurs par-ci, par-là...
Ah! mon Dieu! etc.

Pour les yeux, personne, j' m'en pique,
N'est dans l' cas d' li faire la nique :
Drès qu' sur vous son œil droit est l'vé,
Vous r'grettez que l' gauche soit crevé...
Ah! mon Dieu! etc.

Son nez vous a certaine tournure
Qui r'lèv' joliment sa figure;
Et quoiqu'il descende un peu bas,
Si son menton ne l' frisait pas...
Ah! mon Dieu! etc.

Ses dents, faut les voir pour y croire !
Jarni! c'est d' la perle et d' l'ivoire.
Quand ell' m' les montre j'sis heureux,
Pourquoi faut-il qu'all' n'en ait qu' deux !
Ah! mon Dieu! etc.

D' la beauté d' son sein rien n'approche;
C'est dur comm' neige et blanc comm' roche;
Ça m' fait l'effet de deux soleils;
S'ils étaient tant seul'ment pareils...
Ah! mon Dieu! etc...

Pour c' qu'est d' la souplesse d' sa taille,
Gn'a point d'anguille qui la vaille;
Vous jureriez qu'elle n'a point d'os;
Et sans l' malheur qu'elle a sur l' dos...
Ah! mon Dieu! etc.

Ses jamb's sont un' aut' paire d' manches ;
Ah, dam'! faut les voir les dimanches !
Ell' dans' pu pir' qu' la Camargot' ;
Et si c' n'est qu'ell' cloch' d'un ergot...
Ah ! mon Dieu, etc.

Sur l' portrait que j' venons d' vous faire,
P't'-êt' vous direz qu'ma parsonnière,
Du haut en bas, n'est qu'un' guenon ;
J'sis trop poli pour vous dir' non ;
Mais conv'nez (bis), conv'nez que c'est dommage,
    Car, à ça près, j' gage
      Qu'à ma Margot,
      Du bas en haut,
Vous n' trouveriez pas un défaut.

C'EST ÉGAL

Air *nouveau.*

Chantons tous à perdre haleine ;
Chanter n'a rien d'illégal ;
Fût-on dans le Sénégal,
A Rome, en Chine, à Cayenne,
    C'est égal ;
La p'tit' chanson n' fait pas d' peine,
La p'tit' chanson n' fait pas d' mal.

Deux yeux d'azur ou d'ébène
Pour moi sont un vrai régal ;
Qu'on soit friand ou frugal,
Jeune ou dans sa soixantaine,
    C'est égal ;
Deux beaux yeux n' font pas d' peine,
Deux beaux yeux n' font pas d' mal.

Moi, pour une cave pleine,
J'irais jusqu'en Portugal.
Du soldat au cardinal,
Et du champagne au surène,
    C'est égal ;
Un p'tit coup n' fait pas d' peine,
Un p'tit coup n' fait pas d' mal.

En veste d' bure, en bas d' laine,
On vous traite d'animal ;
Fussiez vous un Annibal,
Un Thémistocle, un Turenne,
    C'est égal ;
Un bel habit n' fait pas d' peine,
Un bel habit n' fait pas d' mal.

Qu' la curiosité m'amène
A l'institut doctoral,
Puis aux l'çons d' Feinagle ou Gall,
Puis d' chez eux chez Melpomène,
    C'est égal ;
Un p'tit somme n' fait pas d' peine,
Un p'tit somme n' fait pas d' mal.

Quoiqu'on puisse êtr' dans la gêne
Sans cesser d'être loyal,
Et quoiqu' l'or, ce vil métal,
Souvent au vic' nous entraîne,

C'est égal;
Un peu d'or ne fait pas d' peine,
Un peu d'or ne fait pas d' mal.

Un gros voyageur du Maine;
De r'tour au toit conjugal,
Y trouve un fruit peu légal,
Et s' dit : « De qucuqu' part qu' ça vienne,
C'est égal;
Un enfant ne fait pas d' peine,
Un enfant ne fait pas d' mal. »

L' soir où la tendre Mad'leine
Paya mes feux au Vauxhall,
Elle m' dit avant le bal :
« Vous m' trompez, j'en suis certaine,
C'est égal;
Un peu d' plaisir n' fait pas d' peine,
Un peu d' plaisir n' fait pas d' mal. »

A chaque amant de Climène
Succède un heureux rival,
Et son cœur sentimental
Répète à chaque douzaine :
« C'est égal;
Un de plus ne fait pas d' peine,
Un de plus ne fait pas d' mal. »

J'ai terminé mon antienne;
Gare messieurs du journal!
Mais à leur grand tribunal
Qu'elle déplaise ou convienne,
C'est égal;
Un journal ne fait pas d' peine,
Un journal ne fait pas d' mal.

LE DÉLIRE BACHIQUE

Air : *Pomm's de reinette, pomm's d'api.*

Quand on est mort, c'est pour longtemps,
Dit un vieil adage
Fort sage;
Employons donc bien nos instants,
Et contents,
Narguons la faux du Temps.

De la tristesse
Fuyons l'écueil;
Evitons l'œil
De l'austère Sagesse.
De sa jeunesse
Qui jouit bien,
Dans sa vieillesse
Ne regrettera rien.
Si tous les sots,
Dont les sanglots,
Mal à propos,
Ont éteint l'existence,
Redevenaient
Ce qu'ils étaient,
Dieu sait, je pense,
Comme ils s'en donneraient.
Quand on est mort, etc.

Pressés d'éclore,
Que nos désirs,
Que nos plaisirs
Naissent avec l'aurore :
Quand Phébus dore
Notre réduit,
Chantons encore,
Chantons quand vient la nuit ;
Des joyeux sons
De nos chansons
Etourdissons
La ville et la campagne,
Et que, moussant
A notre accent,
Le gai champagne
Répète en jaillissant :
Quand on est mort, etc.

Jamais de gêne,
Jamais de soin,
Est-il besoin
De prendre tant de peine,
Pour que la haine,
Lançant ses traits,
Tout-à-coup vienne
Détruire nos succès?
Qu'un jour mon nom
De son renom
Remplisse ou non
Le temple de mémoire,
J'ai la gaîté,
J'ai la santé,
Qui vaut la gloire
De l'immortalité.
Quand on est mort, etc.

Est-il monarque
Dont les bienfaits,
Dont les hauts faits
Aient désarmé la Parque,
Le souci marque
Leur moindre jour,
Et puis la barque
Les emporte à leur tour.
Je n'ai pas d'or,
Mais un trésor
Plus riche encor
Me console et m'enivre ;
J'aime, je bois,
Je plais parfois ;
Qui sait bien vivre
Est au-dessus des rois.
Quand on est mort, etc.

Au lit, à table,
Aimons, rions,
Puis envoyons
Les affaires au diable.
Juge implacable,
Sot chicaneur,
Juif intraitable,
Respectez mon bonheur.

Je suis, ma foi,
De mince aloi,
Epargnez-moi
Votre griffe funeste,
Sans vous, hélas!
N'aurai-je pas
Du temps de reste
Pour me damner là-bas.
Quand on est mort, etc.

Quand le tonnerre
Vient en éclats
De son fracas
Epouvanter la terre,
De sa colère,
Qu'alors pour nous
Le choc du verre
Amortisse les coups.
Bouchons, volez!
Flacons, coulez!
Buveurs, sablez!
Un dieu sert les ivrognes.
Au sein de l'air,
Que notre œil fier,
Nos rouges trognes
Fassent pâlir l'éclair.
Quand on est mort, etc.

De la guinguette
Jusqu'au boudoir,
Matin et soir,
Circulons en goguette,
Guerre aux grisettes,
Guerre aux jaloux,
Guerre aux coquettes,
Surtout guerre aux époux.
Sur vingt tendrons,
En francs lurons,
Faisons rafle à toute heure;
Puisque aussi bien,
Sage ou vaurien,
Il faut qu'on meure,
Ne nous refusons rien.

Quand on est mort, c'est pour longtemps,
Dit un vieil adage
Fort sage;
Employons donc bien nos instants,
Et contents,
Narguons la faux du Temps.

CONFESSION AUX PRÊTRES DE MOMUS

RONDE CHANTÉE AUX SOUPERS DE MOMUS
LE 5 JUIN 1815.

Air : *J'ons un curé patriote.*

LE PÉNITENT.

Dans ce temple respectable,
Frères, qui m'admettez tous,
Reconnaissez un coupable
Qui ne saurait être absous.

J'ai fait l'horrible serment
De vivre et mourir gaîment.

LES PRÊTRES.

Absolvons (ter) ce pénitent,
Car nous en faisons tous autant.

LE PÉNITENT.

Mais de plus je me confesse,
Sans scrupule et sans regret
De me montrer à la messe
Moins souvent qu'au cabaret;
D'entonner bien plus souvent
La chanson que le plain-chant.

LES PRÊTRES.

Absolvons ce pénitent,
Car nous en faisons tous autant.

LE PÉNITENT.

Quand je vois une fillette,
Soudain mon cœur fait tic-tac...
Pour peu qu'elle soit bien faite,
Ma tête se monte, et crac,
Chaque route qu'elle prend,
Je l'enfile adroitement.

LES PRÊTRES.

Absolvons ce pénitent,
Car nous en faisons tous autant.

LE PÉNITENT.

Si je rencontre une femme
Délaissée à ses ennuis,
Maudissant au fond de l'âme
Et ses devoirs et ses nuits,
Supplanter le délinquant
Me paraît toujours piquant.

LES PRÊTRES.

Absolvons ce pénitent,
Car nous en faisons tous autant.

LE PÉNITENT.

Partisan de la paresse,
Ami de l'oisiveté,
Quelque besoin qui me presse,
Je chante avec volupté :
« Travailler est assommant,
Et ne rien faire est charmant. »

LES PRÊTRES.

Absolvons ce pénitent,
Car nous en faisons tous autant.

LE PÉNITENT.

Lorsque, par hasard, je joue
La bouillotte ou le boston,
Toute laide, je l'avoue,
Que soit cette passion,
J'aime mieux être, en partant,
Le gagnant que le perdant.

LES PRÊTRES.

Absolvons ce pénitent,
Car nous en faisons tous autant.

LE PÉNITENT.

Qu'autour d'une large table

Que surchargent cent flacons,
J'entende une troupe aimable
S'écrier : « Trinquons! trinquons! »
De tous les verres je prends
Les plus pleins et les plus grands.

LES PRÊTRES.

Absolvons ce pénitent,
Car nous en faisons tous autant.

LE PÉNITENT.

J'ai des dettes, que j'espère
En aucun temps ne nier;
Mais, toujours prompt à les faire,
Je suis lent à les payer;
Et lorsque j'ai de l'argent,
Je les oublie en mangeant.

LES PRÊTRES.

Absolvons ce pénitent,
Car nous en faisons tous autant.

LE PÉNITENT.

Qu'un bon vivant me convie
Pour un banquet de gourmand;
Qu'à la même heure on me prie
D'être d'un enterrement,
Je lâche le plus souvent
Le mort pour le bon vivant.

LES PRÊTRES.

Absolvons ce pénitent,
Car nous en faisons tous autant.

LE PÉNITENT.

En un mot, mon plus grand vice,
Frères, c'est la vanité;
Quelques vers que j'écrivisse,
J'ai sans cesse répété :
Des neuf Sœurs heureux amant,
Je fais maint couplet charmant.

LES PRÊTRES.

Absolvons ce pénitent,
Car nous en faisons tous autant.

Ce dernier couplet embarrassa d'abord les
convives des Soupers de Momus; mais bientôt
leur modestie leur inspira l'idée de changer le
dernier vers, et ils chantèrent en chœur :

Condamnons le pénitent,
Car nous n'en faisons pas autant.

LA MANIÈRE DE VIVRE CENT ANS.

Si de votre vie,
Joyeux Troubadours,
Vous avez l'envie
D'étendre le cours,
Ecoutez les sons
De ma lyre sexagénaire;
Prêcher en chansons
Est ma fantaisie ordinaire.
Daignez donc vous taire
Pour quelques instants :

Voici la manière
De vivre cent ans.

S'endormir à l'heure
Où le jour s'enfuit;
Quitter sa demeure
Dès que le jour luit;
Au loin de ses pas
Porter la marche irrégulière;
Pour chaque repas
Nouvelle course auxiliaire :
Et l'année entière
Même passe-temps,
Voilà la manière
De vivre cent ans.

Fier sur une tonne,
Narguer le chagrin;
Prévoir, quand il tonne,
Un ciel plus serein;
Se montrer soumis
Aux coups du sort parfois sévère;
Tendre à ses amis
Sa bourse, sa main et son verre;
Suivre la manière
De Roger-Bontemps
Voilà la manière
De vivre cent ans.

Des beautés factices
Redouter l'accueil,
De leurs artifices
Eviter l'écueil;
Sauver sa gaîté
Des flots de la gent chicanière;
De la Faculté
Fuir la doctrine meurtrière;
Ne faire la guerre
Qu'aux cerfs haletants,
Voilà la manière
De vivre cent ans.

Toujours honnête homme,
Marcher hardiment;
Toujours économe
Jouir sobrement;
Etre par accès
Des neuf Sœurs heureux tributaire;
Puis avec succès,
Volant du Parnasse à Cythère,
A rimer et plaire
Consacrer son temps,
Voilà la manière
De vivre cent ans.

Lorsque du jeune âge
L'on sent fuir l'ardeur,
Dans un doux ménage
Chercher le bonheur;
Au gré de ses vœux
Voir bientôt son épouse mère,
Toujours plus heureux,
Au bout de dix ans se voir père

D'une pépinière
D'enfants bien portants,
Voilà la manière
De vivre cent ans.

Du gai vaudeville,
Fidèles troupeaux,
Parcourir la ville
Au son des pipeaux;
Convives grivois,
Chaque mois faire bonne chère,
Serrer chaque mois
Les nœuds d'une amitié si chère,
Se revoir, se plaire,
Se quitter contents,
Voilà la manière
De vivre cent ans.

Faut-il par l'exemple
Vous convaincre tous?
J'en vois dans ce temple
Un bien doux pour nous.
Regardez Laujon,
L'honneur de notre sanctuaire;
Fils d'Anacréon,
Il boit et chante octogénaire,
Toute sa carrière
Fut un long printemps,
Voilà la manière
De vivre cent ans.

LE SANS-SOUCI

ou

MA PROFESSION DE FOI

Air : *Eh! qu'est-c' qu' ça m' fait à moi?*

Un refrain dont le vulgaire
A bercé mes premiers ans,
Sous mes doigts reconnaissants
Va renaître à la lumière.
Eh! qu'est-c' qu' ça m' fait à moi,
Qu'on me nomme plagiaire?
Eh! qu'est-c' qu' ça m' fait à moi,
Quand je chante et quand je boi?

Tout refrain qui mène à boire,
(N'en déplaise aux buveurs d'eau)
Paraîtra toujours nouveau,
Fût-il vieux comme l'histoire.
Eh! qu'est-c' qu' ça m' fait à moi,
Qu'un autre en ait eu la gloire?
Eh! qu'est-c' qu' ça m' fait à moi,
Quand je chante et quand je boi?

Que l'on trouve fort étrange
Que je ne maigrisse point,
Qu'on raille mon embonpoint
Et l'appétit dont je mange...
Eh! qu'est-c' qu' ça m' fait à moi,
C'est ma santé qui me venge.
Eh! qu'est-c' qu' ça m' fait à moi,
Quand je chante et quand je boi?

Qu'un objet tout adorable
Me jure éternel amour,
Et me délaisse un beau jour
Pour un amant plus aimable...
  Eh ! qu'est-c' qu' ça m' fait à moi ?
De ses bras je passe à table ;
  Eh ! qu'est-c' qu'ça m' fait à moi,
Quand je chante et quand je boi ?

Qu'un savant s'épuise en veilles
Pour savoir par quel secret
Du soleil l'heureux effet
Enfante autant de merveilles...
  Eh ! qu'est-c' qu' ça m' fait à moi,
Pourvu qu'il dore mes treilles ?
  Eh ! qu'est-ce qu' ça m' fait à moi,
Quand je chante et quand je boi ?

De Tufière second tome
Que l'épais et sot Mondor
Marche sur des tissus d'or
Et sous les lambris d'un dôme...
  Eh ! qu'est-c' qu' ça m' fait à moi,
Ou la pourpre ou l'humble chaume ?
  Eh ! qu'est-c' qu'ça m' fait à moi,
Quand je chante et quand je boi ?

Après mainte et mainte entrave,
Livrée au grand tribunal,
Que ma pièce, au jour fatal,
Éprouve un choc assez grave...
  Eh ! qu'est-c' qu' ça m' fait à moi ?
J'en ai d'autres dans ma cave.
  Eh ! qu'est-c' qu' ça m' fait à moi,
Quand je chante et quand je boi ?

Celui-ci du vin de Beaune
Vante le goût délicat ;
Celui-là veut du muscat ;
C'est l'aï qu'un autre prône...
  Eh ! qu'est-c' qu' ça m' fait à moi ?
Qu'il soit rouge, ou blanc, ou jaune ?
  Et qu'est-c' qu' ça m' fait à moi,
Quand je chante et quand je boi ?

En wiski qu'un jour Gros-Pierre,
Voulant narguer les passants,
Quitte, pour être dedans,
La place qu'il eut derrière...
  Eh ! qu'est-c' qu' ça m' fait à moi ?
Il la reprendra, j'espère.
  Eh ! qu'est-c' qu' ça m' fait à moi,
Quand je chante et quand je boi ?

Qu'un marin, dans l'espérance
D'un grand nom, d'un grand butin,
Entreprenne un beau matin
Le tour de ce globe immense...
  Eh ! qu'est-c' qu' ça m' fait à moi ?
J'en ai deux en ma puissance.
  Eh ! qu'est-c' qu' ça m' fait à moi,
Quand je chante et quand je boi ?

Qu'un journal, quand j'ose écrire

Un couplet contre l'ennui,
Le croyant fait contre lui,
Le lendemain me déchire...
    Eh! qu'est-c' qu' ça m' fait à moi,
Si ma chanson vous fait rire?
    Quand je chante et quand je boi?

LA TREILLE DE SINCÉRITÉ
Air *Nouveau.*

Nous n'avons plus cette merveille,
Ce phénomène regretté,
        La treille
    De sincérité.

Cette treille miraculeuse,
Dont la vertu tient du roman,
Passa longtemps pour fabuleuse
Chez le Gascon et le Normand; (*bis.*)
Mais des garants très authentiques
Ont lu dans un savant bouquin,
Que son raisin, des plus antiques,
Existait sous le roi Pepin...
Nous n'avons, etc.

Un docteur qui faisait parade
De son infaillibilité,
Allant visiter un malade,
Vit le raisin et fut tenté.
Puis, de son homme ouvrant la porte,
Et le trouvant sans pouls ni voix :
« C'est, dit-il, (le diable m'emporte),
Le trentième depuis un mois. »
Nous n'avons, etc.

Un auteur, sous un frais ombrage,
Lisant un poème fort beau,
A chaque feuille de l'ouvrage,
S'humectait d'un raisin nouveau.
« Çà, lui dit-on, un tel poème
Vous a coûté six mois et plus?
— Non, reprit-il à l'instant même...
Il m'a coûté cinquante écus. »
Nous n'avons, etc.

Sous la treille un petit Pompée
Criait aux badauds étonnés :
« Dans ma vie, ah! quels coups d'épée,
Quels coups de sabre, j'ai donnés!
Quels coups de fusil! quels coups... » Zeste,
Il mord la grappe là-dessus,
Et poursuit d'un air plus modeste;
« Quels coups de bâton j'ai reçus! »
Nous n'avons, etc.

Au moment de donner la vie
A l'héritier de son époux,
Une jeune femme eut envie
De ce raisin si beau, si doux!...
Et le pauvre homme, ayant pour elle
Cueilli le fruit qu'elle happa :
« Que mon cousin, lui dit la belle,

Sera content d'être papa! »
Nous n'avons, etc.

Un curé, que le saint bréviaire
Amusait moins que le bon vin,
S'avisa de monter en chaire
Plein du jus du fatal raisin.
« Frères, dit-il à l'auditoire,
Malgré tout ce que je vous dis,
Je sais aimer, chanter et boire,
Et je fais gras les vendredis... »
Nous n'avons, etc.

LE CÉLIBATAIRE

Air : *Tout le long de la rivière.*

Jeunes gens qui, sans raisonner,
N'aspirez qu'à vous enchaîner,
Suivez votre amoureuse envie;
Mais, voulant jouir de la vie,
Moi, messieurs, j'ai toujours chanté :
« Pas de bonheur sans liberté. »
Ce que j'en dis n'est pas que je vous blâme;
Car j'aime beaucoup que l'on prenne une femme.
Car j'aime que l'on prenne une femme.

Votre moitié sans doute aura
Grâces, vertus, *et cœtera;*
Mais si vous découvrez qu'une autre
En a plus encor que la vôtre,
Certain regret va vous saisir...
Garçon, je puis toujours choisir...
Ce que j'en dis, etc.

Vous jurerez d'aimer toujours
Ces traits charmants, ces doux contours...
Mais leur fraîcheur, leur grâce extrêmes,
Pourront bien n'être plus les mêmes
A leur soixantième printemps :
Ma maîtresse a toujours seize ans.
Ce que j'en dis, etc.

Vos dames seront des moutons;
Cependant donnez-vous les tons
De ne rentrer qu'avec l'aurore,
Le tendre agneau qui vous adore
Boudera, grondera, crîra.
Moi, mon chien me caressera...
Ce que j'en dis, etc.

De vos feux, pour un court trajet,
Quittez le légitime objet...
Voilà qu'une fièvre jalouse
Vient, loin de votre chère épouse,
Tourmenter vos jours et vos nuits;
Ma femme est partout où je suis.
Ce que j'en dis, etc.

Un jeune tendron vous séduit,
Chez lui le désir vous conduit
Mais s'il apprend que l'hyménée
Enchaîne votre destinée,
Son cœur pour vous devient glaçon;

Et la fille est pour le garçon...
Ce que j'en dis, etc.

Conduisez-vous madame au bal,
N'en déplaise au nœud conjugal,
Il faut, de peur du ridicule,
Souffrir que votre effet circule...
Le bon ton vous en fait la loi.
Elle est à Pierre, à Paul, à moi...
Ce que j'en dis, etc.

Enfin, le premier feu passé,
L'un de l'autre bientôt lassé,
Pour couronner gaîment l'affaire,
On finit, messieurs, par vous faire...
Mais je vous vois déjà trembler !
De quoi vais-je aussi me mêler ?
Ce que j'en dis n'est pas que je vous blâme ;
Car j'aime beaucoup que l'on prenne une femme.
Car j'aime que l'on prenne une femme.

LE FRANC VAURIEN.

HISTORIETTE

Air : *Pon, pon, pon, petit patapon.*

Je vins jadis au monde
    En carnaval,
    Après un bal,
La face rubiconde,
Comme un verre de vin
    Tout plein,
Comme un verre de vin.

« A boire ! à boire ! à boire ! »
    Fut aussitôt
    Mon premier mot ;
Et d'un vase d'ivoire
Avec transport je bus
    Le jus,
Avec transport je bus.

Mais le lait, un peu fade,
    Me pâlissant
    En me glaçant,
On rendit le malade,
Avec du Clos-Vougeot,
    Rougeot,
Avec du Clos-Vougeot.

Je fus, par ma famille,
    Choyé, fêté,
    Flatté, gâté,
Et Vert-Vert, sous la grille,
Jurait bien moins que moi ;
    Ma foi,
Jurait bien moins que moi.

Quand j'avais dans l'armoire
    Volé biscuits,
    Bonbons ou fruits,
Après cette victoire,
Qu'il était triomphant ;
    Fanfan !
Qu'il était triomphant !

Bien loin de me réduire,
   Instituteurs,
    Pédants, recteurs,
Perdirent à m'instruire
Leur latin et leur grec
    Avec,
Leur latin et leur grec.

J'avais dix ans à peine,
   Que de Babet,
   Qui nous servait,
Ma main, déjà mondaine,
Fit sauter le mouchoir
    Pour voir...
Fit sauter le mouchoir.
Sur la machine ronde,
   Libre à quinze ans
   Et sans parents,
Je fis le tour du monde,
Et toujours en chantant,

Sautant,
Et toujours en sautant.

Sans avoir dans ma caisse
Un sou comptant,
J'étais content,
Et je riais sans cesse
De mon besoin urgent
D'argent,
De mon besoin d'argent.

Aux femmes sûr de plaire,
Tant j'avais bien
L'air d'un vaurien,
J'ai souvent su leur faire
Oublier leurs maris
Chéris,
Oublier leurs maris.

Une vieille duchesse
De moi s'éprit,
Elle me prit,
Appuyant sa tendresse
De trois cent mille francs,
Bien francs,
De trois cent mille francs.

Mais ayant plus l'usage
De dépenser
Que de penser,
La fortune volage
S'échappa de ma main
Grand train,
S'échappa de ma main.

La roulette maudite
Sembla d'abord
Changer mon sort,
Puis me renvoya vite
Comme j'étais venu,
Tout nu,
Comme j'étais venu.

Alors commis, corsaire,
Soldat, abbé,
Auteur tombé,
Je me mis à tout faire,
Et ne fis jamais rien
De bien,
Et ne fis jamais rien.

Malgré ma quarantaine,
Encor courant,
Sans cesse errant,
De ma vie incertaine
J'attends le dénoûment
Gaîment,
J'attends le dénoûment.

Mais toujours, quoiqu'on fronde,
Je chanterai,
Rirai, boirai,
Tout prêt à dire au monde,
Demain, s'il plaît à Dieu,
Adieu,
Demain, s'il plaît à Dieu.

Désaugiers.   9

VERSE ENCORE

Air *nouveau*.

Verse encor,
Encor, encor, encor,
Encor un rouge bord,
Dieu joufflu de la treille !
Verse encor,
Encor, encor, encor.
Par toi tout se réveille,
Et sans toi tout est mort.

Toi, qui déplorant
Les misères humaines,
Vas partout jurant
Et te désespérant,
Pourquoi fulminer ?
Moi, pour guérir mes peines,
Au lieu de tonner,
J'aime mieux entonner :
Verse encor, etc.

Si, toujours heureux,
Alcide a tant su faire
D'exploits amoureux
Et d'exploits valeureux,
C'est que, chaque fois
Qu'il partait pour la guerre,
Sa tonnante voix
Disait d'un ton grivois :
Verse encor, etc.

Amant qui toujours
De soupirs et d'alarmes
Attristes le cours
De tes sottes amours,
Répands loin de moi
Tes longs torrents de larmes.
Nous avons, ma foi,
Bien assez d'eau sans toi...
Verse encor, etc.

A quoi bon ce gros,
Ce lourd dictionnaire,
Que mal à propos
Surchargent tant de mots ?
N'eût-il pas suffi
Au bonheur de la terre
D'en avoir un qui
Contînt ces seuls mots-ci :
Verse encor, etc.

Je tiens pour certain
Que notre premier homme
Eût, d'un tour de main,
Sauvé le genre humain,
Si ce bon Adam,
Mettant, au lieu de pomme,
Un broc sous sa dent,
Eût dit en le vidant :
Verse encor, etc.

Pourquoi, Turcs damnés,
Par un décret céleste
Êtes-vous tous nés
A rôtir condamnés?
C'est que, réduits tous
Au sorbet indigeste,
Aucun d'entre vous
Ne peut dire avec nous :
Verse encor, etc.

Du sort inhumain
Suivant l'arrêt sévère,
Puisque, hélas! ta main,
Peut-être dès demain,
Ne versera plus
Dans mon sein ni mon verre,
Bienfaisant Bacchus,
Ton ivresse et ton jus,
Verse encor,
Encor, encor, encor,
Encor un rouge bord,
Dieu joufflu de la treille!
Verse encor,
Encor, encor, encor!...
Par toi tout se réveille,
Et sans toi tout est mort.

CADET BUTEUX ÉPICURIEN
ou
L'ÉPICURÉISME DES PORCHERONS

Air : *L'aut' jour à Fanchon, j' dis: Ma fille.*

L'on m'a dit qu'au rocher d' Cancale
L's Épicuriens mangiont, buviont
Et chantiont,
Puisque j' somm' un tas d' bouff' la halle,
Dans ces Porch'rons
Si fameux en lurons,
Au *Pied d' Cochon* d'main j' les installe...
Oui, nom d'un chien!
J' veux t'être Épicurien.

Comme président d' l'assemblée,
Que d' vin j'allons m' couler, pour l' coup,
Par le cou!
Dix-huit brocs y pass'ront d'emblée,
Et le lend'main,
Un reste d' verre en main,
On me r'lèv'ra dans mon allée...
Car, nom d'un chien!
J' veux t'être Épicurien.

Moi, qui ne r'fuse point l' service,
Drès qu'il s'agit de s'étouffer
A bouffer,
J' f'rons si ben que de chaqu' sarvice
J'aval'rons tout,
Jusqu'au dernier ragoût,
L'eau chaude après f'ra son office...
Car, nom d'un chien!
J' veux t'être Épicurien.

A fille qui m' paraîtra fraîche,
J' dirons galamment : Parl' donc, toi...
    Veux-tu d' moi?
C'est oui z'ou non, faut qu'on s' dépêche,
    J' n'avons pas l' temps
    De droguer trent'-six ans...
J'en aurons d'aut', si t'es trop r'vêche...
    Car, non d'un chien !
    J' veux t'être Epicurien.

Quand, pour l' plaisir, j' quitt'rons l'ouvrage,
Si ma femm' s'avise d' bouder
    Ou d' gronder,
Enn'mi d' la moue et du tapage,
    A coups d' bâton
    J' l'y rabattrons le ton,
Pour lui prouver qu' dans mon ménage
    J' veux, nom d'un chien !
    J' veux t'être Epicurien.

G'ny a plus qu' la chanson qui m' tourmente,
Car un poète et Cadet Buteux
    Ça fait deux...
Mais, pour deux sous, j'en aurai trente,
    Si j' vas sur l' quai
    D' Voltaire ou Malaquai...
Ça s'rait quat' sous, faut qu' j' me contente
    Vu qu' nom d'un chien !
    J' veux t'être Epicurien.

Bref, gn'aura pas d' lurons que j' n' hante,
Point d' cabar'tiers qu' matin et soir
    J' n'allions voir,
Point d' bambocheuse qu' je n' fréquente,
    D' nuits qu' je n' rompions
    Réverbère ou lampions,
Point de complainte, enfin, que je n' chante,
    Car, nom d'un chien !
    J' veux t'être Epicurien.

LE POUR ET LE CONTRE

Air : *Ah ! le bel oiseau, maman.*

Mourons, mes amis, mourons !
    Dans la vie
    Tout ennuie;
Mourons, mes amis, mourons,
Le plus tôt que nous pourrons.

Venir au monde tout nu,
Rêver ou fortune ou gloire,
Partir comme on est venu,
Voilà toute notre histoire...
Mourons, etc.

Cependant, bon appétit,
Bonne cave, bonne chère,
Bonne fortune et bon lit,
Ne se trouvent que sur terre...
Vivons, mes amis, vivons !
    Fuir la vie,
    C'est folie;

Vivons, mes amis, vivons
Deux cents ans si nous pouvons.

Mais la vie est un jardin
Où l'homme épris d'une rose
N'y peut toucher que soudain
Un peu de sang ne l'arrose.
Mourons, etc.

Mais, hélas ! si nous mourons,
De vingt minois pleins de charmes
Les yeux que nous adorons
Vont s'éteindre dans les larmes..,
Vivons, etc.

Mais si nous vivons, hélas !
Nous risquons de voir nos belles
Tôt ou tard en d'autres bras
Porter leurs flammes fidèles...
Mourons, etc.

Eh quoi ! mourir dans leurs fers !
Elles seraient trop contentes...
Et croyons-nous aux enfers
En trouver de plus constantes ?
Vivons, etc.

Là-bas pourtant nous verrions
Les Racines, les Molières,
Les Panards, les Crébillons,
Qu'ici nous ne voyons guères...
Mourons, etc.

Ce parti, fort bon d'ailleurs,
N'est pourtant pas des plus sages...
Nous verrions ces grands auteurs,
Mais verrions-nous leurs ouvrages ?
Vivons, etc.

Mais un maudit charlatan,
Suivant la mode commune,
Peut, avant qu'il soit un an,
Nous tuer dix fois pour une...
Mourons, etc.

Mais au ténébreux manoir
Quand par miracle on échappe,
Il est si doux de revoir
L'épi, la rose et la grappe !
Vivons, etc.

Mais ces trésors de nos champs,
Jusques au plus faible arbuste,
Fleurissent pour les méchants
Aussi bien que pour le juste.
Mourons, etc.

Mais puisqu'à tous ses abus
Le ciel opposa sur terre,
Le champagne et les vertus,
Les talents et le madère...
Vivons, etc.

Deux cents ans sont un peu longs,
A cet âge rien ne tente...
Mais sitôt que nous aurons
De cent vingt-cinq à cent trente...

Mourons, mes amis, mourons !
Dans la vie,
Tout ennuie ;
Mourons, mes amis, mourons
Le plus tard que nous pourrons.

L'ÉPICURIEN ENTRE DEUX AGES

Air : *Tonton, tonton, tontaine, tonton.*

C'en est donc fait ! j'ai des folies
Passé la trop courte saison,
  A moi (*bis*), carafe et raison !
Mais je veux aux femmes jolies
Boire au moins un dernier flacon ;
  A moi, bouteille et chanson.

L'âge m'arrachant aux grisettes,
M'unit à dame de grand ton ;
  A moi (*bis*), carafe et raison ;
Mais j'étais prisonnier pour dettes,
L'hymen a payé ma rançon ;
  A moi, bouteille et chanson !

Voilà que ma petite Estelle
Vient me répéter sa leçon,
  A moi (*bis*), carafe et raison !
J'entends sa mère qui l'appelle,
Je vois entrer un bon garçon ;
  A moi, bouteille et chanson !

Une place des plus flatteuses
Me vaut des ennuis à foison,
  A moi (*bis*), carafe et raison !
Mais d'aimables solliciteuses
Le matin cernent ma maison,
  A moi, bouteille et chanson !

Hai ! hai ! hai ! la goutte ennemie
Vient m'ordonner l'eau pour boisson,
  A moi (*bis*), carafe et raison !
La voilà, je crois, endormie...
Adieu, tisane, adieu, poison ;
  A moi, bouteille et chanson !

L'heure à mon poste me rappelle,
Il faut regagner ma prison,
  A moi (*bis*), carafe et raison !
Mais en route un ami fidèle,
M'invite à monter chez Grignon ;
  A moi, bouteille et chanson !

Sur moi pourtant prompt à descendre,
L'hiver déjà me rend grison,
  A moi (*bis*), carafe et raison !
Que dis-je, ah ! plutôt pour défendre
Mes sens de son triste frisson,
  A moi, bouteille et chanson !

Gilbert fut vieux dans sa jeunesse,
Pour avoir dit, nouveau Caton :
  A moi (*bis*), carafe et raison !
Laujon fut jeune en sa vieillesse,
Pour avoir dit, nouveau Piron :
  A moi, bouteille et chanson !

Tristes pédants que rien n'enivre,
Chantez d'un débile poumon :
A moi (*bis*), carafe et raison !
Moi, je chante, ne pouvant vivre
Sans un glouglou, sans un flonflon :
A moi, bouteille et chanson !

A quatre-vingt-dix ans peut-être,
J'entonnerai cette oraison :
A moi (*bis*), carafe et raison !
Jusque là, Bacchus, sois mon maître,
Et toi, Momus, mon échanson...
A moi ! bouteille et chanson !

LE DINER D'ÉTIQUETTE

Air : *Eh! gai, gai, gai, mon officier.*

Eh ! gai, gai, gai, qu'ils sont joyeux
  Les dîners d'étiquette !
Eh ! gai, gai, gai, pas de goguette
  Où l'on s'amuse mieux.

  Lundi, Mondor m'invite ;
  Il faut l'habit de cour,
  Et je dépense vite
  Mon trimestre en un jour.
Eh ! gai, gai, gai, etc.

  J'arrive juste à l'heure ;
  Tout le monde est en noir :
  M'imaginant qu'on pleure,
  Je tire mon mouchoir.
Eh ! gai, gai, gai, etc.

  Tous ont la langue morte,
  Le maintien composé...
  Personne, sous la porte,
  N'est pourtant exposé.
Eh ! gai, gai, gai, etc.

  Arrive un gros notaire,
  Puis un maigre avocat,
  Puis un court commissaire,
  Puis un long magistrat.
Eh ! gai, gai, gai, etc.

  L'un, dans une embrasure,
  Pour me désennuyer,
  Me lit la procédure
  De Michel et Reynier.
Eh ! gai, gai, gai, etc.

  L'autre prend la gazette,
  Et, politique fin,
  Me parle de la diète,
  Lorsque je meurs de faim.
Eh ! gai, gai, gai, etc.

  Enfin parait l'Olive...
  On ne sait s'il dira
  Que le potage arrive,
  Ou que le mort s'en va.
Eh ! gai, gai, gai, etc.

  Ivresse délectable !

Tous, d'un air solennel,
S'avancent vers la table,
Comme on marche à l'autel.
Eh! gai, gai, gai, etc.

A sa tristesse étrange,
On croirait quelquefois
Que chaque invité mange
Pour la dernière fois.
Eh! gai, gai, gai, etc.

Au plat qu'on me présente
A peine j'ai goûté,
Que, trompant mon attente;
Il fuit escamoté.
Eh! gai, gai, gai, etc.

Soudain l'hôte se lève,
Et, qu'on ait soif ou faim,
Défense qu'on achève
Son biscuit ni son vin.
Eh! gai, gai, gai, etc.

Le café pris pour rire,
A quel jeu joûra-t-on?
L'ivresse et le délire
Réclament un boston.
Eh! gai, gai, gai, etc.

Mais bientôt je m'oublie...
Et vole transporté
De folie en folie
Jusques à l'écarté.
Eh! gai, gai, gai, etc.

Pour prolonger l'orgie,
En joueur enchanté,
Le verre d'eau rougie
Entretient la gaîté.
Eh! gai, gai, gai, etc.

Dévalisé d'emblée,
Je prends en enrageant
Congé de l'assemblée,
Congé de mon argent.
Eh! gai, gai, gai, etc.

Surpris par une averse,
Sans un denier comptant,
Tandis que l'eau me perce,
Je chante en barbotant :
Eh! gai, gai, gai, qu'ils sont joyeux
Les dîners d'étiquette!
Eh! gai, gai, gai, pas de goguette
Où l'on s'amuse mieux.

LA PHILOSOPHIE DU PAUVRE DIABLE

Air : *En revenant du village.*

Chacun me dit à la ronde
Que je suis mal loti
Et mal bâti;
Mais il faut bien dans ce monde
Prendre enfin son parti.

Je suis pauvre, et n'attends même
 Ni place ni soutien;
 Mais, n'ayant rien,
Je suis sûr que lorsqu'on m'aime
 Ce n'est pas pour mon bien.
Chacun me dit, etc.

Je suis sot; mais dans la vie,
 Si c'était par l'esprit
 Qu'on réussit,
Verrions-nous donc, je vous prie,
 Tant de gens en crédit?
Chacun me dit, etc.

Je suis borgne; mais le nombre
 Des méchants entassés,
 Des sots pressés,
Est tel que, même dans l'ombre,
 Un œil en voit assez.
Chacun me dit, etc.

Je suis bossu; mais Esope,
 Qui, dit-on, fut si laid,
 Si contrefait,
Sous sa difforme enveloppe
 Fit la barbe au mieux fait.
Chacun me dit, etc.

Je suis sourd; mais sur la terre
 Tout pour m'intimider
 Peut s'accorder;
Créanciers, femme, tonnerre,
 Je n'entends rien gronder.
Chacun me dit, etc.

Je suis boiteux des deux jambes;
 Mais combien on en voit,
 En maint endroit,
Qui, bien qu'ils soient très ingambes,
 N'en marchent pas plus droit!
Chacun me dit, etc.

Je suis manchot; mais qu'y faire?
 Me plaindre de mon sort
 Serait un tort...
Un bras pour remplir mon verre
 N'est-il pas assez fort?
Chacun me dit, etc.

Si je suis court de stature,
 Après ma mort, ma foi,
 Le plus grand roi
Ne tiendra pas, je vous jure,
 Plus de place que moi.
Chacun me dit, etc.

Ainsi, vous tant que vous êtes,
 Gens, de la tête aux pieds,
 Estropiés,
Borgnes, bossus, boiteux, bêtes,
 Riez-en, et criez:
Chacun me dit, à la ronde,
 Que je suis mal loti
 Et mal bâti;

Mais il faut bien dans ce monde
　　Prendre enfin son parti.

LA CHAISE ET LE FAUTEUIL

COUPLETS CHANTÉS A UN BANQUET DONNÉ A L'AUTEUR

PAR UNE SOCIÉTÉ D'ACADÉMICIENS

Le 2 juillet 1843

Air : *Un matin que Gros-René.*

Membres chers à l'Institut,
　　Ma soif qui s'apaise
N'ordonne plus que mon luth
　　Devant vous se taise,
Et je vais chanter l'accueil
Qu'aujourd'hui votre fauteuil
　　A fait à ma chaise.

Messieurs, croyez que s'il est
　　Un jour qui me plaise,
Ah ! c'est bien le deux juillet
　　De dix-huit cent treize,
Puisque vous me permettez
De m'asseoir à vos côtés
　　Sur mon humble chaise.

Fils de Pline et Massillon,
　　Et de Pascal (Blaise),
De Molière, Crébillon,
　　Et de Pergolèse,
Je suis tout gonflé d'orgueil
De voir à votre fauteuil
　　Se frotter ma chaise.

Pourquoi tant d'honneur à moi,
　　Qui, par parenthèse,
Près de vous ne suis, ma foi,
　　Qu'un niais de Falaise ;
Et qui, craignant d'approcher,
M'assieds sans oser toucher
　　Le bord de ma chaise.

Je n'ai d'aucunes façons
　　Soutenu la thèse ;
Je n'ai fait que des chansons,
　　Dont mainte mauvaise ;
Je ne tiens pas de bureau,
Et ne connais pour barreau
　　Que ceux de ma chaise.

Et cependant vous m'offrez
　　Gigot à la braise,
Perdrix, filets, pois sucrés,
　　Pomme, poire, fraise ;
Et quand vous m'ouvrez vos bras,
En fauteuil n'est-ce donc pas
　　Transformer ma chaise ?

Mais, par malheur, tour à tour,
　　La chaire française
Voit l'un de vous partir pour
　　L'ardente fournaise,
Car l'infernal souverain

Ne connaît, quand il a faim,
    Ni fauteuil ni chaise.

Qu'a donc, Messieurs, le cercueil
    Qui si fort vous plaise !
Chaque jour un nouveau deuil
    Sur notre âme pèse.
Sauvez ces pleurs à notre œil,
Ou bien cédez le fauteuil
    Au père La Chaise.

ON NE VIT QU'UNE FOIS

Air : *Eh ! qu'est-c' qu' ça m' fait à moi ?*

Loin de moi, censeur morose,
Toujours prêt à découvrir
Le regret près du plaisir,
L'épine près de la rose...
    J'aime mieux cette voix
Qui me dit : « Quoiqu'on en glose,
    Aime, ris, chante et bois ;
Tu ne vivras qu'une fois. »

La morale en vain nous crie :
« Vivez de privation,
Mourez de consomption,
Vous aurez une autre vie. »
Je ne cède et je ne crois
Qu'à ce cri de la folie :
    « Aime, ris, chante et bois ;
Tu ne vivras qu'une fois. »

Chaque hiver qui, de ses glaces,
Venant attrister nos yeux,
Ote à l'amant quelques feux,
A la beauté quelques grâces,
    Dit à l'homme : « Prévois
L'ennui qui suivra mes traces...
    Aime, ris, chante et bois,
Tu ne vivras qu'une fois. »

Contemplez cette pendule
Dont l'aiguille, dans son cours,
Avançant, toujours, toujours,
Jamais, jamais ne recule...
    Son timbre est une voix
Qui vous dit : « Point de scrupule...
    Aime, ris, chante et bois ;
Tu ne vivras qu'une fois. »

Ce vieillard sur sa béquille
Avec peine s'appuyant,
Et qui soupire en voyant
Passer une jeune fille...
    D'un air encor grivois,
Semble dire à chaque drille :
    « Aime, ris, chante et bois ;
Tu ne vivras qu'une fois. »

Voyez-vous cet Esculape,
Dont le docte et vain secours
Doit du banquet de vos jours
Bientôt enlever la nappe ?

Il vous dit, comme aux rois :
« Avant que chez toi je frappe,
  Aime, ris, chante et bois;
Tu ne vivras qu'une fois. »

Quand les foudres de la guerre,
A la voix de ces fléaux
Follement nommés héros,
Ont ravagé notre sphère,
  Que disent tant d'exploits
A ce qui reste sur terre?
  « Aime, ris, chante et bois;
Tu ne vivras qu'une fois. »

Quand, par une grâce insigne,
A l'homme un Dieu bienfaiteur
Accorda des sens, un cœur,
Une compagne, une vigne,
  Il lui dit bien, je crois :
« Mortel, voilà ta consigne :
  Aime, ris, chante et bois
Tu ne vivras qu'une fois. »

Froid pédant, sache donc rire;
Garçon, hâte-toi d'aimer;
Fillette, apprends à charmer;
Toi, secondant mon délire,
  O mon luth! sous mes doigts,
Dis à tout ce qui respire :
  « Aime, ris, chante et bois;
Tu ne vivras qu'une fois. »

L'ORIGINAL SANS COPIE

Air : *Bon, bon, mariez-vous.*

  Feu, feu
  Monsieur Mathieu
Était un singulier homme;
  Feu, feu
  Monsieur Mathieu
  Etait comme
  On en voit peu.

Quoique maître d'un grand bien,
Et de famille fort bonne,
Il faisait souvent l'aumône,
Et ne devait jamais rien.
  Feu, feu, etc.

D'un habit de camelot,
Il avait pris la coutume,
Prétendant que le costume
Ne prouve pas ce qu'on vaut.
  Feu, feu, etc.

Au joug de l'hymen soumis,
On l'a vu du fond de l'âme
Toujours préférer sa femme
A celles de ses amis.
  Feu, feu, etc.

Enchanté de voir grandir
Ses trois garçons et sa fille,
Il promenait sa famille

Sans bailler et sans rougir.
    Feu, feu, etc.

Il bravait avec mépris
Nos usages et nos modes,
Et c'était aux plus commodes
Que mon sot donnait le prix.
    Feu, feu, etc.

On le vit, lorsque des ans
Le poids vint courber sa tête,
A la *titus* la mieux faite
Préférer ses cheveux blancs.
    Feu, feu, etc.

Il s'avisa de rimer
Des morceaux dignes d'envie,
Et notre auteur, de sa vie,
N'osa se faire imprimer.
    Feu, feu, etc.

A la faveur comme au rang
Il croyait que le mérite
Devait conduire plus vite
Que l'apostille d'un grand.
    Feu, feu, etc.

Un jour on lui proposa
Un emploi considérable,
Et s'en jugeant incapable,
Sans regret il refusa.
    Feu, feu, etc.

Jamais ce fou, s'il en fut,
Ne voulut faire antichambre
Pour obtenir d'être membre
Du beau corps de l'Institut.
    Feu, feu, etc.

Aux honneurs il fut admis
Par je ne sais quel miracle;
Et jamais sur le pinacle,
Il n'oublia ses amis.
    Feu, feu, etc.

Eh bien! on le chérissait;
Et malgré ses faux systèmes,
Il fut pleuré par ceux mêmes
Que sa mort enrichissait.

    Feu, feu,
   Monsieur Mathieu
Etait un singulier homme ;
    Feu, feu
   Monsieur Mathieu,
    Etait comme
   On en voit peu.

LE PREMIER ET LE DERNIER AGE

Air *de la ronde du Camp de Grandpré.*

Si notre premier père
Coula des jours heureux,
C'est que sur cette terre
Il sut borner ses vœux,
Or, la seule manière

De jouir ici-bas,
C'est de ne jamais faire (bis)
Ce qu'Adam n'y fit pas. (bis)

Soumis à l'étiquette,
Nous voyons chaque jour
L'homme armé d'une brette
Aux grands faire sa cour.
Ces visites d'usage
Ne donnent qu'embarras...
Plus libre et bien plus sage,
Adam n'en faisait pas.

Dans l'ennui qui l'accable,
Le riche tour à tour
Réunit à sa table
Vingt convives par jour;
Et souvent sa ruine
Suit de près ces repas...
Modeste en sa cuisine,
Adam n'invitait pas.

D'une plainte importune
Fatiguant le destin,
Pour fixer la fortune
Et tripler son butin,
L'extravagant expose
Tout son bien sur un as...
Content de peu de chose
Adam ne jouait pas.

Esclave de nos modes,
L'homme porte toujours
Des habits incommodes
Ou des souliers trop courts,
Son pantalon le gêne,
Il ne peut faire un pas...
Exempt de cette peine,
Adam n'en portait pas.

En se réveillant, l'homme
Ne serait pas content,
S'il ne savait pas comme
Le Grand-Turc est portant...
Des journaux, à la ronde,
Il parcourt le fatras...
Se mêlant peu du monde,
Adam n'en lisait pas.

L'homme, qui toujours n'aime
Que ce qui vient de loin,
Dans sa manie extrême
Eprouve le besoin,
Le désir invincible
Des café, des tabacs...
Et si j'en crois la Bible,
Adam n'en prenait pas.

L'homme, à sa renommée
Immolant son repos,
Pour un peu de fumée
Se consume en travaux;
L'Institut, qu'il assiége,
Déjà lui tend les bras...

Dormant fort bien sans siége,
Adam n'en était pas.
Mais j'entends la cabale
Me dire avec raison :
« Au rocher de Cancale
Tu fis mainte chanson ;
Il est temps de se taire...
Car, mon cher, tu sauras
Qu'Adam ne chantait guère,
Qu'Adam ne chantait pas. »

COUPLETS

POUR L'ANNIVERSAIRE DE LA NAISSANCE DE M. BOUR-
DOIS, DOCTEUR EN MÉDECINE

Air du verre.

Chantons, célébrons tous en chœur
Le jour qui donna la naissance
A l'ami dont l'art bienfaiteur
De l'homme assure l'existence.
Pour Bourdois, dans ces deux instants,
Quels vœux doivent être les nôtres ?
Ah ! c'est qu'il vive aussi longtemps
Qu'il sait faire vivre les autres.

Par un effet miraculeux,
Les clients que Bourdois visite,
Presque morts quand il vient chez eux,
Sont bons vivants quand il les quitte.
C'est que ce riant médecin,
Né dans la saison de la traille,
Sert ses pilules en raisin ,
Et ses tisanes en bouteille.

Et comment craindre pour son sort
Avec un joyeux Esculape
Qui semble défier la mort
Que jamais elle vous attrape ?
Offrant, d'un air toujours content;
Vin blanc ou médecine noire,
Qu'on soit malade ou bien portant,
Son premier mot, c'est : *Il faut boire.*

Amis, si Bourdois seul devait
Fournir aux Parques leur pâture,
Le cher trio bientôt aurait
Les dents fort longues je vous jure.
Ah ! puissé-je comme aujourd'hui
Passer tous les jours de ma vie,
Puisqu'on ne peut mourir chez lui
Ni de faim ni de maladie !

MA TACTIQUE.

Air : *J'ai vu la meunière.*

Amis, pour embellir le cours
De ma vie entière,
Savez-vous qu'elle fut toujours
Ma seule manière ?
D'abord, tacticien savant,

J'ai soin de dire, en me levant :
  « Chagrins, en arrière !
  Plaisirs, en avant ! »

Après un ample déjeuné,
  Affaire première...
Après un succulent dîné
  Suite nécessaire...
Certain minois me captivant,
Le soir, je chante, et m'esquivant :
  Comus, en arrière !
  Amour, en avant ! »

Toutes les fois que d'un tendron
  Je suis la bannière,
Je chante, gardant d'un larron
  L'humeur cavalière :
« Fi ! d'un amant toujours rêvant,
Toujours de larmes s'abreuvant !...
  Romance, en arrière !
  Chanson, en avant ! »

Lorsque ma fauvette, en son vol
  Un peu journalière,
Après avoir pour moi fui Paul,
  Me quitte pour Pierre,
Tout aussi gai qu'auparavant,
Je dis, cédant au gré du vent :
  « Regrets, en arrière !
  Désirs, en avant ! »

Qu'un homme dont je fus trahi
  Soit dans la misère,
Mon cœur, qui n'a jamais haï,
  Prévient sa prière,
Et du superflu me privant,
Il me voit bien vite arrivant,
  La plainte en arrière,
  La bourse en avant.

Accablé de fièvre et d'ennuis,
  Quand sur la litière,
Au jour, à peine, hélas ! je puis
  Ouvrir ma paupière,
« Bacchus, dis-je d'un ton fervent,
Protégera son desservant...
  Frayeur, en arrière !
  Espoir, en avant ! »

J'use alors d'un remède sain,
  Et qui, d'ordinaire,
N'ordonne ni le médecin,
  Ni l'apothicaire...
C'est de m'écrier en buvant
A verre plein et très souvent :
  « Tisane, en arrière !
  Bourgogne, en avant ! »

A force de recommencer,
  Quand ma chambrière,
De ce julep vient me verser
  La goutte dernière,
Loin de pleurer mon ci-devant,
Gaîment je chante en l'achevant :

« Bourgogne, en arrière !
Champagne, en avant ! »
Si jusqu'ici du noir trio,
La main meurtrière,
N'a pas mis, d'un coup de ciseau,
Fin à ma carrière,
C'est que jusqu'ici la bravant,
J'ai toujours dit en bon vivant :
« Parques, en arrière !
Momus, en avant ! »

LA PETITE FEMME BIEN HEUREUSE

OU LES PLAISIRS D'UN BON MÉNAGE

Air : *Encore un quart'ron, Claudine.*

Mais qu'as-tu donc, Marie,
Qui tout bas t' fait souffrir !
Ta bouch' n'est plus fleurie,
J' vois tes appas maigrir...
  Tu n'as pas d' plaisir,
    Marie,
  Tu n'as pas d' plaisir.

Morgué, ça m' contrarie
D' te voit comm' ça languir ;
Mais si l'on nous marie
Suivant notre désir...
  Ah ! qu' t' auras d' plaisir, etc.

D'une bell' robe en soirie,
C' jour-là j' veux te r'vêtir ;
Mais d' peur qu'ell' n'soit flétrie,
N' faut sauter ni courir...
  Ah ! qu' t'auras d' plaisir. etc.

Moi, n' boirait-on qu' du brie,
J' saurai si bien m' remplir,
Qu'on m' ramèn'ra, j' parie,
Ivre à n' plus m' soutenir...
  Ah ! qu' t'auras d' plaisir, etc.

D' peur qu' ta mine jolie
Ne r'vienne à dépérir,
J'é f'rons deux lits, ma mie,
Pour qu' tu r'pos' à loisir...
  Ah ! qu' t'auras d' plaisir, etc.

A la moind' maladie
Qui viendra te saisir,
Méd'cine et chirurgie
Près d' toi vont accourir...
  Ah ! qu' t'auras d' plaisir, etc.

Aux danses d' la prairie
Si j' vons nous divertir,
Queuqu' beau garçon qui t' prie,
C' n'est qu' moi qu' faudra choisir...
  Ah ! qu' t'auras d' plaisir, etc.

Si j'ons d's enfants, ma mie,
Il t' faudra les nourrir,
L' matin fair' leur bouillie,
Et l' soir les endormir...
  Ah ! qu' t' auras d' plaisir, etc.

Désaugiers.   10

A ta fille chérie . . . .
T' apprendras à blanchir,
A fair' la ravaud'rie,
A r'passer, à pétrir...
    Ah! qu' t' auras d' plaisir, etc.

J' verrons, s'l'on notre envie,
Notr' famille grandir,
Tandis que d' compagnie,
Je nous verrons vieillir...
    Ah! qu' t' auras d' plaisir, etc.

Bref, s'il t' faut de c'te vie
Avant moi déguerpir,
J' n'épargn'rai rien, ma mie,
Pour t' fair' ben ensev'lir...
    Ah! qu' t' auras d' plaisir,
      Marie,
    Ah! qu' t' auras d' plaisir!

LES BONS AMIS DE PARIS

Air : *Il était un p'tit homme.*

Ma fortune était mince,
Mais j'avais un parent
    Dont le rang
Annonçait que du prince
Il était bien connu,
    Bien venu...
  Chacun me flatta,
  Chacun me fêta,
Chacun me visita...
    Qu'ils sont polis,
    Qu'ils sont jolis,
    Nos bons amis
      D' Paris.

Mais (affreuse disgrâce!)
Par un coup du destin,
    Un matin
De mon parent en place
La faveur disparut;
    Il mourut!
  Chacun défila,
  Chacun détala,
Chacun me planta là.
  Qu'ils sont polis, etc.

L'acte testamentaire
Qu'avait fait mon parent,
    En mourant,
Me nommant légataire
D'un large coffre-fort
    Rempli d'or,
  On me reflatta,
  On me reféta,
On me revisita...
  Qu'ils sont polis, etc.

Lancé dans les affaires
Par l'appât d'un butin
    Incertain,
Des calculs téméraires

Ayant réduit à rien
   Tout mon bien,
   On redéfila,
   On redétala,
On me replanta là...
   Qu'ils sont polis, etc.

Par pure bonté d'âme,
La charmante Elisa
   M'épousa.
Des charmes de ma femme
Le bruit se répandit,
   S'étendit...
   On me reflatta,
   On me refêta,
On me revisita...
   Qu'ils sont polis, etc.

L'un d'entre eux, qui sans cesse
D'amitiés me comblait,
   M'accablait,
Un jour de ma princesse
M'enleva les appas,
   Les ducats :
   On redéfila,
   On redétala,
On me replanta là...
   Qu'ils sont polis, etc.

De mon argenterie
Je fis ressource, et crac,
   Dans un sac,
Vite à la loterie
Le magot fut donné :
   Je gagnai...
   On me reflatta,
   On me refêta,
On me revisita.
   Qu'ils sont polis, etc.

Une fièvre soudaine
M'ayant glacé de son
   Noir frisson,
Chez moi l'on vit à peine
Succéder le docteur
   Au traiteur,
   Qu'on redéfila,
   On redétala,
On me replanta là...
   Qu'ils sont polis, etc.

Malgré soins et prières,
La fièvre prévalut;
   Il fallut
Mettre ordre à mes affaires...
Au bruit du testament,
   Poliment,
   On me reflatta,
   On me refêta,
On me revisita...
   Qu'ils sont polis, etc...

Mais comme sur leur compte
J'ouvrais enfin les yeux,

Un peu mieux,
Aucun d'eux, à sa honte,
N'étant même héritier
D'un denier,
On redéfila,
On redétala,
On me replanta là...
Qu'ils sont polis, etc.

Voyant, chez mes ancêtres,
Mon voyage remis,
J'ai promis
Qu'après ma mort les prêtres,
Devant le trépassé
Délaissé,
Pour tout *oremus*,
Pour tout *in manus*,
Chanteraient en *chorus* :
Qu'ils sont polis,
Qu'ils sont jolis,
Nos bons amis
D' Paris !

LE PRISONNIER POUR DETTES

Air : *J'arrive à pied de province.*

Nargue des plaisirs que l'homme
Goûte en liberté...
Moi, d'un monde qui m'assomme
Je vis écarté,
Et, ma foi, de ma manie
Rira qui voudra...
Vive Sainte-Pélagie !...
Je ne sors pas d' là. (*bis*)

Combien d'amis dans le monde
Vont vous visiter
(Lorsque chez vous l'or abonde)
Pour vous emprunter !
Chez nous jamais cette envie
Ne les amena...
Vive Sainte-Pélagie !
Je ne sors pas d' là.

Ici, quelque temps qu'il fasse,
Eté, comme hiver,
Du soleil et de la glace
On est à couvert
Point de triste comédie;
Jamais d'opéra...
Vive Sainte-Pélagie !
Je ne sors pas d' là.

Voltiger à gauche, à droite,
Ne me convient pas.
Plus la prison est étroite,
Plus elle a d'appas;
Sitôt qu'elle est élargie,
Le plaisir s'en va...
Vive Sainte-Pélagie !...
Je ne sors pas d' là.

LE BAILLEUR ÉTERNEL

(Le refrain de chaque couplet doit se chanter
en étendant les bras et en bâillant.)

Air de la Chercheuse d'esprit.

Ah! ah! ah! ah! ah! comment faire,
    Hélas!
Pour s'amuser sur cette terre?
Ah! ah! ah! ah! ah! comment faire;
    Hélas!
Pour ne point bâiller ici-bas?

Des mortels quel est le rôle?
Travailler, manger, courir,
Intriguer, vieillir, mourir :
Cela n'est-il pas bien drôle?
Ah! ah! ah! etc.

Du soleil l'éclat ne touche
Ni mon âme ni mes sens;
Voilà déjà si longtemps
Qu'il se lève et qu'il se couche!...
Ah! ah! ah! etc.

Dans leur course monotone
On voit, depuis cinq mille ans,
L'été suivre le printemps,
Et l'hiver suivre l'automne.
Ah! ah! ah! etc.

De ma montre qui m'abuse,
L'aiguille, en son long circuit,
Me dit comment le temps fuit,
Jamais comment on s'amuse.
Ah! ah! ah! etc.

J'ai couru tout l'hémisphère
Pour voir si l'on s'amusait,
Et partout on ne faisait
Que ce que j'avais vu faire.
Ah! ah! ah! etc.

Dans mon ennui détestable,
Voulant tâter des grandeurs,
J'ai dîné chez des seigneurs,
Et j'ai dit sortant de table :
Ah! ah! ah! etc.

Voulant savoir si, lorsqu'on aime,
La vie offre plus d'appas,
J'ai fait l'amour; mais, hélas!
On le fait partout de même.
Ah! ah! ah! etc.

Voyant qu'à la fleur de l'âge
De tout j'étais fatigué,
Dans l'espoir d'être plus gai,
Je me suis mis en ménage...
Ah! ah! ah! etc.

Dans le faubourg que j'habite,
Séduit par l'occasion,
L'Institut et l'Odéon
Chaque jour ont ma visite.
Ah! ah! ah! etc.

J'avais cru, vaille que vaille,
M'égayer par ces couplets;
En les faisant, je bâillais;
En vous les chantant, je bâille.
Ah! ah! ah! ah! ah! comment faire,
    Hélas!
Pour s'amuser sur cette terre?
Ah! ah! ah! ah! ah! comment faire,
    Hélas!
Pour ne point bâiller ici-bas?

LE RÉFORMÉ CONTENT DE L'ÊTRE

Air : *J'ons un curé patriote.*

Béni soit le prince auguste
Qui nous est enfin rendu!
Béni soit le règne auguste
Par lequel j'ai tout perdu!
Prisonnier comme un perclus,
Je ne m'appartenais plus...
    Tout va bien; (*bis*)
Grâce au ciel, je n'ai plus rien,
Je n'ai plus rien, je n'ai plus rien.

Par un caprice incroyable
Dont j'enrageais chaque jour,
Le sort, ou plutôt le diable,
M'avait fait homme de cour.
Comme je m'y régalais!
Ah! que d'ennui j'avalais!
    Tout va bien, etc.

A Pâques (non par ma faute)
Je fus baron breveté,
Ministre à la Pentecôte
Et prince à la Trinité;
A la Saint-Martin, ma foi,
J'aurais peut-être été roi...
    Tou va bien, etc.

Tous mes amis de collége
Qui n'étaient point parvenus,
Par un bon ton sacrilége,
Me devaient être inconnus.
Maintenant, mes vieux amis,
Chez moi vous serez admis...
    Tout va bien, etc.

O ma voiture coupée,
Combien vous m'assoupissiez!
O mon innocente épée,
Combien vous m'embarrassiez!
Plumets, manteau de velours,
Bon Dieu! que vous étiez lourds!
    Tout va bien, etc.

Plus de grands, plus de contrainte,
Plus d'honneurs, plus d'embarras;
Je puis remuer sans crainte
Et mes jambes et mes bras;
Je puis dîner chez Lison,
Je puis souper chez Suzon...
    Tout va bien, etc.

Réduit à mon nécessaire,
Ah! quel heureux avenir!
Sans médecin, ni ni notaire,
Je me verrai donc finir!
Et, lorsqu'on m'enterrera,
Aucun parent ne rira...
      Tout va bien, etc.

Francs amis de la goguette,
Je redeviens votre égal;
Ma chambre est une guinguette,
Où je tiens festin et bal...
Qu'avec vous le peu que j'ai
Désormais soit partagé...
      Tout va bien, (bis)
   Grâce au ciel, je n'ai plus rien,
Je n'ai plus rien, je n'ai plus rien.

COUPLETS

POUR LA FÊTE DE MADAME ADÈLE B******
Le 16 décembre.

Air *de Julie, ou le Pot de fleurs.*

De l'hiver où sont donc les glaces?
L'aquilon a-t-il déjà fui?
En vain j'en cherche ici les traces;
Un jour plus doux enfin a lui,
Et des cieux la bonté fidèle,
Hâtant pour nous le vol du temps,
Nous rend les roses du printemps
Dans l'âge et les grâces d'Adèle.

Cependant le printemps n'inspire
Qu'une douce et tendre chaleur...
De l'air brûlant que je respire
D'où peut donc naître ici l'ardeur?
Ah! la cause en est naturelle :
C'est qu'aujourd'hui la volupté
Nous rend tous les feux de l'été
Dans ceux dont nous enflamme Adèle.

Mais je crois voir... (surprise extrême!)
Enivré d'un nectar divin,
Sur sa tonne, Bacchus lui-même
De la grappe exprimer le vin.
Ce dieu, que le plaisir appelle,
De l'automne, en ses gais transports,
Nous rend les liquides trésors,
Pour qu'ils soient bus au nom d'Adèle.

Ainsi sa fête fortunée,
Exauçant trois fois nos désirs,
Des trois plus beaux temps de l'année
Nous rappelle les doux plaisirs.
Automne, été, printemps, en elle
Pour nous renaissent aujourd'hui,
Et l'hiver n'est que pour celui
Qui ne connaît pas notre Adèle.

LA BOUCHE ET LE NEZ

DIALOGUE NOCTURNE

Air : *Mon père était pot.*

Jugez si je fus étonné,
Lorsque, la nuit dernière,
Je sentis ma bouche et mon né
S'agiter en colère.
« Qui donc en sursaut,
Me dis-je aussitôt,
Si matin me réveille ? »
Le nez se moucha,
La bouche cracha,
Et je prêtai l'oreille.

LA BOUCHE, *bâillant.*

Air : *Je suis né natif de Ferrare.*

Maudit nez! le diable t'emporte!
Ronfla-t-on jamais de la sorte?

LE NEZ.

Morbleu! quel démon m'installa
Près de cette bavarde-là?

LA BOUCHE.

Et c'est au milieu du visage
Qu'on loge un si sot personnage!...

LE NEZ.

Tout sot que je suis, je me croi
Encor moins mâchoire que toi.

LA BOUCHE, *piquée.*

Air *de la fanfare de Saint-Cloud.*

Que m'importe ta colère
Et tes sarcasmes mordants?

LE NEZ.

Est-ce pour me faire taire
Que tu me montres les dents?

LA BOUCHE.

Va, je ris de tes sottises;
Entends-tu, vilain camus?

LE NEZ.

Quelque chose que tu dises,
J'aurai toujours le dessus.

LA BOUCHE.

Air : *Réveillez-vous, belle endormie.*

Nécessaire autant qu'agréable,
Je sers l'enfant et le barbon;
Et de toi, qui fais le capable,
On ne peut rien tirer de bon.

LE NEZ.

Air : *La bonne aventure.*

De quelque titre plâtré
Que tu t'autorises,
Jamais je ne souffrirai
Que tu me maîtrises.
Si tu le veux, fâche-toi,
Je n'ai jamais craint, ma foi,

D'en venir aux prises,
Moi........................
D'en venir au prises........

LA BOUCHE.

Air : *Si Dorilas.*

Je suis utile à mille choses!

LE NEZ.

De ses dons le ciel m'a comblé :
C'est pour moi qu'on plante les roses.

LA BOUCHE.

C'est pour moi qu'on sème le blé. (*bis*)

LE NEZ.

Par moi l'on respire sur terre.

LA BOUCHE.

C'est moi qui préside aux repas.

LE NEZ.

L'homme sans moi ne vivrait guère. (*bis*)

LA BOUCHE.

L'homme sans moi ne vivrait pas. (*bis*)

LE NEZ.

Air *de l'Avare et son ami.*

Dans une maison lorsqu'on entre
A l'instant même du dîné,
Ne dit-on pas, frappant son ventre :
« Ma foi ! je sens que j'ai bon né?

LA BOUCHE.

De tous les mets auxquels on touche,
Celui qu'on croit du meilleur goût,
N'est-il pas celui que partout
On garde pour la bonne bouche? (*bis*)

LE NEZ.

Air : *Jeune fille et jeune garçon.*

Tu conviens pourtant que jamais
Tu ne cessas d'être gourmande. (*bis*)

LA BOUCHE.

C'est bien toi que tout affriande,
Jusqu'à la seule odeur des mets.

LE NEZ.

Oui, le parfum me touche,
J'en dois faire l'aveu...
En tout temps, en tout lieu,
Je fus toujours un peu
Sur la bouche. (*bis*)

LA BOUCHE.

Air : *A moins que dans ce monastère.* (*Vaudeville des Visitandines.*)

Quand pour les louanges des belles,
Je me plais à m'exténuer,
Toi, tu restes muet près d'elles ;
Si ce n'est pour éternuer. (*bis*)

LE NEZ.

Il faut pourtant qu'on me chérisse
Car, malgré ce bruit importun,
A mes éternûments chacun
Répond toujours : *Dieu vous bénisse!* (*bis*)

LA BOUCHE.

Air des Fleurettes.

D'une bouche amoureuse
Quand j'effleure les bords,
Combien je suis heureuse!

LE NEZ.

J'ai part à tes transports.
De son haleine embaumée
Par moi le charme est senti.

LA BOUCHE.

Oui, mais tu n'as du rôti
Que la fumée.

Air du Curé de Pomponne.

Lorsqu'à la suite du baiser
Un doux feu vous consume,
Ce feu que tout semble attiser,
C'est bien moi qui l'allume.

LE NEZ.

Mais on a vu d'une autre part,
A la Porte-Ottomane,
Un cœur de part en part,
Percé par
Le nez de Roxelane.

LA BOUCHE, écumant de rage.

Air : Dans la vigne à Claudine.

As-tu juré de mettre
Ma patience à bout?
C'est trop me compromettre
Avec ce marabout.

LE NEZ.

En vain tu voudrais feindre,
J'ai su te battre...

LA BOUCHE.

Moi?
Que puis-je avoir à craindre
D'un morveux comme toi? (ter)

LE NEZ, rouge de colère.

Air : Tenez, moi, je suis un bon homme.

Qui? moi? morveux! Dans ma colère,
Je vais te prouver, sans pitié,
Que le nez est un adversaire
Qui ne se mouche pas du pié.

(Après une réflexion.)

Je me salis si je te touche...
Il vaut bien mieux nous séparer...
Et d'ailleurs, le nez et la bouche
Sont-ils faits pour se mesurer?

LA BOUCHE.

Air : Bon voyage, cher Dumollet.

Bon voyage,
Mon cher voisin;
Nous en ferons tous deux meilleur ménage.
Bon voyage,
Mon cher voisin;
Loin l'un de l'autre on est toujours cousin.

LE NEZ, se détachant, et lui tournant les talons.

Tu vas savoir si du nez l'on se passe.

LA BOUCHE.

Dans quel quartier vas-tu donc demeurer?

LE NEZ.

Je ne tiens pas une si grande place,
Que je ne trouve enfin où me fourrer.

LA BOUCHE.

Bon voyage,
Mon cher voisin,
Nous en ferons tous deux meilleur ménage.
Bon voyage,
Mon cher voisin,
Loin l'un de l'autre on est toujours cousin.
(*Le nez sort d'une vitre cassée.*)

LA BOUCHE, *se regardant.*

Air : *Ah! maman, que je l'échappai belle!*

Oh! grands dieux! sans nez, que je suis laide!
J'ai tort, j'en conviens;
Cher nez, reviens
Vite à mon aide...
Oh! grands dieux! sans nez, que je suis laide!
Je sens qu'en effet
La nature avait tout bien fait.

LE NEZ, *dehors, cherchant à se poser quelque part.*

Mais où donc faut-il que je me place!
Mon œil étonné
Rencontre un né
Sur chaque face...
Mais où faut-il donc que je me place?
Où donc me jucher?
Où me nicher? où me percher?

LA BOUCHE, *au désespoir.*

Oh! grand dieux! sans nez, que je suis laide!
J'ai tort, j'en conviens;
Cher nez; reviens
Vite à mon aide...
Oh! grands dieux! sans nez, que je suis laide!
Je sens qu'en effet
La nature avait tout bien fait.

LE NEZ, *un peu honteux, revenant prendre sa première place.*

Air : *Qu'il pleuv', qu'il vent', qu'il tonne.*

J' voulais faire un coup d' tête...
Mais, tout' réflexion faite,
Je reste où le destin m'a mis;
Peut-être ailleurs serais-je pis.

MOI.

Air : *Aussitôt que la lumière.*

A ces mots ils s'embrassèrent
Et, se tenant par la main,
Tous les deux ils se jurèrent
Alliance, accord sans fin.
« C'est ainsi que sur la terre,
(Me dis-je alors en secret)
La discorde sait se taire
A la voix de l'intérêt. »

L'HOMME CONTENT DE TOUT
OU L'OPTIMISTE.

Air : *Et voilà comme l'homme.*

Mortels qui maudissez le sort,
Que vous ayez raison ou tort,
Venez me voir dans ma chambrette,
Du vrai bonheur j'ai la recette,
Et vous direz en me quittant :
   Oui, voilà comme
    L'homme
  Est toujours content.

Dans un bien modeste séjour,
Vivant, hélas ! au jour le jour,
Je n'ai de bien que l'espérance,
Mais pour m'en consoler, je pense,
A ceux qui n'en ont pas autant...
   Et voilà comme , etc.

J'entends les gens se désoler
En voyant le temps s'envoler ;
Et moi, tous les ans je répète :
« Un an de plus est sur ma tête,
Mais mon vin a vieilli d'autant... »
   Et voilà comme, etc.

Pour ma fortune ai-je conçu
Un plan qui se trouve déçu,
Je pense qu'une banqueroute,
Du peu que j'ai m'aurait sans doute
Bientôt enlevé le restant...
   Et voilà comme, etc.

La foudre a-t-elle ravagé
Les blés et les vignes que j'ai,
Je me dis : « Si sa rage extrême
M'eût, par malheur, frappé moi-même,
Je serais bien plus mal portant... »
   Et voilà comme, etc.

Roch a soixante mille écus,
Mais il a soixante ans de plus ;
Moi, je suis fier, dans ma détresse,
De pouvoir, près d'une maîtresse,
Bien mieux que lui payer comptant...
   Et voilà comme, etc.

Suis-je trahi dans mon amour,
Bien loin de détester le jour,
De mes serments me voyant quitte,
Je cours, du tendron qui me quitte,
A la bouteille qui m'attend...
   Et voilà comme, etc.

Le beau temps enchante mes yeux...
Pleut-il, la vigne en viendra mieux ;
S'il gèle, à table je dévore ;
Dégèle-t-il, « Bon ! dis-je encore,
Bon, l'hiver n'a plus qu'un instant... »
   Et voilà comme, etc.

Un rhumathisme me survient,
Et dans mon lit il me retient :

« Fort bien, me dis-je, plus d'affaire !
Plus de sotte visite à faire !
Je puis respirer un instant... »
  Et voilà comme, etc.

S'il me fallait mourir demain,
Je m'écrirais, le verre en main :
« Vive le trépas ! car peut-être
M'épargne-t-il le malheur d'être
Goutteux, hypocondre, impotent... »
  Et voilà comme
   L'homme
  Est toujours content.

CADET BUTEUX

AU BOULEVART DU TEMPLE

Air : *Faut d' la vertu, pas trop n'en faut.*

La seul' prom'nade qu'a du prix,
La seule dont je suis épris,
La seule où j' m'en donne, où je ris
C'est l' boul'vard du Temple, à Paris.

Ce boul'vard est vraiment l'unique
Pour piquer la curiosité...
On y voit l'Ambigu-Comique
Qu'est à côté de la Gaîté.
La seul' prom'nade, etc.

Y a l' spectacle de mam'selle Rose,
Qui, sans jamais s' donner d'efforts
Moyennant queuq' sous (c' qu'est peud'chose),
Fait tout ce que l'on veut d' son corps.
La seul' prom'nade, etc.

On y voit sur un p'tit théâtre
Un' fill' qui du pied brode, écrit...
Plus loin la passion d' Cléopâtre
A côté d' celle d' Jésus-Christ.
La seul' prom'nade, etc.

L' café d'Apollon nous r'présente
Des pièc' où, pour doubler l'effet,
C'n'est qu'à deux qu'on parle et qu'en chante :
Ah jarni ! queu trio ça fait !
La seul' prom'nade, etc.

L' café d'Apollon est tout contre
Une espèce de p'tit salon,
Où l'univers, que l'on y montre,
A trois pieds d' large et deux pieds d' long.
La seul' prom'nade, etc.

A droite, j'y voyons l's Irzabelles
Avec leurs Gilles s' qu'reller ;
A gauch', pour les yeux de leurs belles,
J' voyons les Paillasses brûler.
La seul' prom'nade, etc.

L' café Turc est l' jardin des Grâces...
Aussi vient-on, après les r'pas,
Y prend' café, liqueurs ou glaces,
Ou punch, ou... qu'est-ce qu'on n'y prend pas?
La seul' prom'nade, etc.

Du Marais les mamans tout' fières
Y mèn'ent leurs fill's au cou tendu,
Dont la pudeur baiss' les paupières,
Et dont l'empois enfle l' fichu.
La seul' prom'nade, etc.

Chaqu'jour, pour quenqu's nouveaux ménages
L' Cadran-Bleu sonn' l'heure du bal ;
Mais j' crois qu' s'il fait ben des mariages,
Il en défait aussi pas mal.
La seul' prom'nade, etc.

Viens-t'en, m' dit l'aut' soir un' petite,
Qui d' l'œil semblait me provoquer ;
L'affair' d'un moment, et j' te quitte ;
J'ai queuqu' chose à t' communiquer...
La seul' prom'nade, etc.

D' Curtius voyez le factionnaire,
Comme il regarde l' monde en d'sous !
Si j' l'échauffons, dans sa colère,
Il est homme à fondre sur nous.
La seul' prom'nade, etc.

Qu'est-c' donc qu'j'entends? c'est d' la musique

V'là tous les dimanches du quartier
Qui s' pressent, s' foulent, mais bernique.
Ils ont beau faire, j' suis l' premier.
La seul' prom'nade, etc.

« D' mon Barbare v'nez voir l'adresse ;
V'nez voir l'esprit d' mon p'tit anon ;
V'nez voir mon lapin batt' la caisse ;
V'nez voir mon s'rin tirer l' canon.
La seul' prom'nade, etc.

Et la trompette qui résonne,
L'ivrogn' qui jur', l' tambour qui bat,
Les chiens qui jeu'nt, la cloch' qui sonne,
Et moi, d' crier pendant c' sabbat :
La seul' prom'nade, etc.

Mais tandis qu' pour voir tant d' bamboches,
Je m' tort l' jarret, les yeux et l' cou,
Me v'là, quand j' fouillons dans nos poches,
Sans mouchoir, sans montre et sans l' sou.

La seul' prom'nade qu'a du prix,
La seule dont je suis épris,
La seule où j' m'en donne, où je ris,
C'est l' boul'vard du Temple, à Paris.

CADET BUTEUX

SORTANT DE LA REPRÉSENTATION DES DANAÏDES

« D'mandez moi donc un peu où c' qu'est allé c' flâneux de Cadet ? c' qu'il peut fichumacer à l'heure qu'il est, et quand il r'vien'ra ! Gageons qu'il est avec queuques effrontées du Gros-Caillou ou queuq' godailleux comm' lui, tandis que j' sommes depuis deux heures, avec c't enfant sur les bras, à croquer l' marmot d'vant c'te table, et que j' pourrais aussi ben qu' lui faire tout' aut' chose... Eh ben ! non : ces chiens d'hommes ! je n' sais pas à quoi ça tient, mais pus y vous en font, pus on les aime. Ah ! qu' la commère Bonbec avait ben raison avant-z'hier, quand ell' m' disait en écumant son pot : —Les maris, voisine ! n' m'en parlez pas : j'en ai tâté pendant quarant'-sept ans, et j' sais c' qu'en vaut l'aune... Les pieds leux brûlent à la maison; on n' peut pas en jouir, et quand un' fois ils sont sortis, c'est le diable pour les faire rentrer.— Il paraît que l' mari d' la mère Bonbec était juste l' pendant d' mon Cadet... Voyez un peu s'il r'viendra... Mais, Dieu m' pardonne, v'là minuit s'au coucou... Ah ! pauv' Javotte ! pauv' Javotte ! »

(Tel était le sentimental monologue de madame Cadet Buteux, quand une odeur de pipe lui anonça enfin l'arrivée de Cadet, qui ouvrit la porte en s'écriant tout essoufflé :)

Air du *Curé de Pomponne.*

A la fin me v'là donc r'venu
De c'te diable d' boucherie !
Aux abattoirs jamais j' n'ons vu
Un' semblabl' tuerie...
L' gentil exemple qu' l'Opéra
Donne aux jeun's femm's timides
Ah !
Il m'en souviendra,
Larira,
D' leux chiennes d' Danaïdes !

Air : *Encore un quart'ron, Claudine,*

Va jusqu'à temps qu' mon âme
Sois r'mise d' son effroi,

Air :

Quoiqu' l'hymen me réclame,
Pas d' danger, jarnigoi,
Que j' couche avec toi,
Ma femme,
Que j' couche avec toi.

Air : *Je n' saurais danser*

T'auras beau pleurer,
T' lamenter comme un' Mad'leine,
T'auras beau pleurer,
T' lamenter, t' désespérer,
Faudra t'en sevrer :
C' n'est pas qu' je n' sachions qu'tes pleine
D'amour et d' vertu...
Mais cach' moi c't eustach' pointu.

Air : *des fraises*

Cach'-le, queu mal ça t' fait-il ?
Sans pein' tu pourras croire
Que d' ces couteaux j' n'aime pas l' fil,
Quand j' vas t'avoir mise au fil
D' l'histoire. (*ter.*)

Air : *V'là c' que c'est qu' d'aller au bois.*

Danaüs est frère d'Égyptus,
Comme Egyptus l'est d' Danaüs.
Danaüs était roi d' la Grèce :
Mais sans qu' ça paraisse,
Son frère eut l'adresse
D' le découronner un beau jour,
Disant : « Faut qu' chacun ait son tour, »

Air : *Cadet Roussel est bon enfant.*

Egyptus a cinquante fils (*bis*)
Ben doux, ben sages, ben gentils ; (*bis*)
Danaüs a cinquante filles
Ben douc's, ben sages, ben gentilles...
Ah ! ah ! trouvez maint'nant
Des pères qu'en fassiont autant.

Air : *Une fille est un oiseau.*

Un beau matin Danaüs,
Qu'est rancuneux comm' personne,
Se dit tout bas : Faut (Dieu me pardonne !)
Que j' mett' dedans Egyptus.
« J'ai, lui dit-il, cinquant' filles ;
Toi, t'as cinquante bons drilles :
Eh ben ! marions nos familles.
— Si tu l' veux, dit l'autre, soit... »
Cinquante mariag's d'une haleine,
C'était un' jolie aubaine
Pour la paroisse d' l'endroit. (*quater.*)

Air *de la Croisée.*

Les bans n' tardent pas à s' publier :
V'là tout' la ville en réjouissance,
Et c'est au moment d' les marier
Qu' la pièc' des Danaïd's commence :
On voit la toile se lever
Pour la grande cérémonie...
Et tout l' monde s'accord' à trouver
L'ouverture jolie,

Air du vaudeville du Sorcier.

D' chanteux, d' danseux, d' garçons et d' filles
Jarni! comme le théâtre est plein !
C'est les mariés, c'est leux familles,
L's amis, l' curé, l' diable et son train.
Mais qu'est-c' que c'est donc que c'l' espèce
D' cass'role ou d' chaudron étamé
    Qu'on apporte allumé ,
        Enflammé?
Il paraît qu'aut' fois dans la Grèce
On se mariait sur un réchaud...
        C'était plus chaud. (quater.)

Air : C'est un enfant.

Mais c'est mad'moiselle Hypermnestre
Qu' faut voir ou plutôt écouter.
Y a des moments où c' que l'orchestre
Pour l'entendre est prêt d' s'arrêter.
    Elle est la fiancée
    De monsieur Lyncée,
Qu' son amour n'a pas trop maigri...
Comm' c'est nourri! comm' c'est nourri!

Air : Gai, gai, mariez-vous.

« Gai , gai , mariez-vous,
    Plus de guerre,
    Dit le père;
Gai, gai, mariez-vous,
Et qu' la paix soit avec nous.
Mais l'av'nir est incertain;
Or, drès c' soir, sans plus attendre,
Jouissez, dit-il à chaque gendre,
P't-êtr' vous n' vivrez plus demain.
    Gai, gai, mariez-vous,
        Plus de guerre
        D' frère à frère,
    Gai, gai, mariez-vous,
Et qu' la paix soit avec nous. »

Air : Au clair de la lune.

Là d'sus des pirouettes,
J' dis, à tour de bras...
C'est comm' des girouettes
Qui n' s'arrêtont pas;
Ils tournont d' manière,
Filles et garçons,
Qu'on jur'rait, ma chère,
D' toupi's et d' tontons.

Air : Jeune fille, jeune garçon.

L' bal finit, et v'là qu' subito
L' machiniss', pour changer l' théâtre, (bis)
Lâche un coup d' chifflet gros comm' quatre:
J'ons vu l'heure où l'y avait d' l'écho.
    J'allions nous-même, en brave,
    C'mencer l'hostilité...
    C'tapendant j' patientai,
    Quand je m' vis transporté
        Dans un' cave. (bis)

Air : A la papa.

L' pèr' Danaüs, à pas d' loups,
Vient suivi d' ses cinquant' filles,

A qui, par un coup de d'sous,
Il a donné rendez-vous,
  Sans leurs époux,
  Et quand ell's sont là
« Si vous êt's bien gentilles,
  Leur dit-y comm' ça,
Vous f'rez tout c' qui plaira.
  A vot' papa,
A, à, à vot' papa. (bis.).

Air : *Mes chers enfants, unissez-nous.*

« Vous savez ou vous n' savez pas
Tous les tours qu' m'a faits vot' bisu-père...
J' veux m'en venger, et pour ça, dans c' t'affaire,
Mes p'tits agneaux, j'ai compté sur vos bras.
  Moquez-vous d' la foi conjugale,
  Tuez tous vos maris ce soir,
Et vous aurez rempli l' sacré devoir
  De la piété filiale.

Air : *Pomm's de reinette, pomm's d'api.*

  — Tuer nos époux?
  Y pensez-vous?
Le mêm' jour être femme et veuve!
  Tuer nos époux!
  Y pensez-vous?
  Y a là de quoi nous
  Faire pendre tous.
    — Il m' faut c'te preuve
    D' votre attach'ment...
  — Ça s'rait vraiment
Un' nuit d' noce assez neuve.
  — Neuve ou pas neuve,
  Je l' veux comm' ça.
    — Mais, mon papa...
    — Paix là!
  N'y a pas d' papa.
  Si vous n'osez,
  Si vous r'fusez,
  L'un d'eux doit me faire
C'te nuit mon affaire...
  — Quel est c' vaurien?
  — Je n'en sais rien;
  Prév'nez ses coups,
En jurant d' les tuer tous...
  — Oui, nous l' jurons,
  Nous les tuerons;
  C'est, j'espère,
  Donner à not' père
Un' fière preuve d'affection,
  D' soumission
Et de bonne éducation.

  Air : *Et zic et zic et zoc.*

  — Tenez, tenez, prenez,
V'là des couteaux. — Donnez, donnez...
Vous s'rez content d' nous, et d'main
Pas plus d' maris qu' sur la main. (bis.) »
Là d'sus le papa leur chante :
« Que c'te fermeté m'enchante!
Qu'on n'aill' pas la perdre au lit!
Pas d' faiblesses criminelles...

Malheur à vous, mesd'moiselles,
Si d'vant eux ça s'amollit!
Tenez, tenez, prenez...
V'là des couteaux. — Donnez, donnez...
Vous s'rez content d' nous, et d'main
Pas plus d' maris qu' sur la main. »

Air : *La bonne aventure.*

C' biau sarment un' fois prêté,
V'là z'un air d'orchestre;
Sur quoi, valsant d' tout côté,
Ell's disparaiss'nt, excepté
La triste Hypermnestre,
O gué,
La triste Hypermnestre.

Air : *Ah! qu'il est drôle.*

« Quoi! vous n' suivez donc pas vos sœurs?
— Prends gard' de l' perdre.
— Vous n' partagez pas leurs fureurs?
— Prends gard' de l' perdre.
— Étouffez un' coupable ardeur...
Empoignez-moi c' couteau vengeur.
— C' couteau? prends gard' de l' perdre.
Mon père, il y va d' mon bonheur
Et d' mon... — Prends gard' de l' perdre. »

Air : *Malgré la bataille.*

Là-d'sus grand tapage...
La fill' tombe à g'noux...
L' papa dans sa rage,
Lui dit : « R'levez-vous,
Vous m'êt's étrangère. »
Et dans un instant,
V'là z'une fill' sans père,
Comme on en voit tant.

Air : *Chacun avec moi l'avoûra.*

L' théâtre change, on r'vient danser
Pour n'en pas perdre l'habitude;
J' r'vois Hypermnest' s'avancer,
Et Danaüs, dans l'inquiétude,
La priant de n' plus fair' la prude;
Après ça, Lyncée, enchanté,
Accourant comme un dératé,
Présente à sa femme un' tass' pleine,
L'y disant : « Bois à ma santé!
— A ta santé? (ter) c' n'est pas la peine. »

Air : *Nous nous mari'rons dimanche.*

A c' mot, l' pèr' furieux,
Roulant de gros yeux,
Lui fait un' mine hagarde;
Hypermnest' rougit,
D'un air qui lui dit :
« J' l'avons lâché par mégarde.
— Si t'en dis plus,
Dit Danaüs,
Prends garde!
La pauvre enfant,
Pour le moment,
N'a garde...
Et l'amant transi,

N' sachant pas trop si............
C'est du lard ou du..... les regarde.

Air : *Entends-tu l'appel qui sonne ?*
J'entendons un chiqu'tis d' verres,
  R'lintintin (*bis*) qu'est qu' c'est qu' ça ?
A c' bruit j'ne r'connaissons guères
La majesté de l'Opéra. (*bis*)
J' voyons chaqu' femme et son homme
Pompant d'mi-s'tiers sur d'mi-s'tiers,
Arriver casquettes, comme
S'ils sortiont d' chez Desnoyers...
A c'te orgie, à c' cliquetis d' verres,
  R'lintintin (*bis*) j' dis comm' ça :
Vraiment, j' ne r'connaissons guères
La majesté de l'opéra.

Air : *Contentons-nous d'une simple bouteille.*
Rien que d' les voir, moi, qui dans le parterre
Etais de sueur trempé comm' dans un bain,
J'aurais d' bon cœur accepté z'un p'tit verre ;
Mais n'y a pas mèche... Enfin ça va si ben,
Et peu z'à peu, de roquill's en roquilles,
Ell's font tell'ment siroter leux maris,
Qu'ell's ont, morgué, ben moins l'air d'êtr' les filles
De Danaüs que d' la mère Radis.

Air : *Regards vifs et joli maintien.*
Mais au milieu d' tous ces glougloux,
V'là tout-à-coup la nuit qu'arrive,
Et tout's les femm's à leurs époux
Semblont dire, qui m'aime m' suive.
Pauv's homm's ! les v'là dans d' jolis draps !
Etourdis par le jus d' la treille,
Ben lourds, ben lents, ben longs, ben las,
Ils vont s' coucher, ne s' doutant pas
De ce qui leur pend (*bis*) à l'oreille. (*bis*)

Air : *A peine au sortir de l'enfance.*
Hypermnestre, qu'est la seul' bonne,
Laisse aller ses sœurs en avant,
Disant : « Faites c' qu'on vous ordonne,
Pour quant à moi, j' dis... l' pus souvent...
Ça n'est pas parc' que c'est mon père ;
Mais j' peux ben dire un' vérité :
C'est qu'on en a pendu, j'espère,
Qui n' l'aviont pas tant mérité. »

Air : *Mon p'tit cœur, vous n' m'aimez guère.*
Lyncée accourt la chercher,
Et l'y dit : « Viens-t'en, ma chère,
V'là l' moment d' nous coucher...
Voyant qu'elle ne veut pas l' faire :
« Eh ! quoi, z'Hypermnestre, un refus !
Mon p'tit cœur, vous n'aimez guère ;
A moi, z'Hypermnestre, un refus !
Non, non, vous n' m'aimez plus.

Air : *Grâce à la mode.*
— Fuis, dit-ell', parce
Que si tu d'meurais
Cher z'amant, tu s'rais
Le dindon d' la fance...

— Qu'est-ce donc qu' tu m' ferais ?

— J' t'égorgerais.

Air : *Peut-on affliger ce qu'on aime ?* (du Déserteur)

— Peut-on égorger ce qu'on aime ? »

Air : *Tarare Pompon.*

D'avouer tout c' qui s' passa
La pauvre enfant forcée,
Conseille à son Lyncée
D' partir plus vite qu' ça.
— « Qui ? moi ? que je te quitte ?
Non, non, je ne le puis !
— T'es mort, si tu n' fuis vite.
— Je fuis. »

Air : *Quand un tendron vient en ces lieux.*

V'là que l' tocsin au même instant
R'tentit dans les ténèbres,
Et que d' la coulisse on entend
Partir ces cris funèbres :
« Oh ! oh ! oh ! oh ! ah ! ah ! ah ! ah !
Est-c' ben vous qui nous tuez comme ça,
    La, la ?
Oh ! oh ! oh ! oh ! ah ! ah ! ah ! ah !
Devions-nous mourir sur c' coup là,
        La, la ? »

Air *des Trembleurs.*

Hypermnestre à c' cri s' sauve...
Et chaqu' sœur, de son alcôve
S'élançant comm' un' bêt' fauve,
Accourt un poignard au poing,
Ell's avont un' drôle d' mise,
Car ell's sont tertout's en ch'mise,
C' qui pourtant n'est guère d' mise,
Vu qu' les Grecs n'en portaient point.

Air : *Le petit mot pour rire.*

« Enfants, dit l' pèr', j' suis content d' vous ;
Mais un' autr' victim' par vos coups
    Doit encore êtr' percée.
— Parlez... qui faut-il qu' nous frappions,
    Que nous percions,
    Que nous tuions ?
    — J' veux qu' vous perciez,
    J' veux qu' vous tuiez (*bis*)
        Lyncée. »

Air : *L'Ours est-il mort ?* (des Deux Chasseurs).

— Il n'est pas mort ?
— Non pas encor.

Air : *Nous nous verrons demain sur le champ
            de bataille.*

Hypermnestre a trahi mon espoir et ma rage :
Allez, cherchez, courez, vengez votre papa.
— Puisque nous somm's en train, ça n' coût' pas davantage
    Et la chèr' sœur dira,
        Fera, chant'ra
        Tout c' qu'ell' voudra ;
    L' cher beau-frère y pass'ra,
        Ha ! ha ! ha ! ha !
Un coup d' plus, c' n'est rien qu' ça.

Air *des Pierrots.*

Ell's partent, mais ell's ne s' dout'nt guères
Que Lyncée et tous ses amis,
Pour venger ses quarant'-neuf frères,
Dans la couliss' sont réunis;
Ils tombent sur nos enragées,
Qui sont bientôt, comm' chacun l' sent,
Tout's les quarante-neuf égorgées,
Et Danaüs fait le d'mi-cent.

Air : *Ciel ! l'univers va-t-il donc se dissoudre.*

Ciel! l'opéra va-t-il donc se dissoudre?
Un chifflet part,
Et j' voyons de toute part
Le moment où c' que la foudre
Va brûler et mettre en poudre
Danseurs, chanteurs,
Et p't-être spectateurs.
Tous les planchers s'écroulent,
Les plafonds roulent,
Les murs déboulent.
Et comm' l'éclair
J' tombons en enfer.

Air : *Ah! ah! ah! qu'on n' me parle pas.*

Ah! ah! ah! ah! ah!
V'là toute la bande infernale,
Ah! ah! ah! ah! ah!
Jésus Maria!
Jésus Maria!
Toute la salle
Rôtira.

Air *de la Monaco.*

Pour queuqu' bamboche,
Là, des damnés,
Tournés, r'tournés,
Pass'nt leux temps à la broche;
Là, sur un' roche,
Un aut' tout nu,
Tout morfondu,
Gigote suspendu.
C'ti-ci jou' la hausse et la baisse
Sur un' rou', d'puis je n' sais combien,
Et c'ti-là s'en va pièce à pièce,
Détaillé par trois gueules d' chien.
L' feu sort d' la terre,
L' feu tomb' d'en haut,
L' feu sort tout chaud
Du fond d'un' rivière;
L' feu sort, ma chère,
D' la bouche, du nez,
D' ces satanés
Renégats incarnés.
Au milieu de c'tè canicule,
Faut voir les superbes effets
D' deux ou trois ponts où c' que tout brûle,
Excepté l' bois dont ils sont faits.
Toujours en ch'mises
Pendant tout ça,
Par-ci, par-là,
Les Danaïdes prises

Pour les sottises
    D' leur cher papa,
    'N' sav'nt point trop-z-à
    Queu sauce on les mettra.
C'est-il dur pour ces pauvrés femmes,
Qu' tous les lutins vont poursuivant,
D' voir d' main en main passer leurs âmes,
Comme leurs corps de leur vivant!
    La rage ronge
    L' pèr' Danaüs,
    Qu' pour ses vertus
    Sur un' pierre on allonge;
    Un dindon plonge
    Sur le coco,
    Et par morceau
    Lui déchiqu'te la peau.
L' tonnerre éclate, et c' coup d'épaule
N' laisse pas que d' flatter Lucifer;
Quoiqu' ça tout l' monde a trouvé drôle
D' voir le feu du ciel en enfer
    Un bruit d' ferraille,
    Des chifflements,
    Des hurlements,
    Des explosions d' mitraille,
    L' papa qui braille,
    Par d'sus tout ça.
    J'espère, ah! ah!
    Qu' ça fait du brouhaha!
Et les Danaïd's, cul sur tête,
Dégringolant du haut des ponts;
Et l'eau des Carmes, qu' chacun s' prête
Aux premièr's, aux second's, aux balcons.
    Là, c'est un' dame
    Qui pâlit d' peur;
    Ici d' douleur
    Un' jeune Anglaise s' pâme;
    Un' vieille femme,
    Tout près de là,
    Grinc', voyant ça,
    D' la seule dent qu'elle a;
Une autre en haut est quasi morte;
Faut la ram'ner à son logis;
Bref, c' n'est qu' des femmes qu'on emporte
D'puis l'enfer jusqu'au paradis;
    Et tout' la salle
    D' crier : « Bravo!
    Ah! comm' c'est beau!
    C'est pire qu' *la Vestale!* »
    Oui, bell' morale!
    Exempl's charmants!
    Papas, mamans,
    Am'nez-y vos enfants!
D' la punition d' ces fill's coupables
Vous m' direz qu' j'ons été témoins...
Mais en sont-elles plus excusables?
Et leurs maris la gobent-ils moins?
    Tant y a, morguienne!
    Je t' le redis,
    Que j' f'rons deux lits

Pendant toute un' huitaine,
Et qu' d'un' quinzaine
Chez moi, dès c' soir,
Je n' veux plus voir,
Ni couteau ni rasoir.

LE PRINTEMPS
Air : *Vivent les fillettes !*

Garçons et fillettes,
Voici les beaux jours;
Enflez vos musettes,
Chantez les amours.

La feuille légère
Promet la fraicheur;
Plus bas, la fougère
Promet le bonheur.
Garçons et fillettes, etc.

Grâce aux feux de l'âge,
Aux feux du midi,
Colette est moins sage,
Colin plus hardi...
Garçons et fillettes, etc.

Le Zéphyr entr'ouvre
D'un souffle indiscret
Le voile qui couvre
Un trésor secret...
Garçons et fillettes, etc.

Agnès se colore
D'un feu que ses sens
Ignoraient encore
Au dernier printemps.
Garçons et fillettes, etc.

Le lis et la rose
Ornent à la fois
Le boudoir de Rose,
Et son gai minois.
Garçons et fillettes, etc.

Bravant une gêne
Dont il se lassait,
Le cœur rompt sa chaîne,
Le sein son lacet.
Garçons et fillettes, etc.

Saison douce et chère,
Ton charme puissant
Rajeunit la mère
Et mûrit l'enfant.
Garçons et fillettes, etc.

Le vieillard éprouve
Un désir joyeux;
Le mari retrouve
Sa force et ses feux.
Garçons et fillettes, etc.

L'épouse féconde
Lance avec orgueil
Sur sa taille ronde
Un secret coup d'œil.
Garçons et fillettes, etc.

L'onde qui murmure,
L'agneau qui bondit,
Le ciel qui s'épure
Tout enfin vous dit
Garçons et fillettes ; etc.

Chaque année sonne
Conduit à ce temps
Où pour vous l'année
N'a plus de printemps.

Garçons et fillettes,
Voici les beaux jours ;
Enflez vos musettes,
Chantez les amours.

CADET BUTEUX

A LA REPRÉSENTATION DE LA PSYCHÉ DU VAUDEVILLE.

Air : *J'arrive à pied de province.*

L'aut' jour, aux quat' coins d' la ville,
J' voyons affiché
Le nom de *Psyché* ;
Et quoiqu' ça fût la première
Représentation.
Crainte qu' ça n' fût la dernière,
J'entr' par précaution.

Air : *Je vous comprendrai toujours bien.*

A mon voisin, d'un air poli,
J' dis : « Monsieur, vous savez peut-être
Si c'est queuqu' chose de joli
Que c'te Psyché qui va paraître?
— Quoi! m' répond-il, vous n' savez pas?...
— Du tout. — C'est difficile à croire...
Vous êtes le seul, en ce cas,
Qui n' connaisse pas (*ter*) son histoire.

Air *de Marcelin.*

Apprenez donc, m' dit-il, que l' vent
Un beau jour emporta c'te belle
Dans un palais qu'auparavant
On avait fait meubler pour elle.
C'était par l'ordre de l'Amour,
Qui, fou pour c'te bell' criature,
La perça d'un trait à son tour...
Vous allez voir : v'là l'ouverture. » (*bis*)

Air : *V'là c' que c'est qu' d'aller au bois.*

J' voyons, au lever du rideau,
L'Amour et Psyché f'sant dodo.
Mais tout à coup, r'marquant que l' monde
Dans la salle abonde,
Il quitte sa blonde,
Et du lit bien vite il descend :
V'là c' que c'est qu' d'être décent.

Air : *Une fille est un oiseau.*

Mais à peine est-il sur pié,
Qu'il nous apprend qu'il n' s'échappe
Que d' peur que l' grand jour n' l'attrape
Dans les bras de sa moitié.

Il n' veut pas être vu d' sa belle;
Et quand l' soir il entr' chez elle,
Faut qu'elle éteign' sa chandelle,
Et ça pour son intérêt...
Sûr'ment qu' si, par aventure,
Elle voyait sa figure,
La fill' de joie en mourrait. (*Quatre fois*)

Air : *Que d'établissements nouveaux!*

L'Amour a c'tapendant sur l' dos
Deux chos's qui, pour peu qu'elle y touche,
La nuit même et sous les rideaux,
Doiv'nt lui dire avec qui qu'ell' couche;
Ou ben faut qu' lorsqu'il est couché,
Not' petit coureur de ruelles
Se place d' façon que Psyché
N' puiss' pas mett' la main sur ses ailes.

Air : *Je suis né natif de Provence.*

Mais v'là qu'il arrive un' grand' dame...
Ça fait tout d' même un biau brin d' femme;
Jamais artiste n' vous troussa
Un' statue aussi belle qu' ça. (*bis*)
« J' viens, dit-ell', vous fair' des r'proches.
Mon fi, j' connais tout's vos bamboches... »
Et sur c' mot d' fi, moi, dans l' moment,
J' m'ai douté qu' c'était sa maman.

Air : *Gai, gai, gai.*

« Ah! fi! fi!
Téméraire,
Fi!
Je n' suis plus votre mère;
Ah! fi! fi!
Téméraire,
Fi'
Vous n'êtes plus mon fi!
Dieux! une mortelle ose...
Crains de t'en repentir.
— Maman, c'est une rose....
— Je n' peux pas la sentir.
— Ah! fi! fi!
Téméraire,
Fi!
Vous n'êtes pus mon fi. »

Air : *Aussitôt que la lumière.*

All' s'en va, roulant dans l'âme
Quequ' bon moyen de s' venger;
L'autre, d' peur d'êtr' vu d' sa femme,
N' tarde pas à déloger.
En s'en allant, il soupire.
Disant : Qu' c'est doux d'être aimé!
Et sa mine a l'air de dire :
J' m'en vas prendre un consommé.

Air : *Lison dormait dans un bocage.*

Psyché, sitôt qu'ell' se voit seule,
Ouvre les yeux premièrement;
Puis, comm' ell' n'était pas bégueule,
Vite elle appelle son amant.
Voyant qu'il r'fusait de l'entendre,

La pauvre petite étala
Le bras droit d'-ci, l' bras gauche d'là,
Puis elle finit par étendre
L' pied gauche par-ci, l' pied droit par-là,
Les mit par à terre, et puis parla :

Air : *Jeune fille, jeune garçon.*

« L' drôle d'époux que mon époux fait!
La nuit, il ne veut pas de lampe, (*bis*)
Et dès que l' jour vient, il décampe,
Comme si l'diable l'emportait.
   Jamais il ne déjeune...
   Et je ne sais s'il est
   Blanc, noir, blond, brun, beau, laid;
   Tout e' que j' puis croire, c'est...
      Qu'il est jeune. » (*bis.*)

Air *du Ballet des Pierrots.*

On voit, sur l' peu qu' dit la princesse,
Que c'est un' fille de condition,
Uniqu' pour l'esprit, la tendresse,
La douceur et la discrétion.
Uniqu' surtout pour la franchise,
Pour la décence et pour les mœurs;
Mais, à c'te heure, il faut que j' vous dise
Que c'te fille unique a deux sœurs.

Air : *Servantes, quittez vos paniers.*

Ell's arrivont dans son hôtel,
  Avec un' rage extrême
D' voir qu' ce soit un si rich' mortel
  Qui l'ait prise et qui l'aime.
« D'où vient, disent-elles, c' bonheur-là!
Et qu'a-t-elle donc fait pour cela?
Car, entre nous, tout ce qu'elle a
  J' croyons l'avoir de même. »

Air d'*Exaudet.*

   Au surplus,
   V'là Vénus
   En sorcière,
Qui croit qu'on n' devin'ra pas
  Son nom et ses appas
  Sous un' robe grossière,
   Faut, jarni!
   N'avoir ni
   Tac ni vue,
Si, rien qu'sur son air fardé,
  On n' voit pas qu'on l'a dé-
   Jà vue.
J'sais ben qu' plus on est jolie,
Plus on a peur d'êtr' vieillie;
   Mais suis franc.
   Être blanc
   De chev'lure
Et montrer c'te fraîcheur-là
  Ça n'est pas trop dans la
   Nature;
   Et d' bonn' foi,
   Je crois, moi,
   Qu' si personne,
En voyant les traits d' Vénus,

Ne les a reconnus,
  C'est qu'avant
  Le moment
  De paraître,
Elle avait fait promettre à
Chaque acteur de n' pas la
  R'connaître.

Air : *Un mouvement de curiosité.*

Psyché raconte à not' sorcièr' nouvelle
L'rêv' d'un poignard, qui n' manque pas d' gaîté ;
Puis all' s'en va ; puis aux deux sœurs d' la belle.
Voulant l's amener à c' qu'elle a projeté,
Vénus dit qu' faut, pour êtr' aussi rich' qu'elle
Queuqu' mouvement de curiosité.

Air : *Ma tante Uriurette.*

  « Ah ! dis'nt-ell's, entendant ça,
  S'il n' faut que d' ces mouv'ments-là,
  Dès c' moment, j' nous voyons riches,
    Et très riches,
    Oui, très riches,
  Car j' n'en sommes pas chiches. »

Air : *Lise épouse l'beau Gernance.*
Psyché r'vient en grand' tenue,
Comm' qui dirait moitié nue ;
Ses sœurs l'admirent ; après ça,
Lui demand'nt comment ça va :
« Comm' vous voyez, répond-elle.
— Et ton homm' ? tu n'en dis rien.
— Eh ! mais, leur répond la belle,
C' matin il se portait fort bien.

Air : *Toujours seule, disait Nina.*
— Fais-nous son portrait, car jamais
J' n'avons vu not' beau-frère.
— Mon Dieu ! je l' voudrions ben, mais
Je n' pouvons pas vous l' faire.
— Pourquoi donc ? — C'est que voyez-vous,
Depuis un mois qu'il est mon époux,
  J' causons, j' chantons,
  J' rions, j' sautons,
  Et tout ça sans le pouvoir
    Voir.

Air : *Nous nous mari'rons dimanche.*

  — Il est donc ben p'tit ?
  — C'est qu'il n' vient qu' la nuit,
Dit not' soi-disant sorcière,
  Attendu qu'il est
  Si mal fait, si laid,
Qu'il a peur de n' plus lui plaire.
  Qui ? lui, vilain ?
  Avec un' main
  Si douce !
  — C'est un' laideur,
  C'est une horreur
  Qui r'pousse. »
  L' fait est que l' mari
  Avait queuq' chos' qui
R'poussait les quat' doigts et l' pouce.

Air : *Tous les bourgeois de Châtres.*

Vénus, qui n'est pas bête,
L's asticotant exprès,
Leur met à tout's en tête
De voir le monstre d'près
« Eh ben! oui, dit Psyché; là-d'sus faut que j' m'éclaire
Mais v'là le jour qui disparaît
Et pour mieux m'éclairer, faudrait
Avoir de la lumière. »

Air : *Eh quoi! déjà je vois le jour?*

All's s'en vont, et v'là qu'il r'fait nuit,
Bon! dis-j' tout haut : faut que j' m'abuse;
J'arriv' quand à peine l' jour luit;
Zeste! au bout d'une heure il s'enfuit.
« Paix là, m'dit-on, n' fait's pas tant d' bruit.
—Pardon, messieurs, j' vous d'mande excuse :
C'est pourtant vrai, v'là qu'il r'fait nuit...
Qu'les jours sont courts lorsqu'on s'amuse!

Air : *Sur l' port, avec Manon, un jour*

L'Amour s'en revient tout fâché
D'voir qu'on n' veut pas qu'il ait Psyché....
Aisément cela se peut croire.
« Qu'on m'ôte, dit-il, cell' que j' chéris,
Et si dans l' ciel tous les maris
N'sont point maris comm' les maris de Paris,
J'veux qu'on m' casse la gueule et la mâchoire.»

Air : *Encore un quart'ron, Claudine.*

Il s' couche, et tout' joyeuse
D' voir enfin son époux,
Avec une veilleuse,
Psyché rentre à pas d' loups...
　Prenez garde à vous,
　　Curieuse,
　Prenez garde à vous!

Air : *des Fleurettes.*

Elle approche en silence,
El'vant, baissant les yeux,
Puis vers le lit ell' lance
Un r'gard qu'en vaut ben deux...
Puis elle n'ose plus, puis elle ose...
Comm' fait tout' fille, je crois,
Qui, pour la première fois,
Va voir nu' chose.

Air : *En revenant de Bâle en Suisse.*

« Ah! qu'il est beau! dit la curieuse;
Ce monstre-là me plaît beaucoup. »
Chaqu' sœur en devient plus envieuse,
Mais l' tonnerr' gronde, et v'là, sur l' coup,
　Vénus rajeunie,
　L'Amour envolé,
　Psyché bien punie,
　Et moi désolé!...

Air : *Que le sultan Saladin.*

Psyché sait bientôt comme quoi
(Je n' sais trop d'après quell' loi)
Son mari d'vait disparaître
Dès qu'elle aurait pu l'connaître,
Et qu'ell' n' le r'verra jamais.

Oui, mais *(bis)*,
Sur c' mot-là, queuqu' chos' d'épais,
Par derrière y'nant à son aide,
J' dis : Y a du r'mède. *(bis)*

Air *de la baronne*.

C'était un nuage
Qui descendait droit comme un I,
L'Amour en sort, fier comme un page,
Et tout l' chagrin qu' j'avions r'senti,
C'était un nuage.

Air : *Sous le nom de l'amitié*.

« En peu d' temps on fait du ch'min »
Quand on vole à tire d'aile,
Dit l'Amour à sa belle.
Le maître du genre humain
Vient de t' faire immortelle;
Et voilà notre hymen,
De sa main, *(bis)*
Paraphé sur parchemin. »

Air : *Dans la chambre où naquit Molière*.

Là-dessus les deux partis s'écrient ;
« Ah ! quel plaisir ! — Ah ! quel affront ! »
Et v'là ceux qui pleuriont, qui rient;
Et v'là ceux qui riaient qui pleuront.
La maman dit : « Le coup est rude:
Jupiter sait ben comme on m' prend... »
Tant y a qu'enfin Vénus se rend,
Pour n'en pas perdre l'habitude.

Air : *Faut d' la vertu, pas trop n'en faut*.

Faut êtr' curieux, pas trop ne l' faut,
L'excès en tout est un défaut.
V'là tout' la morale d' la pièce :
Et moi, qu'avais, d' mon boursicot,
Baillé jusqu'à la dernièr' pièce,
J' sortis, chantant, comme eux, tout haut :
Faut êtr' curieux, pas trop ne l' faut :
L'excès en tout est un défaut.

A M. CASIMIR MÉNÉTRIER

EN RÉPONSE AU POT-POURRI QU'IL M'A ADRESSÉ

Air : *Avec vous sous le même toit*.

J'ai reçu, joyeux troubadour,
De vos vers le galant hommage;
Mais je n'ai pu jusqu'à ce jour
Y reconnaître mon image;
De votre pinceau délicat
J'aime la grâce et l'élégance;
Mais pour trop donner à l'éclat,
Vous ôtez à la ressemblance.

J'ai bien reconnu tous mes airs
Animés par votre folie;
Vous prêtez à mes traits divers
L'esprit d'une touche jolie;
Mais plus vous flattez le portrait,
Moins à mes yeux il est fidèle,
Et j'y vois l'éloge parfait
Du peintre plus que du modèle.

Le poète et l'épicurien
En vous tour à tour savent plaire;
J'aime à chanter et je bois bien...
Acceptez l'amitié d'un frère :
A votre cœur, à votre esprit,
D'un commun accord rendant grâce,
Le poète vous applaudit,
Et l'épicurien vous embrasse.

LES PASSANTS

DIALOGUE CRITIQUE ET MORAL ENTRE UN PARISIEN
ET UN NOUVEAU DÉBARQUÉ

Air : *Où s'en vont ces gais bergers.*

LE NOUVEAU DÉBARQUÉ.

Où va donc, m'sieur l' Parisien,
Ce déluge de monde,
Dont voilà qu'en moins de rien
L' débordement m'inonde ?

LE PARISIEN.

L'un va chez son débiteur,
L'autre va chez sa brune;
Plusiers aussi courent à l'honneur,
Et tous à la fortune.

LE NOUVEAU DÉBARQUÉ.

Où s'en va cet élégant
Qui siffle un' chansonnette,
D'une main agitant son gant,
D' l'autre une moitié d' lunette?
Est-il danseur ou chanteur?
Il n' fait qu' sauts et roulades.

LE PARISIEN.

Non, mon cher, c'est un jeune docteur
Qui va voir ses malades.

LE NOUVEAU DÉBARQUÉ.

Où s'en va c' monsieur tout noir,
Les yeux fixés à terre?
Sur les bras il doit avoir
Une méchante affaire...
Car il a l'air de penser
A queuqu' chose de tragique...

LE PARISIEN.

Il médite un pas qu'il doit danser
A l'Ambigu-Comique.

LE NOUVEAU DÉBARQUÉ.

Où va c' vieillard estropié,
Dont l' corps n'est qu' cicatrice?

LE PARISIEN.

Ce bon militaire à pié
Regagne son hospice.

LE NOUVEAU DÉBARQUÉ.

Et c' mirliflor en wiski,
Rasant tout's les boutiques...
Où va-t-il?

LE PARISIEN.

C'est un perruquier qui
Va faire ses pratiques.

LE NOUVEAU DÉBARQUÉ.

Où va, s'il vous plaît, encor,

Ce monsieur pâle et maigre
A besicl' et boucles d'or !...

LE PARISIEN.

Oh ! c'est un juge intègre
Qui, mariant sans effort
L'agréable à l'utile,
Vient de condamner un homme à mort,
Et court au Vaudeville.

LE NOUVEAU DÉBARQUÉ.

Où s'en va d' femm's et d'enfants
Cette troupe échappée ?
J' gage, à leurs airs triomphants,
Qu'ils vont à la Rapée :
Tant mieux, c'est ben naturel
Que l' peuple s' divertisse...

LE PARISIEN.

Ils vont voir sortir un criminel
Du Palais de Justice.

LE NOUVEAU DÉBARQUÉ.

Où s'en va c'te d'moiselle-là,
Si modeste et si triste ?

LE PARISIEN.

On voit au carton qu'elle a,
Que c'est une modiste.

LE NOUVEAU DÉBARQUÉ.

Elle rougit et baisse les yeux
Sitôt qu'on la regarde...

LE PARISIEN.

Elle va faire, hélas ! ses adieux
Au tambour de la Garde.

LE NOUVEAU DÉBARQUÉ.

Où va c' visage à l'évent,
C'te fac' plate et r'bondie !
Ah ! v'là qu'il s'arrête d'vant
L's affiches d' comédie :
J'aurions besoin de l' souffler,
Car je crois qu'il épelle.

LE PARISIEN.

Aux Français ce soir il va siffler
Une pièce nouvelle.

LE NOUVEAU DÉBARQUÉ.

Où s'en va ce p'tit minois ?
Il semble me connaitre...
V'là qu'il m'appelle, je crois,
J' vas voir qui ça peut être.

LE PARISIEN.

Adieu donc, enfant gâté
Des plaisirs et des belles...
Demain, j'irai de votre santé
Apprendre des nouvelles.

LE NOUVEAU DÉBARQUÉ.

Encore un mot... où vont donc
Ces lurons d' bonne mine ?

LE PARISIEN.

A leur joyeux abandon
La chose se devine.
Ils vont tous à l'unisson,
Pleins d'une soif égale,

Entonner le vin et la chanson
Au Rocher de Cancale.

LE SON QUE JE PRÉFÈRE.

Air : *Entends-tu l'appel qui sonne? (Du vaudeville d'une Nuit de la garde nationale.)*,

Quand j'entends mon verre
    Faire,
      Dès l' matin,
  R'lintintin, R'lintintin,
J' dis : V'là l' son que je préfère :
  Et j' bois là-dessus
  Un coup de plus.
*(Le verre de vin est obligé après chaque re-
    frain.)*

L' son d'une voix douce et tendre
Comme celle d'Suzon qu' j'aimais,
Mon oreille n' peut l'entendre
Sans qu' mon cœur s'afflige ; mais...
  Quand j'entends, etc.

L' son d' l'argent, quand j' n'en ai guère,
M' rend plus pauvre que jamais
Et m' fait maudir' ma misère,
Moi, qui n'en f'sais que rire ; mais...
  Quand j'entends, etc.

L' son des violons d' mon village,
Auquel aut'fois j' m'animais,
M' dit à c't' heur' que j' suis dans l'âge
Où l'on doit les payer ; mais...
  Quand j'entends, etc.

L' son du tambour me rappelle
C' temps où malgré moi j' m'armais
Pour aller chercher querelle
A tous les monarques ; mais...
  Quand j'entends, etc.

L' son du cor m' rappell' sans cesse
Qu'un jour où dans l' bois j' dormais,
Certain chasseur eut l'adresse
De m' prendr' pour la bête ; mais...
  Quand j'entends, etc.

L' son importun d'ma sonnette,
Qui ne se r'pose jamais,
M' fait toujours souv'nir d' queuqu' dette
Que j' voudrais oublier ; mais...
  Quand j'entends, etc.

L' son d' la cloche d' notr' paroisse
M' rappelle, à chaqu' pas que j' fais,
L' carillon du jour d'angoisse
Où j' me suis marié ;... mais...
  Quand j'entends, etc.

A chaque heure, l' son de l'horloge
Semble m' dire désormais
Qu' bientôt faudra que j' déloge
De c' monde où j' me plais tant ; mais...
  Quand j'entends mon verre
    Faire,

Désaugiers.   12

Dès l' matin,
R'lintintin, r'lintintin,
J' dis : V'là l' son que je préfère ;
Et j' bois là-d'sus
Un coup de plus.

CADET BUTEUX AU VAMPIRE.

Air : *Que le sultan Saladin.*

En v'là ben d'une autre encor !
C'est donc d' pus fort en pus fort !
Qu' les *Danaïd's*, la *Vestale*,
Qui firent fureur et scandale,
Aient fait d' l'or... Dieu sait combien ?
C'est bien,
Fort bien ;
J' leux ont aussi porté le mien...
Mais, hier soir, j'ons vu l' *Vampire*...!
C'est ben pus pire. (*bis*)

Air : *Tenez, moi, je suis un bonhomme.*

Qu'est-c' qui connaît rien d' pus cocasse
Qu'un trépassé qui s' porte bien,
Qui meurt, ressuscite sur place,
Qui mang' de tout et vit de rien ?
C'tapendant pour voir c'te bêtise,
C'est tous les jours foule au bureau !
N'y en a jamais tant à l'église,
Maugré qu'on entre *pro Deo*.

Air : *Décacheter sous ma porte.*

Dam'! c'est qu' c'est un' pièce qu'est faite
Pour faire dresser sur la tête
Les ch'veux de quiconque en a...
J' vas vous conter c't' horreur-là,
Car moi, qui ne suis qu'un' bête,
J' la sais comme si j' l'avais faite. (*bis*)

Air *du vaudeville de la Partie carrée.*

J' voyons d'abord l' pus jolit p'tit cim'tière ;
Tout d'bout, dans l' fond, un ange à fair' frémir...
A côté d' lui, tout de d' son long sur un' bière,
Un' dame en blanc occupée à dormir.
D'frayeur, tout l' monde est tremblant, muet et blême ;
Un sourd pourrait entendre un' mouch' voler ;
N'y a pas enfin jusqu'au souffleur lui-même
Qui n'ose pas souffler. (*ter*)

Air : *Monsieur le Prévôt des Marchands.*

L'ange d' la lun' nous tomb' des cieux
Pour s'entret'nir avec le vieux :
Et, dans cette intention, il m' semble,
Que l' voyage était essentiel,
Vu que pour chuchoter ensemble,
Y a z'un peu loin d' la terre au ciel.

Air : *Une fille est un oiseau.*

Par eux j'apprenons comm' quoi,
Des défunts quittant les d'meures,
L' Vampir', tout's les trent'-six heures,
Doit, aux termes d'une loi,
S' régaler d'une fiancée,
Qui, sucée et ressucée,

Entre ses bras trépassée,
Trent'-six heur' a après encor,
Laisse à notre bon apôtre
Le temps d'en r'ssucer une autre.
Sinon l' défunt s'rait ben mort.

Air du ballet des Pierrots.

Mais l'ang' qu'a ben cent ans et l' reste,
Du Vampir' n'étant pas cousin,
S' promet ben, tant il le déteste,
D' la faire danser au voisin.
« J' le r'command'rai, dit-il, au prône; »
Et j'voyons, sans êt' ben rusé,
Que, quoiqu' l'ange ait un' barb' d'une aune,
C'est le Vampir' qui s'ra rasé.

Air du pas redoublé.

Mais qu'est-c'qu'c'est donc que c't ang' barbon?
Me d'mand'ra-t-on peut-être...
C'est un ang' qui n'est pas très-bon,
Quoiqu'il veuille l' paraître.
Et l'on d'vine à son air cassé,
A ses façons sauvages,
A son ton lourd, triste et glacé,
Qu' c'est l'ange des mariages.

Air : Comme on fait son lit on se couche.

Pour prendre un instant de repos,
Comm' les deux anges se saluent,
Une heur' sonne, et j' vois des tombeaux
Tous les couvercles qui se r'muent.
C'est l'heure d' la réaction :
Et, voyant qu' d'aut' s'en effarouchent,
J' leux dis : « C'est qu' les morts, dans c' canton.
Se lèvent quand les vivants s' couchent. « *(bis)*

Air : Rien n'était si joli qu'Adèle.

Pour sortir d' leurs tanières sombres,
Soul'vant sans efforts
La pierre qui couvre leurs corps,
V'là trent'-six morts,
Le nez dehors,
Qui s' disont tous :
« Amusons-nous,
Trémoussons-nous,
Amusons-nous,
Trémoussons-nous,
Ombres. »
Ils prenn'nt leurs ébats,
Puis ils r'gagn'ont les pays bas.

Air : Réveillez-vous, belle endormie.

« Réveille-toi, belle endormie !...
Crie un aut' mort, d' je ne sais quel lieu;
Et la dormeuse, tout saisie,
Croyant qu' c'est l' diable, crie : « Ah! mon Dieu. »

Air : Nous nous mari'rons dimanche.

Ah! queu chien d'effet,
Quand, comm' d'un buffet,
Sort et s'élance au-d'vant d'elle
Un ci-d'vant humain,
L' poignard dans un' main,

Et dans l'autre une chandelle[1]
  Sur ell' voyant
   Que le r'venant
    Se penche,
   L'ang' crie : « Halt'-là !
   Sinon j' prends ma
   Revanche... »
  A c' mot l' loup garou
  Rentre dans son trou,
Et le poignard dans son manche.

    Air *des Pendus.*

Là-d'sus Oscar (car c'est son nom),
R'men' la demoiselle à sa maison ;
Ituriel (c'est l'ange d' la lune),
En r'prend l' chemin maugré la brune ;
Et moi, j' me dis : « Assez causé...
V'là z'un ouvrage ben exposé. »

   ACTE PREMIER.

   Air *du major Palmer.*

L' théâtr' change, et comme un' masse
J' voyons l' cim'tière enterré,
Puis v'là qu'on nous donne en place
Un beau salon tout doré ;
Puis j'apprenons que la dame
Qui, dans les *de profondis,*
Sommeillait de tout' son âme,
Est la d'moisell' du logis.
La veill', d' s' prom'ner tentée,
Pour profiter d'un beau soir,
Ell' s'était tant écartée,
Que l'eau venant à pleuvoir,
Pour s' garantir de la crotte
Qu'elle eût rencontrée en ch'min,
Ell' porta l' pied vers un' grotte
Qui se trouva sous sa main.
Dormir un' nuit tout entière,
Et comm' si de rien n'était,
Dans l' plus profond d'un cim'tière
Où chaqu' mort ressuscitait !...
Mais tout's les dames conviennent
Qu' la nuit ell's préfèrent, tout bas,
Les morts qui quequ' fois reviennent
Aux vivants qui ne r'vienn'nt pas.

Air : *Tous les bourgeois de Châtres.*

Ell' fait à sa servante,
Qui pour la r'voir accourt,
D' son rêv' qui l'épouvante
L' récit plus long que court.
« En fait d' peurs, dit la vieille, ah ! j' connaissons les vôtres :
  Pour un homm' qu'on a vu la nuit ;
  Faut-il donc faire tant de bruit !
  Moi, j'en ai vu bien d'autres. »

Air : *Non, je ne ferai pas ce qu'on veut que
      je fasse.*

Mais, chut ! j'entends v'nir m'sieur Aubray, son cher frère,
Et sur c' rêve, d'vant lui, faut avoir soin d' se taire :
Il n' veut entend' parler ni de r'venant n' d' mort ;
C'est un ben faible acteur, mais c'est un esprit fort.

Air *de la Catacoua.*

D'puis queuqu' temps toujours en voyage ,
Et pressé de marier sa sœur,
Il portait sur lui son visage
Qu'il montrait à chaqu' voyageur,
De Rutwen , un jour s' trouvant proche ,
Il tir' sa sœur de son gousset :
    Zeste , ell' lui plait ,
    Le contrat s' fait.
Crac, v'là qu'il meurt ; mais son frère paraît.
Aubray r'tire sa sœur d' sa poche ;
L'un remplac' l'autre, et v'là c' que c'est.

Air : *Gai , gai , mariez-vous.*

« Gai , gai , gai ! c'est demain ,
Dit à Malvina l' cher frère ,
    Gai , gai , gai ! c'est demain
Que Morsden aura ta main.
— Rutwen fut mon prétendu ;
Seul , dit-elle , il a su m' plaire ,
Et c'est lui qu' mon cœur préfère ,
Quoiqu' je n' l'ayons jamais vu.
    — Gai , gai , puisqu'il est mort,
Il faut y r'noncer, ma chère ;
    Gai , gai, je l' pleure encor,
Mais les morts ont toujours tort. »

Air : *Ah ! Monseigneur.*

Brigitte accourt. « V'là , monseigneur,
Le prétendu d' mam'sell' vot' sœur. »
L' Vampir' paraît. Ah ! tatigué !
J' veux êtr' pendu, si pour l'air gai ,
Pour l'embonpoint et l' teint vermeil,
Le pèr' Lachaise a son pareil.

Air : *Il était une fille.*

En mort d' bonn' compagnie,
    S'avançant poliment,
Il leur tourne un biau compliment ;
    Et la mine ébahie
    R'connaissant c' défunt-là...
    L' frère et la sœur sont d' là :

Air *de Gaspard l'avisé.*

L'un s' dit : « C'est lui , la peste m' crève ! »
L'aut' : « C'est l' fantôme de d'dans mon rêve!
— Rutwen que j' croyais au tombeau !
    Ho ! ho ! ho ! ho !
— Quoi ! Rutwen s'rait ce fantôm'-là ?
    Ha ! ha ! ha ! ha !
Qu' c'est drôll' (bis) des chos's comm' ça !...
— Cher Rutwen , est-c' que tu s'rais toi !...
— Qui veux-tu qu' j' sois , si c' n'est moi ?
— Mais c'pendant j' tons ben, vu mort !
C' qui n'empéch' pas que j' vis encor. »
Et l' nigaud
    Comme un sot,
Toujours d' là... (*l'air étonné.*)
Aya! ça...

Air *du Ménage de garçon.*

Étant le plus ancien en date,

Je r'prends mes droits sur ma moitié;
Mais une affaire délicate
Veut qu' dès ce soir je sois marié; (*bis*)
Mon bonheur, mes jours, tout l' réclame,
J' t'ouvre mon âme sans détour. »
Et l' Vampire, en ouvrant son âme,
Ouvre sa bouche comme un four.

Air *des Découpures.*

Justes dieux !
Qu'est-ce qu'il a dans l's yeux !
C' n'est plus des prunelles...
C'est comm' de gros's étincelles
Dont le jeu
Ferait, sarpejeu !
Reculer les demoiselles
Les pus fail's au feu.
« Ah ! serr' nos, ah ! serr' nos, ah ! serr' nos nœuds
Dit l' gourmand infâme
Qui voudrait souper d' sa femme,
Il n'en f'ra (*bis*) qu'un r'pas ou deux,
S'il a, l' malheureux ;
L' ventre aussi creux qu' les yeux.

Air : *J'arrive à pied de province.*

Quoiqu' ça, c'te maigreur lui donne
L'air sentimental,
Et déjà la jeun' personne
Ne l' voit pas trop mal.
Moi-mêm', sans êtr' son amie,
J' l'i trouve, à mon gré,
Assez bonn' physionomie
Pour un déterré.

Air : *Nous nous verrons demain sur le champ
de bataille.*

Bref, on fisque au lend'main l' jour de ces nœuds atroces;
La pauvre enfant n' sait point
Qu'ell' jou' son embonpoint,
Et qu' feu m'sieu son mari, la premièr' nuit d' ses noces,
La suc'ra,
Ressuse'ra;
Puis ressuç'ra,
Puis ressuç'ra
Tant qu'il ressuscit'ra.
Ah ! ah ! ah ! ah !
Et qu'elle périra.

Air : *Tout le long, le long de la rivière.*

Mais un repas n' lui suffit pas,
Et comm' d'un tendron plein d'appas,
Un d' ses valets doit dans sa terre
Etr' ce jour-là propriétaire,
A seul' fin de ne pas l' manquer,
Il court bien vite s'embarquer...
Vu qu'on lui dit qu' pour se rendre à sa terre,
L' pus court c'est le long, le long de la rivière,
L' pus court, c'est le long de la rivière.

Air *des Pendus.*

La première acte finit là.
Si l's autres n' valont pas mieux qu' ça,

La pièce n' f'ra pas fortune...
Mais faut croir' que, puisque la lune
Y joue un rôle intéressant,
L'intérêt ira z-en croissant.

ACTE DEUXIÈME.

Air : *Dans ma chaumière*.

Une campagne (*bis*)
Vient à nos yeux faire son effet;
J' vois un' chaumièr', une montagne,
Des arbr's, des herb's, enfin c' qui fait
Une campagne (*bis*).

Air : *Cadet Roussel est bon enfant*.

Edgard, qu' est l' futur à marier,
Dans l' village accourt le premier
Dire qu' son maîtr' qu'on croyait mort,
N' l'est pas, et qu' même il vit encor.
Effrayé d'un' merveill' si neuve,
Chaque mari veuf et chaque femm' veuve,
Oh! oh! oh! oh! marmott' tout bas :
« Pourvu que c'te mod' là n' prenn' pas. »

Air : *La Faridondaine*.

Mais tout d'un coup v'là qu'on entend
Des chants, des cris d' guinguette,
C'est tout l' pays, dansant, sautant,
Qui s'en vient en goguette,
Fêter au son du chalumeau,
Avec le hameau,
Notre *ecce homo*
Qui les r'çoit d'un air attendri,
Biribi,
A la façon de Barbari,
Mon ami.

Air *du Menuet d'Exaudet*.

Pauvre Edgard!
L' premier r'gard
Du Vampire
De ta bell' du haut en bas
A r'luqué les appas,
Et v'là le mort qui soupire;
Mais l' futur
Est si sûr
D' sa p'tit' femme,
Qu'il ne cherche pas à voir
C' que l' revenant peut avoir
Dans l'âme.

« Ce soir, not' contrat se dresse;
Seigneur, fait's-nous la promesse
De daigner
Y signer...
— Oui; ta belle
Est, mon cher, un vrai trésor,
Et je f'rais plus encor
Pour elle.
— Quel bonheur,
Quel honneur
Vous nous faites!
— Non, qu'il répond l'œil hagard,
Pour moi, mon cher Edgard,

« Les mariag's sont des fêtes. »
    L' pauvre amant
    Donn' bêt'ment,
    Dans la bosse ;
Puis l' mort lui sourit là-d'sus
D' l'air l' pus gracieux et l' pus
    Féroce.

    Air : *Tarare Pompon.*
Tout l' monde an trépassé
    Avec respect propose
Un verre de queuqu' chose...
    Ça s'ra bientôt versé ;
La bière n' peut pas nuire ;
Mais on fait d' vains efforts ;
Son geste a l'air de dire :
    J'en sors.

    Air : *J'ai vu la meunière.*
J' crois pourtant qu'un rafraichiss'ment
    Lui s'rait salutaire,
Car d' plus en plus sensiblement
    Son regard s'altère...
Et Lovett', toujours se sauvant,
A toujours du du diable d' ci-d'vant
    Un œil par derrière,
    Un œil par devant.

Air : *Nage toujours, mais n' t'y f' pas.*
La danse est à pein' commencée,
Que l'ang' barbu malicieus'ment,
Sur un morceau d'harpe cassée
Vient pincer sentimental'ment
    Un' romanc' qui
    Finit ainsi :
« Défi'-toi-z'en, jeune fiancée,
    Crains d' succomber ;
    Qui s' laiss' tomber
N' peut pas manquer que d' la gober.. » (*bis.*)

    Air : *La boulangère a des écus.*
Impatienté d'un air si lent,
    Et tout pâle de colère,
Traitant l' musicien d'insolent,
    L' bourgeois atrabilaire,
Sans plus d' respect pour le talent,
    Envoi' faire
    Lanlaire
    L'air lent,
    Faire
    L'air lent
    Lanlaire.

    Air : *Suzon sortait de son village.*
Mais d' mieux en mieux, v'là qu'il s'enflamme
Et qu'il s'en vient dire au marié :
« Laisse-moi seul avec ma femme,
Donne-moi c'te preuv' d'amitié.
    — C' que veut not' maître,
    Dit l'aut', doit être
    Un d'voir, une loi.
    Pour ma femme et pour moi,
    Mais, j' vous en prie,

Dans vot' causerie,
Tâchez... — Quoi donc?
— De n' pas être trop long, »
L' Vampir' lui répond qu' sa fiancée,
Dans quelqu's minutes lui r'viendra,
Et moi, j' lui réponds qu'il n' l'aura
Que d' la s'conde sucée. (ter.)

Air *des Trembleurs*.

Les v'là seuls... Ah! pauvre p'tite
Si tu m'en crois, sauv'-toi vite;
Queu chien d' vertigo l'agite!
Un ch'val n'est pas plus brutal.
Comm' sa figur' s'enlumine!
J' veux que l' diable m'extermine,
Si l'on n' croirait, à sa mine,
Qu'il va tomber du haut mal.

Air : *Nage toujours, mais n' t'y fi' pas.*

« Objet d' mon âme et d' ma pensée,
J' sens dans mon cœur l' feu circuler;
Vas-tu longtemps rester glacée?
Vas-tu longtemps m' laisser brûler?
  N'y a pas d' témoin... »
  Mais v'là que d' loin
L'ange redit : « Jeun' fiancée,
  Crains d' succomber;
  Qui s' laiss' tomber,
N' peut pas manquer que d' la gober. » (bis.)

Air : *Lubin a la préférence.*

Sur c' coup-là les grand's bamboches,
  Crispations, contractions,
  Convulsions, contorsions...
Gar' les ceux qui s'raient trop proches!...
Pieds, bras, jamb's *et cœtera*,
  Tout va,
Ses ch'veux s' dressent, ses yeux roulent.
« C'est pour moi qu' tes larmes coulent. »
  Et puis les grands pas,
  Et puis les grands bras...
Et puis... mais non... j' n'osons pas...
Si l'on paye au tribunal
Pour qu'il ne s' pass' rien d'immoral
  Dans aucune espèce
    De pièce,
  J' disons franchement
  Qu' du gouvernement,
  Les jug's en jugeant
  N' volont pas mal l'argent.

Air : *C'est un enfant.*

« Viens donc, dit-il, ou tu s'ras cause
Que j' descendrai la garde d'main. »
Puis de son gousset il tir' queuqu' chose,
Qu'il veut lui mettre dans la main :
« Pas d' bourse, j' suis sage.
Et l' Vampire en nage
S' dit, voyant r'venir les violons
« Dissimulons. » (bis.)

Air : *Eh! voilà la vie.*

On se désaltère...

D' parent et témoin
L' marié remplit l' verrou
Lovett' pleur' plus loin
Tandis que l' Vampire
   Soupire,
   Conspire,
   Et n'aspire
Qu'à la t'nir dans un coin.

Air : *Du haut en bas.*

   Ça n' manque pas,
Et l' malin qui n' perd pas la carte,
   S' dit tout bas :
« Voyons où c' qu'ell' port'ra ses pas »
Et puis la voyant qui s'écarte :
« V'là l'heur', dit-il, où faut que j' parte... »
   Ça n' manque pas.

Air *du Bastringue.*

Dépêchez-vous d' boire et d' danser,
   J' vous y invite,
   Et ben vite ;
Dépêchez-vous d' boire et d' danser,
V'là l' gâchis qui va commencer.
N' voyant plus l' Vampir' ni Lovette,
Edgard, qui d'puis queuqu' temps les guette,
Quittant bouteille et rigodon,
Part à tout' jambe, et gar'... l'ognon !
Dépêchez-vous d' boire et d' danser,
   J' vous y invite,
   Et ben vite ;
V'là l' gâchis qui va commencer.

Air *de la Parole.*

D' la frayeur et du saisiss'ment
C'est ici le moment l' pus drôle,
Et c'est ici qu' dans l' firmament
La lun' va bientôt jouer son rôle ;
Et pour ça l'auteur, dans c't endroit,
Aux quinquets f'sant succéder l'ombre,
Fait si bien qu'à peine on se voit,
C' qui, d' sa part, n'est pas maladroit,
Vu qu'moins il fait clair (*bis*), pus c'est sombre.

Air : *Eh quoi ! tout sommeille.*

   Un cri s' fait entendre,
   Deux cris s' font entendre,
   Trois cris, quat' cris,
   Et tout l' mond' surpris,
   A pareil esclandre
   N' pouvant rien comprendre,
   D' frayeur transi,
S' met à crier aussi.
   Moi, qui m'imagine
   Que l' Vampir' lutine,
   Chiffonn', turlupine
Lovett' sur l' gazon,
Tout haut v'là que j' crie :
« A-t-on vu, j' vous prie,
   Un mort fair' la vie
   De c'te façon ? »
Mais v'là qu' la fiancée,

A moitié sucée,
Ses cheveux hagards
Et ses beaux yeux épars,
Criant à tu'-tête,
Se sauve d' son bête
D'Urluberlu,
Qu'en veut comme un goulu.

Air : *Tontaine, tonton.*

Le futur, lui donnant la chasse,
Lui lâche un coup de mousqueton,
Tonton, tonton, tontaine, tonton.
Et vous l' fait pirouetter sur place
Ni plus ni moins qu'un vrai tonton,
Tonton, tontaine, tonton.

Air *du Verre.*

Sur l' coup on entraîne l' mari,
Qui n' reparaît pas dans l' ouvrage;
On emmène Lovette aussi,
Qui n' reparaît pas davantage;
Et puisqu' l'auteur était en train,
Qu' nous f'sait-il la politesse
D' fair' disparaître d'un coup d' main
Tous les personnages d' la pièce?

Air *de la Sentinelle.*

L'astre des nuits, sur ces singuliers bords,
A la vertu rare et particulière
D' ressusciter les gens tout fraîchement morts,
Sitôt qu' sur eux il fait luir' sa lumière.
Aussi dit-on que dans l' pays,
Quand les femmes ferment la paupière,
A la demande des maris, *(bis)*
C' n'est qu'à midi qu'on les enterre.

Air : *Au clair de la lune.*

« Au clair de la lune,
Dit l' mort, j' veux mourir...
Dans mon infortune,
Ça me f'ra plaisir.
Ma chaleur est morte,
Je n'ai plus de feu;
Vite qu'on m'y porte;
Pour l'amour de Dieu! »

Air : *Au coin du feu.*

Il d'mande à son beau-frère
Qu' dans l' silence on enterre
C't accident-là...
Sur quoi, l' beau-frère docile
Lui dit d' mourir tranquille,
Qu'on l'enterr'ra.

Air *des Pendus.*

On l'étale au feu sans pareil
D'un' lun' qui brill' comme un soleil.
Il ferm' les yeux, il pench' la tête;
Un' bonne nuit que je lui souhaite
Et qu'il peut m' souhaiter pareil'ment,
Car v'là que j' m'endors égal'ment.

ACTE TROISIÈME.

Air : *Il me faudra quitter l'empire.*

Réveillé par un coup d'timballe,
Au bout d'un bon quart d'heure ou deux,
Je r'garde autour d' moi dans la salle,
Et j' vois qu'on bâille à qui mieux mieux.
D'où c' que j' conclus que dans c' qu'on vient d'entendre
N'y avait pas d' quoi rir', pleurer ni frémir, (*bis*)
Et qu' si queuq'fois l'on n' perd rien pour attendre,
Queuq'fois aussi l'on n' perd rien pour dormir.

Air : *Du partage de la richesse.*

J' m'éveille au moment où l' cher frère
Est en train de dissimuler :
Il a tant promis de se taire !...
Mais ça ne l'empêch'ra pas d' parler.
J'oubliais l' décor... queu dommage !...
N'y a rien du tout... mais j' vois, quoiqu' ça,
Qu'un' toil' se lèv'ra pour l' mariage,
Et qu'un' p'tit' chapell' s'ouvrira.

Air : *Colin disait à Lise un jour.*

Voyant Aubray l' nez dans l' manteau,
L'œil en d'sous, l'oreille dans l'épaule,
Sa sœur lui d'mand' c' qu'il sait d' nouveau,
Pour avoir comm' ça l'air tout drôle ;
Il dit qu'il n' sait rien :
Je l' crois, morgué, bien,
Puisqu'il ne sait pas même son rôle.

Air *du vaudeville du* Sorcier.

Pourquoi, lui dit-ell', mettre la puce
A l'oreille de Malvina ?
Vaudrait mieux que tout d' suite j' susse...
— C'est ben plutôt elle qu'on suc'ra. »
Bref, au milieu de c'te belle scène,
Voyant r'paraître l' prétendu
Qu'il a vu
Roide mort étendu,
Aubray, qui n' peut croir' qu'il en revienne,
Dit à sa sœur en l'entraînant :
« C'est un r'venant. » (*Quatre fois*)

Air : *Lise épouse l' beau Germance.*

« Vois c'te figur' sèch' et blème,
C' n'est plus qu' l'ombre de lui-même,
C'est mon esprit qui r'vient...
Malheur à toi s'il te tient ! »
Rutwen donn' des preuv's sans nombre,
Que dans tout c' qu'il fait et dit
N'y a pas plus d'esprit que d'ombre,
Et pas même ombre d'esprit. (*bis*)

Air : *La fille au coupeur de paille.*

« Aubray veut, la chose est claire,
Mett' ma patience à l'essai,
Car Aubray sait bien, j'espère,
Que tout c' que j' lui dis est vrai !
Aubray, mon cher Aubray,
R' connais ton ami, ton frère...
— Oh ! brais tant qu' tu voudras...
Je n' te reconnaîtrai pas.

Air : *Un jour à Fanchon j' dis : Ma fille.*

— Sans farc', allons, couronn' ma flamme.
— Oui, c'est ça, compt' sur l' *conjungo*
Et bois d' l'eau;
T'es un mort ou t'es un infâme;
Par ainsi, sors,
Ou j' te fais mett' dehors;
Ma sœur ne s'ra jamais la femme
D'un corps sans âme,
Ni d'une âme sans corps. »

Air : *C'est bien naturel.*

L' Vampire en prison l' colloque,
Disant qu'il bat la breloque,
Et l' menant comme un forçat,
C'est-y délicat! *(bis)*
Puis Malvina, qui l' voit faire,
A l'emprisonneur d' son frère
Jure un amour éternel...
C'est ben naturel,
J'espère,
C'est ben naturel. *(bis)*

Air : *Grâce à la mode.*

« Puisque tu m'aimes,
Puisque j' t'aime aussi,
Puisque j' somm's ici
Entre nous-mêmes,
Viens, courons de ce lieu
A l'autel...

Air : *Digo*, de Jeannette.

Dieu!
Puis-j' t'y faire
Un coup comme ça
Sans mon frère?
— Pour cette affaire
Il n'a qu' faire là;
Deviens ma femme,
Ou j' suis mort sans r'tour.
Ma chère âme...
— Embrass' ta femme
Et vis pour l'amour.

Air : *Ciel! l'univers va-t-il donc se dissoudre?*

Là-d'sus, un air de l'orchestre nous racle;
Puis, pour l' serment
De l'amante et d' l'amant,
Un' chapelle s'ouvr' par miracle,
Et j'allions voir un spectacle
A peu d' chos' près gai comm' un enterr'ment,
Quand l' frère emprisonné
Qu'a, non sans peine,
Rompu sa chaîne,
Accourt en scène
Comme un déchaîné.

Air : *Ah! comme c'est drôle.*

Furieux, Rutwen veut l' fair' périr;
Mais une heur' sonne,
Et, d' la frayeur qu'il a d' mourir,
L' défunt frissonne...

Mais c'est ben pis quand après ça,
Il voit d' chaqu' fille qu'il suça
    L'ombre qui l'environne,
Et qui lui dit : « Rutwen, viens çu
    Tu n' suc'ras plus personne! »

        Air *du Lendemain.*

Il s' refuse à les suivre;
Il fait façon sur façon...
    C'est si dur de n' pas vivre!
Ell's n'entendent pas raison.
Il leur jure sur sa tête
De n' pus être un mécréant;
Mais néant à la requête,
    Néant! néant!

        Air *des Pendus.*

Par un feu d'artific' fort beau
L' Vampire r'descend dans l' tombeau!
Mais mon avis, c'est qu' c'est l' parterre
Qu'aurait dù seul le mettre en terre,
Et je l' donn' pour ben enterré,
S'il ne r'vient que quand je r'viendrai.

A M. DE PIIS

EN VOYAGE DANS LE DÉPARTEMENT DE LA CREUSE
POUR L'INVITER A REVENIR PRÉSIDER LA SOCIÉTÉ
DU CAVEAU MODERNE

        Air : *Ermite, bon ermite.*

A l'enfant d'Epicure
Honneur et prompt retour!
Que le ciel lui procure
Jours de paix, nuits d'amour!
Aux échos qui savourent
Les doux chants de son luth,
Aux Zéphirs qui l'entourent,
Plaisirs, gloire et salut!

Ermite, aimable ermite,
Ecoute ton troupeau
Qui t'appelle et t'invite
    A rendre vite
    La vie au Caveau.

Assis sur tes montagnes,
Tu suis d'un air joyeux
L'agneau dans les campagnes
Et l'oiseau dans les cieux.
Des ruisseaux le murmure,
Les bonds du cerf léger,
Charment ton âme pure...
    Apollon fut berger.
Ermite, aimable ermite, etc.

Cythère et le Parnasse
Implorent ton retour,
Et Momus à ta place
Te rappelle à son tour.
Sans toi les cœurs languissent,
L'appétit est contraint,
Les ébats s'attiédissent,

La soif même s'éteint.
Ermite, aimable ermite,
Ecoute ton troupeau
Qui t'appelle et t'invite.
  A rendre vite
La vie au Caveau.

COUPLETS

POUR LA FÊTE DE DUCRAY-DUMINIL

LE JOUR DE SAINT-FRANÇOIS, SON PATRON

Air : *J'arrive à pied de province,*

Puisque c'est François qui s' nomme
  Ducray-Duminil,
Faut détacher à c' brave homme
  Une chanson qu'ait l' fil,
J' n'avons pas la suffisance
D' nous croire d' la voix,
Mais il aura d' l'indulgence ;
  C'est un bon François.

François premier fut un prince
  Aussi bon qu' puissant ;
Not' ami, qui n'est pas mince,
  N'est pas moins bienf'sant ;
Et la belle Ferronnière
  Dont c' monarque fit choix,
Ne vaut pas la personnière
  D' not' ami François.

Jarni ! c'est qu' faut voir la trogne
  De ce luron-là !
C' n'est point qu' ça soit z'un ivrogne :
  Incapable d' ça ;
Mais à son ventre d' chanoine,
  A son air grivois,
On s' dit : c'est l' fils d' saint Antoine,
  Ou ben d' saint François.

Ici l'on viendrait d'un' lieue
  Sans en êtr' prié ;
Pour François y a toujours queue
  Comm' pour sa moitié,
C'est l' plaisir qui nous attire,
  Et pas d' jour dans l' mois
Qu' l'amour ou l'amitié n' tire
  L' cordon d' saint François.

François est rond en affaires,
  Rond en embonpoint,
Rond en discours, en manières,
  . Bref, rond en tout point ;
Et quoiqu'en amour je l' pense
  Un rusé matois,
Moi, j' suis franc, gn'y a point z'en France
  Un meilleur François.

ABONNEZ-VOUS

Air : *Rien n'était si joli qu'Adèle.*

Mil huit cent dix cède sa place,
  Saint-Sylvestre est là

Pour lui crier : Holà !
Mais peu nous importe cela,
   Et jusqu'au bout
   Riant de tout,
  Avec nos flacons
   Nous nous moquons
   Du temps qui passe;
  Et vite chez nous,
Jeunes et vieux, abonnez-vous.

Qu'un coup du sort pour nous dérange,
   D'un plus doux destin
   L'espoir trop incertain,
Tournant les yeux vers ce festin,
   Et jusqu'au bout
   Riant de tout,
  Avec nos flacons
   Nous nous moquons
   Du sort qui change;
  Et vite chez nous,
Gens à projets, abonnez-vous.

J'entends crier de par le monde :
   Ces épicuriens
   Sont tous de francs vauriens
Mais ces propos-là sont des riens;
   Et jusqu'au bout
   Riant de tout,
  Avec nos flacons
   Nous nous moquons
   Du fat qui gronde;
  Et vite chez nous,
Mauvais sujets, abonnez-vous.

Partisans de toutes les belles,
   Voyons-nous un jour
   Echouer notre amour,
Changeant et d'idole et de cour,
   Et jusqu'au bout
   Riant de tout,
  Avec nos flacons
   Nous nous moquons
   Des plus rebelles;
  Et vite chez nous,
Joyeux Faublas, abonnez-vous.

Puisqu'il faut qu'ici bas tout meure,
   Lorsqu'un vieux brutal
   Succombe au coup fatal,
Bien loin de déplorer son mal,
   Et jusqu'au bout
   Riant de tout,
  Avec nos flacons
   Nous nous moquons
   Du sot qui pleure,
  Et vite chez nous;
Veuves en deuil, abonnez-vous.

Qu'au théâtre un méchant persiffle
   A tort, à travers
   Notre prose et nos vers,
Pour nous c'est un faible revers,
   Et jusqu'au bout

Riant de tout,
Avec nos flacons
Nous nous moquons
Du vent qui siffle,
Et vite chez nous,
Jeunes auteurs, abonnez-vous.

Aucun, du plus vieux au plus jeune,
Sans avoir mangé
De nous ne prend congé :
C'est un sacrifice obligé ;
Et jusqu'au bout
Riant de tout,
Avec nos flacons
Nous nous moquons
Du fou qui jeûne ;
Et vite chez nous,
Restaurateurs, abonnez-vous.

Aucuns besoins ne nous tourmentent,
Jamais courtisans
N'obtiennent notre encens ;
Comptant peu sur les gens puissants,
Et jusqu'au bout
Riant de tout,
Avec nos flacons
Nous nous moquons
Des grands qui mentent ;
Et vite chez nous,
Solliciteurs, abonnez-vous.

Nous trouvons-nous, par aventure,
Dépourvus d'argent
Dans un besoin urgent,
Nous fermons la porte au sergent ;
Et jusqu'au bout
Riant de tout,
Avec nos flacons
Nous nous moquons
Du juif qui jure ;
Et vite chez nous,
Paniers percés, abonnez-vous.

Chez Plutus chacun se faufile ;
Mais le plus souvent
Ses faveurs sont du vent...
Nous, aussi gais après qu'avant,
Et jusqu'au bout
Riant de tout,
Avec nos flacons
Nous nous moquons
De l'or qui file ;
Et vite chez nous,
Pauvres rentiers, abonnez-vous.

Notre table, toujours féconde,
En liqueurs et mets,
Ne tarira jamais...
Toujours buveurs, toujours gourmets,
Et jusqu'au bout
Riant de tout,
Avec nos flacons
Nous nous moquons

Désaugiers.

13

De tout le monde;
Et vite chez nous,
Europe entière, abonnez-vous.

CADET BUTEUX

A L'ENTERREMENT DE MADEMOISELLE HAUCOURT

Air : *Faut d' la vertu, pas trop n'en faut.*

Faut êt' dévot, pas trop de l' faut,
L'excès en tout est un défaut.

V'là c' que les paroissiens en masse
Devant Saint-Roch criaient l'aut' jour;
Et moi, sans trop savoir c' qui s' passe,
Bien plus fort qu'eux j' crie à mon tour :
Faut êt' dévot, etc.

On m' dit qu' c'est une actrice qu'est morte
Et qui d'mande un *De profundis;*
Mais on n' veut pas l'i ouvrir la porte
Du ch'min qui mène en paradis...
Faut êt' dévot, etc.

Pourquoi l' corps de c'te pauvre femme
D' l'église serait-il banni,
Puisqu' huit jours avant d' rendre l'âme,
Elle avait rendu l' pain béni ?
Faut êt' dévot, etc.

Plus d'une fois avec son aumône,
Saint-Roch secourut l'indigent...
Pourquoi donc r'fuser la personne
Dont on n'a pas r'fusé l'argent ?
Faut êt' dévot, etc.

N'y a qu'un' dévotion qui soit bonne;
C'est celle qui nous dit d' fair' le bien...
J'aime mieux un païen qui donne
Qu'un chrétien qui ne donne rien.
Faut êt' dévôt, etc.

Parc' qu'elle a joué la tragédie,
L'Eglise ne veut pas l'avouer,
J'tez donc Racine à la voirie;
Car c'est lui qui la faisait jouer.
Faut êt' dévot, etc.

Voyez un peu l' danger d' l'exemple
A l'instant je r'cevons l'avis
Que l' chien d' Saint-Roch, hier, au Temple
A fait chasser l' chien d' Montargis.

Faut êt' dévôt, pas trop ne l' faut,
L'excès en tout est un défaut.

COUPLETS

CHANTÉS POUR L'INSTALLATION DE M. D.

propriétaire d'une verrerie, dans sa maison de la rue
du Mont-Blanc.

Air : *Vive le vin, vive l'amour.*

C'est dans la rue
Du Mont-Blanc
Que loge un garçon jeune et franc,

Dont l'amitié nous est comme.
Dans sa maison toujours pourvue ;
On voit renaître à volonté
Et le plaisir qu'on a goûté,
Et la liqueur que l'on a bue.

    L'heureux commerce
      Du gaillard
Fournit même, avec le nectar,
Le vase où notre main le verse :
Et, grâces à l'état qu'exerce
Ce bon buveur, ce franc luron,
Plus d'un tonneau, plus d'un tendron
S'est tour à tour vu mettre en perce.

    Cet ami tendre
      Pend chez lui
Une crémaillère aujourd'hui :
Chez lui hâtons-nous de nous rendre ;
Car, pour fripons dût-on nous prendre,
Chers compagnons, sans contredit,
Quand de crémaillère il s'agit,
Nous sommes tous des gens à pendre.

    Ici je brave
      Le chagrin,
Les ennuis, la soif et la faim,
Dont l'espèce humaine est esclave ;
Ici le plaisir, sans entrave,
Trouve, pour combler son espoir,
Chambre à coucher, salon, boudoir,
Salle à manger, cuisine et cave.

ILS SONT CHEZ EUX

Air *de M. Alexandre Piccini.*

Que l'on envoie à Tivoli
Jeune fat, beauté surannée,
Un gourmand au café Hardi,
Un bel esprit à l'Athénée,
A Charenton vieil amoureux,
Vieille coquette aux Incurables,
Maris jaloux à tous les diables,
    Ils sont chez eux.

Chez nos jeunes gens c'est en vain
Qu'un malheureux créancier sonne :
Il a beau se lever matin,
Il ne trouve jamais personne ;
Mais qu'un tête-à-tête amoureux
Leur amène jeune fillette,
Ah ! pour acquitter cette dette,
    Ils sont chez eux.

Combien voyons-nous aujourd'hui
De ces gens nommés parasites,
Fondant sur la table d'autrui
Les intérêts de leurs visites !
Chez nous, par leur estomac creux,
Avertis de l'heure où l'on dîne,
Entre la cave et la cuisine,
    Ils sont chez eux.

Conduisez nos jeunes Français
Dans les camps poudreux de Bellone
Armez leur bras et placez-les
Sous le feu de l'airain qui tonne :
Là, faites briller à leurs yeux
L'espoir d'un trépas plein de gloire
Entre l'honneur et la victoire ;
    Ils sont chez eux.

De sa liberté quand pour vous
La beauté fait le sacrifice,
N'imitez pas certains époux
Chez qui bientôt l'ennui se glisse
Qui, las au bout d'un mois ou deux,
Des plaisirs purs que le cœur donne,
Presque jamais, quand l'amour sonne,
    Ne sont chez eux.

LE FACTOTUM

ou

LE PERRUQUIER GASCON

Air : *Allons au bois.*

    Faut-il
    Saisir le fil
De quelque plan à votre insu
    Tissu ?
    Faut-il
    D'un alguazil
Dérouter l'œil qui jour et nuit
    Vous suit ?
    Faut-il
    Au plus subtil
Damer, en habile champion,
    Le pion ?
    Allez trouver Frisac,
    Crac...
Votre affaire est dans le sac.

    D'un fat
    Ou d'un pied-plat,
Faut-il rabattre en un clin d'œil,
    L'orgueil ?
    Vainqueur
    D'un jeune cœur,
Voulez-vous obtenir sa main
    Demain ?
    Par un
    Sort trop commun,
Avez-vous un besoin d'argent
    D'argent ?
    Allez trouver Frisac,
    Crac...
Votre affaire est dans le sac.

    Enfin
    Mourant de faim
Voulez-vous soudain déjeuner,
    Dîner ?
    Ou bien,
    En moins de rien

Faut-il rendre à vos cheveux blancs
    Vingt ans?
    Partout,
    Utile à tout,
Traiteur, perruquier, gazetier,
    Courtier,
  Allez trouver Frisac,
    Crac,...
Votre affaire est dans le sac.

ADÈLE ET LUCAS.

Air *breton*.

Rien n'était aussi joli qu'Adèle,
  Qui, grâce à Lucas,
  Arrivait à grands pas
A l'âge où l'amour dit tout bas :
    Amusez-vous,
    Belle aux yeux doux,
    Amusez-vous,
    Trémoussez-vous,
  Amusez-vous, belle;
    Amusez-vous,
  Ne craignez rien,
  Trémoussez-vous bien.

Un jour Lucas surprit Adèle
  Au fond d'un p'tit bois,
  Où l'drôle, en tapinois,
Lui chanta pour la premièr' fois :
    Amusez-vous, etc.

Ce r'frain amusa tant Adèle,
  Qu'avant de s' quitter,
  Sans pouvoir s'arrêter,
Elle et Lucas n' firent qu' chanter :
    Amusez-vous, etc.

Mais un soir qu' sur l'herbe nouvelle
  Adèl' chantait ça,
  Un gros loup la croqua...
Fillett's, d'après cett' leçon-là,
    Méfiez-vous
  D' ce r'frain si doux :
    Amusez-vous,
    Trémoussez-vous,
  Amusez-vous, belle,
    Amusez-vous,
  Ne craignez rien,
  Trémoussez-vous bien.

LE LOUP N'EST PAS SI MÉCHANT.

Air *auvergnat du vaudeville* Il arrive!

Vous vous souv'nez d' la pauvre Adèle,
Qui chantait tant le r'frain d' Lucas;
Quoiqu'un loup eût croqué la belle,
Vous saurez qu'ell' n'en mourut pas,
    Et partout,
  En se gaussant d'elle,
  On disait : « Mamiselle
  A donc vu le loup! »

Mais c'tapendant,
En gaussant d' la sorte,
Chaque fille au champ
S'en allait chantant :
Drès qu'Adèl' n'est pas morte,
L' loup n'est pas si méchant.

Par la curiosité piquée,
Suzon, un soir, en tapinois,
Au risque de se voir croquée,
Va trouver l' loup au fond du bois.
    Pour Suzon
  Ce croqueur de filles,
  C't effroi des familles,
  Fut un vrai mouton...
   V'là qu' l'évén'ment
  Dans l' pays s' rapporte,
  Claudine l'entend
  Et s' dit en souriant :
Drès qu' Suzon n'est pas morte,
L' loup n'est pas si méchant.

L' lend'main Claudin', en petit' bavarde,
S'en va criant dans tout le l' canton
Que l' loup dont tout le monde s' garde,
N'est autre chose qu'un mouton.
   V'là qu' sur c' mot
  Thérèse, Jeannette,
  Victoire, Fanchette,
  Javotte, Margot,
  Au bois vit'ment
  Courent sans escorte,
  Et le soir gaîment
  Revienn'ent en chantant :
Drès qu' pas un' n'en est morte
L'loup n'est pas si méchant.

Au bout d' queuqu's jours, vite et pour cause,
Fallut marier tous ces minois,
D'autres minois, plus frais qu'la rose,
Vinrent au monde au bout d' queuqu's mois ;
   Et par nous,
  Chaque fillette instruite,
  Loin d' prendre la fuite
  Quand on parle d' loups,
  Dit tout bonn'ment,
  Sitôt qu'on l'exhorte
  A fuir sagement :
Drès qu' maman n'est pas morte,
L' loup n'est pas si méchant.

A MON AMI HIPPOLYTE.

Air : *Verse encor*.

Je suis gai, bien gai, très gai, fort gai,
  Et jamais fatigué
  Quand je chante Hippolyte ;
Je suis gai, bien gai, très gai, fort gai ;
  Qui plus que lui mérite
  D'être harangué ?
  Haranguons-le donc

Ce joyeux vénérable,
Ce bon vivant dont
La franchise est le don.
Je n'hésite point,
Et grâces à sa table,
Quoiqu'en embonpoint
Il me gagne d'un point,
Je suis gai, etc.

Qu'il est doux de voir
Sa famille chérie
Obéir ce soir
Au plus tendre devoir!
Et de temps en temps
Chaque ami, chaque amie
Et chaque parent
S'écrier en pleurant :
Je suis gai, etc.

S'il vivait, vraiment
Le joyeux Démocrite
En ce doux moment
Doublerait d'enjoûment;
Et, moins sérieux,
Le pleureur Héraclite
Devant ce vin vieux
Dirait, séchant ses yeux :
Je suis gai, etc.

Si demain, ma foi,
Je suis réduit à suivre,
Quoique malgré moi,
Un lugubre convoi,
Je crains franchement
De chanter encore ivre
Machinalement
Suivant l'enterrement :
Je suis gai, etc.

Quand nous sortirons,
Et que sur quelque place
Nous chancellerons
Tomberons, ronflerons,
Si nous voyant soûls,
La garde nous ramasse,
Nous disant : Qu' êt'es-vous?
Amis, répondons tous :

Je suis gai, bien gai, très gai, fort gai,
Et jamais fatigué
Quand je chante Hippolyte;
Je suis gai, bien gai, très gai, fort gai,
Qui plus que lui mérite
D'être harangué ?

UN PEU D'ADRESSE

Air *de M. Piccini.*

Un peu d'adresse
Sur terre est le premier trésor;
Et tel fat dont l'éclat nous blesse,
Eût-il pris un si grand essor,

S'il n'eût pas joint à beaucoup d'or
Un peu d'adresse?
Un peu d'adresse
Est la devise de l'Amour,
Et vous, amants dont la tendresse
N'obtint jamais aucun retour,
Que n'aviez-vous le premier jour
Un peu d'adresse?
Un peu d'adresse
De l'hymen entretient les nœuds.
Combien d'époux que l'on délaisse
Sur leur sort ouvriraient les yeux,
Si leurs belles n'avaient pour eux
Un peu d'adresse!

LA DANSE

Air : *La vie la plus jolie.*

En France,
C'est à la danse
Que la beauté
Doit sa gaîté,
Ses grâces, sa légèreté.
Folie,
Douce harmonie,
Désordre heureux,
Trouble amoureux,
Du bal
Y donne le signal.

La danse
Bientôt recommence;
On se balance,
Et l'on s'élance
Comme l'éclair
Qui fend l'air.
On se sépare,
Puis on s'égare,
Et de plus d'un faux pas
L'Amour se rit tout bas.
En France, etc.

Bacchus avec adresse
Des cœurs double l'ivresse,
Et d'un plus doux plaisir
Fait naître le désir.
En France,
C'est à la danse
Que la beauté
Doit sa gaîté,
Ses grâces, sa légèreté,
Folie,
Douce harmonie,
Désordre heureux,
Trouble amoureux,
Du bal
Y donne le signal.

PHILOSOPHIE D'UN SEXAGÉNAIRE.

A soixante ans on ne doit pas remettre

L'instant heureux qui promet un plaisir;
Plus tard le sort voudra-t-il nous permettre
De le rejoindre et de le ressaisir? (bis)
Sur l'avenir je ne compte plus guère :
Le présent seul, à mon âge est certain, (bis)
Mon plus beau jour est celui qui m'éclaire,
Car les vieillards n'ont pas de lendemain. (bis)

Si le destin veut prolonger ma vie,
Je me résigne à ses sages décrets ;
Mais mourir vieux n'est pas ce que j'envie :
L'âge souvent amène des regrets : (bis)
Chacun son tour est la règle du sage;
Contentons-nous d'égayer nos instants. (bis)
Celui qui plie à soixante ans bagage,
S'il vécut bien, vécut assez longtemps. (bis)

LES REPAS DE NOS PÈRES

Air : *La fille est pour le garçon.*

Festins où le champagne pleut,
Chère abondante et délicate,
Vases dorés, vaisselle plate,
Voilà ce qu'aujourd'hui l'on veut.
Petites tables, larges verres,
Vins naturels et mets bien sains,
Voilà comme, sans médecins,
Vivaient jadis nos pères.

A table, loin de discuter
Et de faire assaut d'éloquence,
On n'affichait d'autre science
Que celle de boire et chanter.
Maintenant de graves chimères
Gâtent le vin que nous buvons :
C'est que maintenant nous avons
Plus d'esprit que nos pères.

VOILA COMME L'ESPRIT VIENT

Air : *C'est la petite Thérèse.*

Ne v'là pas deux mois encore
Qu' j'étais sott' comm' je n' sais quoi!
On m'app'lait p'tite pécore,
Et tout chacun s' moquait d' moi.
J' leur répondais en colère :
Est-c' que l'esprit pouss' comm' ça?
Gn'y a temps pour tout : laissez faire...
P'tit à p'tit, j' sens qu' ça m' viendra.

Chez nous l'aut' jour, sans qu' j'y pense,
Benjamin arrive, et v'là
Qu' tout en badinant il m' lance
R'gards par-ci, p'tits mots par-là !
Ma têt' brûle, mon sang se fige;
Qu'est-c' qu' c'est donc qu' l' mal qui m' tient?
Si c'est d' l'esprit, mon-Dieu! m' dis-je,
Qu' ça fait mal quand ça vous vient!...

D'puis c' moment, ma p'tit' cervelle
A d'mi mot sait tout saisir :

J' veux toujours paraîtr' plus belles;
Vrai, je m' forme à fair' plaisir.
Plus j'avance, plus je trouve
Quenq' chose en moi d'inconnu....
Je n' sais pas trop c' que j'éprouve,
Mais j' sens ben qu'l'esprit m'est v'nu.

LA JOURNÉE D'UN ÉLÉGANT

Air : *Séjour d'amour.*

Paris,
Des ris
Douce retraite,
Charme mes loisirs,
Pique mes désirs
Par un essaim de plaisirs,
Qui tous,
Jaloux
De ma conquête,
Semblent s'inviter
Pour se disputer
Le pouvoir de m'enchanter.

A chaque aurore
Qui vient d'éclore,
Plus fraîche encore
Lisette, en secret,
Vient et m'apporte
Lettre... ou n'importe,
Et puis remporte
Un baiser discret.

Mon cheval,
Superbe animal,
A mon lever, m'attend, m'emporte et vole,
Il fend l'air,
Plus prompt que l'éclair;
C'est le rival, c'est le vainqueur d'Éole.
Au retour,
Beauté faite au tour,
A son tour
Gaîment me propose
Un joli
Déjeuner qu'arrose
Le chably
Le beaune ou l'ay.

Après
Les frais
Que j'ai dû faire,
Je pars en chantant;
Un concert m'attend,
Je n'y reste qu'un instant.
J'entre au
Caveau,
Où sur la guerre,
Buvant du scubac,
Prenant du tabac,
Je parle *ab hoc et ab hac*..

J'entends qu'on vante
Les mets qu'invente

La main savante
D'un maître d'hôtel ;
Comus m'invite,
Bacchus m'excite,
Et je cours vite
Encenser leur autel.

L'Opéra-
Comique ou buffa,
A du nouveau, j'y suis indispensable.
Jusqu'au bout
Je critique tout ;
Car applaudir est d'un ton détestable.
Pour un thé
Le soir invité,
L'écarté,
Qu'un perdant déserte,
Me séduit,
Et, de perte en perte,
Me conduit
Jusques à minuit.

Alors
Je sors,
Car c'est d'usage,
L'instant obligé
Où l'homme rangé
De son monde prend congé ;
Et dé-
cidé
A rester sage,
Je regagne enfin
L'hôtel du Dauphin,
Au plus tard... le lendemain.

TABLEAU DE PARIS

A CINQ HEURES DU MATIN

Air *de la contredanse de la* Rosière,
ou *Rien ne m'échappe.*

L'ombre s'évapore,
Et déjà l'aurore
De ses rayons dore
Les toits d'alentour ;
Les lampes pâlissent,
Les maisons blanchissent,
Les marchés s'emplissent :
On a vu le jour.

De la Villette,
Dans sa charrette,
Suzon brouette
Ses fleurs sur le quai,
Et de Vincenne
Gros-Pierre amène
Ses fruits que traîne
Un âne efflanqué.
Déjà l'épicière,
Déjà la fruitière,
Déjà l'écaillère
Saute à bas du lit.

L'ouvrier travaille,
L'écrivain rimaille,
Le fainéant bâille,
Et le savant lit.
J'entends Javotte
Portant sa hotte
Crier : Carotte,
Panais et chou-fleur!
Perçant et grêle,
Son cri se mêle
A la voix frêle
Du noir ramoneur.

L'huissier carillonne,
Attend, jure, sonne,
Ressonne, et la bonne,
Qui l'entend trop bien,
Maudissant le traître,
Du lit de son maître
Prompte à disparaître,
Regagne le sien.

Gentille, accorte,
Devant ma porte
Perrette apporte
Son lait encor chaud;
Et la portière,
Sous la gouttière,
Prend la volière
De dame Margot.

Le joueur avide,
La mine livide,
Et la bourse vide,
Rentre en fulminant;
Et, sur son passage,
L'ivrogne plus sage,
Rêvant son breuvage,
Ronfle en fredonnant.

Tout, chez Hortense,
Est en cadence;
On chante, danse,
Joue, *et cœtera...*
Et sur la pierre
Un pauvre hère,
La nuit entière,
Souffrit et pleura.

Le malade sonne,
Afin qu'on lui donne
La drogue qu'ordonne
Son vieux médecin,
Tandis que sa belle,
Que l'amour appelle,
Au plaisir fidèle,
Feint d'aller au bain.

Quand vers Cythère
La solitaire,
Avec mystère,
Dirige ses pas,
La diligence

Part pour Mayence,
Bordeaux, Florence,
Ou les Pays-Bas.
« Adieu donc, mon père,
Adieu donc, mon frère,
Adieu donc, ma mère.
— Adieu, mes petits. »
Les chevaux hennissent,
Les fouets retentissent,
Les vitres frémissent :
Les voilà partis.

Dans chaque rue
Plus parcourue,
La foule accrue
Grossit tout à coup :
Grands, valetaille,
Vieillards, marmaille,
Bourgeois, canaille,
Abondent partout.

Ah ! quelle cohue !
Ma tête est perdue,
Moulue et fendue ;
Où donc me cacher ?
Jamais mon oreille
N'eut frayeur pareille...
Tout Paris s'éveille...
Allons nous coucher.

TABLEAU DE PARIS

A CINQ HEURES DU SOIR

Même air.

En tous lieux la foule
Par torrents s'écoule ;
L'un court, l'autre roule ;
Le jour baisse et fuit.
Les affaires cessent ;
Les dîners se pressent ;
Les tables se dressent ;
Il est bientôt nuit.

Là, je devine
Poularde fine,
Et bécassine,
Et dindon truffé ;
Plus loin, je hume
Salé, légume,
Cuits dans l'écume
D'un bœuf réchauffé.

Le sec parasite
Flaire... et trotte vite
Partout où l'invite
L'odeur d'un repas ;
Le surnuméraire
Pour vingt sous va faire
Une maigre chère
Qu'il ne paira pas.

Plus loin, qu'entends-je ?

Quel bruit étrange ?
Et quel mélange
De tons et de voix ?
  Chants de tendresse,
  Cris d'allégresse,
  Chorus d'ivresse
Partout à la fois.
Les repas finissent,
Les teints refleurissent ;
Les cafés s'emplissent,
Et trop aviné,
Un lourd gastronome
Dans sa chute assomme
Le corps d'un pauvre homme
Qui n'a pas diné.

  Le moka fume,
  Le punch s'allume,
  L'air se parfume ;
Et de crier tous :
  » Garçons, ma glace !
  — Ma demi-tasse !...
  — Monsieur, de grâce,
Paris, après vous. «
Les journaux se lisent ;
Les liqueurs s'épuisent ;
Les jeux s'organisent ;
Et l'habitué,
Le nez sur sa canne,
Approuve ou chicane,
Défend ou condamne
Chaque coup joué.

  La tragédie,
  La comédie,
  La parodie,
Les escamoteurs ;
  Tout, jusqu'au drame
  Et mélodrame,
  Attend, réclame
L'or des amateurs.

Les quinquets fourmillent ;
Les lustres scintillent ;
Les magasins brillent ;
Et, l'air agaçant,
La jeune marchande
Provoque, affriande
Et de l'œil commande
L'emplette aux passants.

  Des gens sans nombre
  D'un lieu plus sombre
  Vont chercher l'ombre
Chère à leurs desseins.
  L'époux convole,
  Le fripon vole,
  Et l'amant vole
A d'autres larcins.

Jeannot, Claude, Blaise,
Nicolas, Nicaise,
Tous cinq de Falaise

Récemment sortis,
Élevant la face,
Et cloués sur place,
Devant un Paillasse
S'amusent *gratis.*

La jeune fille,
Qui tant l'aiguille,
Rejoint son drille
Au bal de *Lucquet;*
Et sa grand'mère
Chez la commère
Va coudre et faire
Son cent de piquet.

Dix heures sonnées,
Des pièces données
Trois sont condamnées
Et se laissent choir.
Les spectateurs sortent,
Se poussent, se portent...
Heureux s'ils rapportent
Et montre et mouchoir !

« Saint-Jean, la Flèche,
Qu'on se dépêche...
Notre calèche !
— Mon cabriolet ! »
Et la livrée,
Quoique enivrée,
Plus altérée
Sort du cabaret.

Les carrosses viennent,
S'ouvrent et reprennent
Leurs maîtres qu'ils mènent
En se succédant;
Et d'une voix âcre
Le cocher de fiacre
Peste, jure et sacre
En rétrogradant.

Quel tintamarre !
Quelle bagarre !
Aux cris de *gare*
Cent fois répétés,
Vite on traverse,
On se renverse,
On se disperse
De tous les côtés,

La sœur perd son frère,
La fille son père,
Le garçon sa mère
Qui perd son mari;
Mais un galant passe,
S'avance avec grâce,
Et s'offre à la place
De l'époux chéri.

Plus loin des belles
Fort peu rebelles,
Par ribambelles
Errant à l'écart,
Ont doux visage,

Gentil corsage...
Mais je suis sage...
D'ailleurs il est tard.

Faute de pratique,
On ferme boutique,
Quel contraste unique
Bientôt m'est offert !
Ces places courues,
Ces bruyantes rues,
Muettes et nues,
Sont un noir désert.

Une figure
De triste augure
M'approche et jure
En me regardant...
Un long *qui vive?*
De loin m'arrive,
Et je m'esquive
De peur d'accident.

Par longs intervalles,
Quelques lampes pâles,
Faibles, inégales,
M'éclairent encor...
Leur feu m'abandonne,
L'ombre m'environne;
Le vent seul résonne :
Silence ! tout dort.

L'AN 1825.

Air . *Vive la lithographie!*

Si j'ai bonne souvenance,
Mil huit cent vingt-cinq offrit
Ce qu' jamais n' verra la France
En vertus comme en esprit.

Tout le monde s'entendait,
Tout le monde s'entr'aidait ;
L' riche partageait son bien
Avec c'lui qui n'avait rien.

On n' voyait que bons ménages,
Qu'amis francs et généreux ;
Tout's les femmes étaient sages
Et tous les maris heureux...

Jamais les médecins ne tuaient ;
Queuqu'fois les commis saluaient ;
Un fripon, pour un milliard,
N'eût été reçu null' part.

Jamais intrigu' ni cabale
Ne v'nait troubler un succès ;
On n' connaissait ni scandale,
Ni banqu'route, ni procès.

La sottis' perdait ses pas,
Les journaux ne mentaient pas ;
On avait, dans les bureaux,
Plus d' savoir qu'on n'était gros.

On n' voyait pas d' ces affiches
Fait's pour tromper l's honnêt's gens ;

On n'avait pas pour les riches
Plus d'égards qu' pour l's indigents.
D' l'argent on f'sait très peu d' cas ;
Les marchands, tous délicats,
N'auraient plutôt rien vendu
Que d' surfaire d'un écu.

On n' voyait dans les boutiques
Qu' meubles propres et décents ;
Point d' ces comptoirs magnifiques
Qu'ont plus d'or autour que d'dans.

Heureus's avec leurs mamans,
Les fill's n'avaient pas d'amants ;
Leur innocence formait
La seul' dot qu'on réclamait.

Un' robe simple et commode,
Un' fleur posée avec goût,
Avaient fait passer d' mode
L' cachemire et l' marabout.

Bref, c'était un' loyauté,
Un' modestie, un' bonté,
Un' sympathie, un accord,
Qu'on aurait dit l'âge d'or.

Oui, si j'ai bonn' souvenance,
V'là ben trait pour trait c' qu'était
Mil huit cent vingt-cinq en France...
Ou c'est un rêv' que j'ai fait.

PIERRE ET PIERRETTE

HISTORIETTE

Air : *Mon système est d'aimer le bon vin,*
ou *de la contredanse du Diable à quatre.*

Tic et tic et tac, et tin, tin, tin,
    Est l' refrain
    De mon cœur et de mon verre ;
Tic et tic et tac, et tin, tin, tin,
    Est l' refrain
    Qui met Pierre
    En train.

Du pays j'arrivais simple et sage,
Grâce aux bonn's leçons de ma mèr'-grand ;
Je v'nais faire mon apprentissage ;
Mais Dieu sait c' qu'à Paris on apprend...
Tic et tic et tac, etc.

J' voulais n'avoir jamais d'amourette ;
Mais chez nous un jour Pierrette vint ;
J' voulais n' boire que d' l'eau ; mais Pierrette
Etait fille d'un marchand de vin.
    Tic et tic et tac, etc.

L' jour où j' la vis était un dimanche,
Elle avait un si joli maintien ;
Des ch'veux si noirs, une peau si blanche,
Des yeux, deux... qu' sais-je ? il n' lui manquait rien.
    Tic et tic et tac, etc.

Ma mèr', comm' c'était l'heure où l'on dîne,
Du dîner l'invite à prend' sa part ;

Désaugiers.   14

Elle accepte, on m' la baill' pour voisine,
Mon cœur s' gonfle, et v'là le Bouchon qui part.
    Tic et tac et tac, etc.

Drès l' premier coup que j' trinquions ensemble
(Ah! mon Dieu! qu' les amoureux sont sots!)
V'là la main qui tremble, tremble, tremble,
Et mon verre qui s' brise en morceaux.
    Tic et tic et tac, etc.

« Voyez donc la jolie équipée!
M' dit Pierrette, mais d'un air si doux.
« Ma pauv' jupe est-elle assez trempée?
Ah! monsieur, si ce n'était pas vous!
    Tic et tic et tac, etc.

J' n'avions pas d' gob'lets en abondance,
Et Pierrette m' dit : « Buvez dans le mien,
J' n'ai pas peur que vous sachiez c' que j' pense,
Car de vous je n' pense que du bien. »
    Tic et tic et tac, etc.

Après l' bœuf, les lentill's et l'omelette,
On s' lève, et ma belle m' dit en d'sous :
« Tout's les fois qu' vous pass'rez d'vant Pierrette,
Y aura toujours un p'tit coup pour vous. »
    Tic et tic et tac, etc.

Le lend'main, encor plus chaud qu' la veille,
J' cours chez elle; l' père était dehors,
Et Pierrette m' donne une bouteille
Dont le vin fait r'venir les morts.
    Tic et tic et tac, etc.

J' la débouche; mais bientôt le père
Nous surprend comme j' nous caressions.
Moi, j' lui dis, pour arranger l'affaire :
« Excusez, monsieur, c'est que j' trinquions. »
    Tic et tic et tac, etc.

« Vous avez trop bu, sortez d' table, »
M' répond-il en m' montrant les gross's dents.
— « Quand on trinque avec un' fille aimable,
Il est permis d' se mettre un peu d'dans. »
    Tic et tic et tac, etc.

V'là-t-il pas qu'il veut m' mettre à la porte...
Mais bernique! Avec ça qu' j'étais gris...
« J'ons payé; pourquoi vouloir que j' sorte?
— Tu n'as pas payé tout c' que t'as pris. »
    Tic et tic et tac, etc.

A la fin pourtant j' gagnions au large,
Parc' qu'au fond c'était vrai qu' j'avions tort;
Mais le soir je r'venons à la charge,
Et l' pèr' nous prend à trinquer encor.
    Tic et tic et tac, etc.

Un coup d' poing m' jett' sur Pierrette à terre,
L' père sur moi, tombe au mêm' moment.
Maman passe, all' voit ça, tomb' sur l' père,
Et tout l' quartier tombe sur maman.
    Tic et tic et tac, etc.

On s' bouscule, on s' cogne, on s'estropie :
C'est un r'mu'-ménage, un brouhaha!
Chaqu' homme est un lion, chaqu' femme est une pie.

L'un dit que j'ai fait ci , l'aut' que j'ai fait ça,
  Tic et tic et tac, etc.

L' père , après ben des cris, ben des bosses,
M' dit, m' jetant mon objet dans mes bras :
« D' main j' prétends qu'on goûte l' vin d' tes noces;
Puisqu' tu l'as tiré, tu le boiras. »
  Tic et tic et tac, etc.

« N' faudra pas, morgué, deux fois nous l' dire, »
Que j' répliquons tous deux en sautant :
— « C' mari-là, moi, ça m' va comm' d' la cire.
— C' t' femme'-là, moi, ça m' va comm' un gant. »
  Tic et tic et tac, etc.

J' saute au cou d' mon biau-père et d' ma mère,
J' saute au cou d' Pierrett' qui me l' rend bien,
J' saute au cou d' tous les témoins d' l'affaire,
Et j' voudrais pouvoir m' sauter au mien.
  Tic et tic et tac, etc.

Dès l' lend'main on parataphe, on danse;

L' surlend'main j' faisons encor mieux qu' ça ;
L' jour d'après o' qui s'est fait se r'commence,
Et jour et nuit, depuis c' moment-là,
Tic et tic et tac, et tin, tin, tin,
  Est l' refrain
  De mon cœur et de mon verre ;
Tic et tic et tac, et tin, tin, tin,
   Est l' refrain
   Qui met Pierre
   En train.

RONDE

CHANTÉE CHEZ LE COMTE REGNAULD

DANS SA MAISON DE CAMPAGNE QUI ÉTAIT ANCIENNEMENT UNE ABBAYE.

Air : *Pour étourdir le chagrin.*

Dans ce séjour sans rival
  Tout attire,
  Tout inspire ;
Rien au monde n'est égal
Au plaisir qu'on goûte au Val.

Ce jour pour mes sens ravis
Est une si grande fête,
Qu'en passant à Saint-Denis,
J'ai pensé perdre la tête.
Dans ce séjour, etc.

Le maître de ce logis
De nos plaisirs est esclave :
Il ouvre à tous ses amis
Son cœur, sa bourse et sa cave,
Dans ce séjour, etc.

Voyez la Grâce ou plutôt
La Muse qui nous préside :
Jamais, non, jamais *Renaud*
N'eut une si belle Armide.
Dans ce séjour, etc.

Le cœur est toujours content,
L'ivresse toujours parfaite,
Quand le maître est bienfaisant
Et la maîtresse bien faite.
Dans ce séjour, etc.

Contre les feux de l'été,
Ah ! quel rempart est le nôtre !
L'eau ruisselle d'un côté ;
Et le vin jaillit de l'autre.
Dans ce séjour, etc.

On voit que ce beau séjour
Fut habité par des moines,
Car on y fait chaque jour
Une chère de chanoines.
Dans ce séjour, etc.

En vain de l'antiquité
L'œil parfois y voit les traces :
L'image de la beauté
Rajeunit les vieilles glaces,
Dans ce séjour, etc.

L'amour saint de l'Éternel,
S'y joint à l'amour profane,
Et l'âme s'élève au ciel
Tandis que le cœur se damne.
Dans ce séjour, etc.

Où furent le maître-autel
Et les chantres de la messe,
On voit le maître d'hôtel
Et les enfants du Permesse.
Dans ce séjour, etc.

Au Val si, comme autrefois,
Chacun faisait sa prière,
La mienne serait, je crois,
D'y passer ma vie entière.
Dans ce séjour sans rival
    Tout attire,
    Tout inspire;
Rien au monde n'est égal
Au plaisir qu'on goûte au Val.

LES PORTES SECRÈTES

Air : *Trouverez-vous un parlement ?*

Craignant du flambeau de l'Amour
Pour son temple quelque étincelle,
L'hymen l'en bannit un beau jour,
Et depuis ce temps on y gèle.
Mais par bonheur le malin dieu,
Qui n'aime pas battre en retraite,
Pour y faire parfois du feu,
Y garde une porte secrète.

Maint docteur maudit trop souvent
L'éclat des pompes funéraires,
Qui dénonce à chaque passant
Des erreurs... bien involontaires.
De leur art quel cas on ferait,
Si, son affaire une fois faite,
Le malade ne s'en allait
Que par une porte secrète ?

Messieurs tels et tels, que l'on voit
A l'Institut avec surprise,
Messieurs tels et tels, que l'on croit
Admis aux honneurs par méprise,
Messieurs tels et tels, dont chez nous
La fortune fut si tôt faite,
Qui peut mieux connaître que vous
Le prix de la porte secrète ?

Partout la porte à deux battants
S'ouvre au pouvoir, à la fortune;
Aux sots, ainsi qu'aux charlatans,
La porte bâtarde est commune.
Toutes les portes aux vainqueurs
S'ouvrent au son de la trompette;
Et le bienfait chez le malheur
Entre par la porte secrète.

Grétry, Monsigny, Nicolo,
Dalayrac, Méhul, vrais Orphées,

Dont le charme toujours nouveau
Le dispute à celui des fêtes;
Grâce à vos accords enchanteurs
Qu'à l'univers l'écho répète,
Pour vous le temple des neuf Sœurs
N' pas eu de porte secrète.

COUPLETS POUR LA FÊTE D'UNE MARIE

Air : *Femmes, voulez-vous éprouver ?*

On nous vante le paradis;
Mais, quelque plaisir qu'on y trouve,
Peut-il valoir, mes chers amis,
Celui qu'à Saint-Brice on éprouve ?
Oui, de ce paradis charmant,
Moi, je me déclare l'apôtre :
Puisqu'on y peut entrer vivant,
Ne vaut-il pas bien mieux que l'autre ?

Une Marie en est aussi
Et l'idole et la souveraine;
Mais par mille attraits celle-ci
Embellit son joyeux domaine.
Sa douce ivresse y met en train
Et séraphins et séraphines;
Et de leurs chants le gai refrain
Y tient lieu des hymnes divines.

Son regard seul a la vertu
De soumettre les plus rebelles;
Mais fallait-il qu'un seul élu
L'emportât sur tant de fidèles?
Bienheureux est le nom de ceux
Qu'au paradis on daigne admettre;
Or, si nous sommes bienheureux,
Jugez ce que l'époux doit être !

Cheveux bien noirs, minois bien blanc,
Regard bien doux, voix bien touchante,
Taille bien fine et cœur bien franc,
Voilà la belle que je chante.
Tant d'attraits feraient éprouver
Au plus sage un désir profane :
Où donc aller pour se sauver,
Puisqu'au paradis on se damne !

Belle Marie, ah ! gardez-vous
De monter vers votre patronne;
Car à l'envi chacun de nous
Vous suivrait aux pieds de son trône.
Mais le plaisir de voir les dieux
Jusqu'ici ne nous touche guère;
Et nous nous croirons dans les cieux
Tant que vous serez sur la terre.

LE SOLDAT

Air nouveau de *Plantade.*

Ah ! l' bel état
Qu' l'état d' soldat !
Battre, aimer, fumer et boire,

Voilà toute notre histoire...
Et, corbleu! c't état-là vaut bien
Celui d' tant d'gens qui n' font rien. (bis)

Entrons-nous vainqueurs dans un' ville,
L's autorités et l's habitants
Nous vienn'nt d'un' façon fort civile
Ouvrir les port's à deux battants.
C'est tout au plus s'ils sont contents.
Mais c'est tout d' même,
Faut qu'on nous aime,
Rataplan,
Ou bien qu'on en fasse semblant.
Et puis, quand vient le clair de lune,
Chaqu' soldat prend sa chacune,
En qualité de conquérant;
Et prend, rataplan,
Et prend, rataplan,
Le chemin du régiment.
Ah! l' bel état, etc.

Au bout d' queuqu' temps lorsqu'en maraude
Nous sommes las de fair' l'amour,
On va, l' sabre à la main, en fraude
Fair' la chasse à la basse-cour
Il faut qu' chaqu' victime ait son tour,
Poul's innocentes,
Intéressantes!
Sans retour,
Hélas! v'là vot' dernier jour,
Cot, cot, cot, cot, en sentinelle,
Cot, cot, cot, cot, on les appelle;
Ell's pass'nt la tête en caquetant,
Et v'lan, en avant, (bis)
A la broch' du régiment.
Ah! l' bel état, etc.

Mais c'est quand nous quittons la ville
Qu'il faut voir l'effet des adieux...
Et toutes les femm's à la file
Se lamenter à qui mieux mieux.
C'est une rivière que leurs yeux:
« R'viens donc bien vite...
— Oui-da, ma p'tite. »
Le plus souvent!
J'ai soupé pour le sentiment.
Et puis, à not' retour en France,
Chaqu' village en goguette et danse,
Nous r'çoit cœur et tambour battant,
Et plan rataplan (bis)
En l'honneur du régiment.

Ah! l' bel état
Qu' l'état d' soldat!
Battre, aimer, fumer et boire,
Voilà toute notre histoire...
Et, corbleu! c't' état-là vaut bien
Celui d' tant d' gens qui n' font rien. (bis)

LE CAFÉ DES GOBE-MOUCHES

OU LE FAUX-BOURDON

CHANSONNETTE

en réponse aux bruits qui ont couru de la mort des
épicuriens du Caveau moderne.

Air : *Din, don, din, don.*

Au café des *Gobe-mouches*,
Hier je musardais un peu ;
Gens aveugles, borgnes, louches,
Y prenaient un air de feu.
« Voilà, dit une ganache,
La cloche de Saint-Eustache...
   Din, don, din, don, (*bis*)
Entendez-vous le bourdon ?
   Din, don, din, don !

— En effet, dit un bonhomme,
On a vu tendue en deuil
Un' maison qu'on renomme
Dans le quartier Montorgueil.
— Bon ! quel conte vous nous faites !
Monsieur, lui dis-je, vous êtes...
   Din, don, etc.

— Chose assez originale,
Dit un vieil habit râpé,
C'est au Rocher de Cancale
Que les Parques ont frappé.
— Qui vous a fait cette histoire ?
— C'est un homme qu'on peut croire...
   — Din, don, etc.

— Vingt enfants du Vaudeville
Qui s'y rendaient chaque mois,
Dans une guerre civile,
S'y sont tués tous à la fois.
— Vous croyez cette nouvelle ?
Voilà bien ce qu'on appelle...
   Din, don, etc.

— Je l'ai lu dans une feuille,
Dit un autre roquentin,
Et cette feuille recueille
Chaque événement certain ;
D'ailleurs, quoique l'on en glose,
Aucun journal n'en impose...
   Din, don, etc.

— Mettez donc mieux vos besicles,
Dis-je à ces vieux obstinés,
Et ne croyez aux articles
Que lorsqu'ils seront signés.
Je veux bien qu'on soit bonhomme ;
Mais ne le soyez pas comme...
   — Din, don, etc.

— Messieurs, les sons funéraires
Qui frappent vos sens troublés
Proviennent du choc des verres
Des défunts dont vous parlez.
Tâchez donc de mieux entendre,

Et surtout de ne plus prendre,
  Din dons, din dons, (bis).
Des tin tin pour des bourdons,
  Din dons, din dons! «

Et vous qui daignez sourire
A nos passe-temps joyeux,
Sachez que, loin qu'il expire,
Le Caveau se porte au mieux;
Que chacun de nous dévore
  Din dons, din dons (bis)
Et nommez tous les bourdons
  Din dons, din dons!

LE COMMIS INDÉPENDANT

DIALOGUE

ENTRE UN EMPLOYÉ AU MINISTÈRE ET UN GARDE NATIONAL

Air : *Tout le long de la rivère.*

LE GARDE NATIONAL.
Bonjour... que dit-on de nouveau?

L'EMPLOYÉ.
Rien... je m'en vais à mon bureau.

LE GARDE NATIONAL.
Eh ! reviens-tu de ton système ?

L'EMPLOYÉ.
Non, il sera toujours le même...
L'indépendance est le seul bien...
Sans l'indépendance on n'a rien...
Mais au bureau permets que je me rende;
Car il se fait tard, et l'heure me commande.

LE GARDE NATIONAL.
Un instant...

L'EMPLOYÉ.
          Non, l'heure me commande.

LE GARDE NATIONAL, *le retenant.*
L'indépendance sied très bien
A ceux qui n'ont besoin de rien...
Mais toi, mon cher...

L'EMPLOYÉ.
                Est-ce ma faute,
Si j'eus toujours l'âme assez haute
Pour ne recevoir de loi
D'un être mortel comme moi ?...
Mais au bureau permets que je me rende;
Je dépends d'un chef et l'heure me commande...

LE GARDE NATIONAL.
Un instant...

L'EMPLOYÉ.
          Non, l'heure me commande.

LE GARDE NATIONAL, *le retenant.*
Soit, je te laisse, mais je veux
Te faire, avant, ouvrir les yeux.

L'EMPLOYÉ.
Mais j'y vois clair : l'homme est son maître,
Rien ne doit l'empêcher de l'être;
S'il cède à quelque autorité,
Il renonce à sa dignité.

Mais au bureau permets que je me rende;
Mon chef est sévère, et l'heure me commande.

LE GARDE NATIONAL.

Un instant...

L'EMPLOYÉ.

Non, l'heure me commande.

LE GARDE NATIONAL.

Songe donc, mon cher, que le roi
Dépend lui-même de la loi.

L'EMPLOYÉ.

Il s'est imposé cette entrave,
Il est le maître d'être esclave.

LE GARDE NATIONAL.

Il doit l'exemple à ses sujets...

L'EMPLOYÉ.

Pas de sujets chez les Français...
Mais au bureau permets que je me rende;
Je crains le ministre, et l'heure me commande.

LE GARDE NATIONAL.

Un instant...

L'EMPLOYÉ.

Non, l'heure me commande.

LE GARDE NATIONAL.

Pensant ainsi, mon pauvre ami,
Tu dois n'être heureux qu'à demi,
Car ta place...

L'EMPLOYÉ.

En rien ne m'occupe.
Me crois-tu, mon cher, assez dupe
Pour m'être chargé d'un emploi
Qui m'enchaînerait!... Non, ma foi.
Mais au bureau permets que je me rende;
On me pointerait, et l'heure me commande.

LE GARDE NATIONAL.

Un instant...

L'EMPLOYÉ.

Non, l'heure me commande.

LE GARDE NATIONAL.

Ton domestique cependant
N'a qu'à se dire indépendant...
Tu vas le traiter d'imbécile.

L'EMPLOYÉ.

Oui, parce que l'être servile
Qui vit de la bourse d'autrui
Ne s'appartient plus, n'est plus lui...
Mais au bureau permets que je me rende;
Ce matin on paye, et l'heure me commande.

LE GARDE NATIONAL, le retenant.

Un instant...

L'EMPLOYÉ.

Non, l'heure me commande.
Sans adieu, royaliste ardent!

LE GARDE NATIONAL.

Adieu, commis indépendant,
Qui ne veut pas d'un roi pour maître,
Et qui consens à te soumettre
Aux ordres d'un chef de bureau...
Moi, qui suis de garde au château,

Je vole, esclave, où l'honneur me demande :
Toi, va-t'en, plus libre, où l'heure te commande,
Va, plus libre, où l'heure te commande.

CHANT DU SOLDAT.
Air de la Retraite.

Marche au combat!
Voilà mon cri de guerre :
 S'il est sur terre
 Un bel état,
C'est celui de soldat.
Vivre exempt de soucis,
Défendre son pays
Et boire à ses amis,
 C'est le moyen
 D'être riche avec rien.

 Est-il repos,
 Est-il plaisir qui vaille
 Une bataille
 Où d'un héros
Nous suivons les drapeaux!
La gloire nous attend,
Nous chantons en partant,
Nous chantons en battant,
 Nous chantons quand
Nous revenons au camp.

 Pour nous l'amour
Forma toutes les belles ;
 Les plus rebelles
 S'unissent pour
Chanter notre retour :
Devenu plus humain,
Chaque tendron est vain
D'unir sa douce main
 A celle qui
Fit trembler l'ennemi.

 L'argent n'est rien
Pour le franc militaire :
 Il a son verre
 Pour tout soutien,
Et l'honneur pour tout bien.
A ses yeux peu jaloux,
L'espoir d'un sort plus doux,
Tout l'or, tous les bijoux
 Ont moins de prix
 Qu'un drapeau qu'il a pris.

 Ceint d'un laurier,
Et fier sur une tonne,
 Nul coup n'étonne
 Le cœur altier
D'un valeureux guerrier.
Soir et matin il boit,
Il boit à chaque exploit,
Jamais on ne le voit
 Verser en vain
Ni son sang ni son vin.

LE FROID ET LE CHAUD.

Air *du vaudeville de* Monsieur Blaise.

Chers auditeurs, qui de mes veilles
Attendez le fruit, quel qu'il soit ;
Je crains de glacer vos oreilles
Par mon refrain : oh! comm' c'est froid !
Puis, dans l'autre excès tombant vite,
J'ai peur de les échauffer trop,
En répétant six fois de suite :
Oh! comm' c'est chaud! oh! comm' c'est chaud!

Allez-vous chez un homme en place,
Au ventre large, au cœur étroit,
Solliciter la moindre grâce...
Oh! comm' c'est froid! oh! comm' c'est froid!
Frapper ensuite à la chambrette
De l'artiste qui pour tout lot
N'a que sa mie et sa couchette...
Oh! comm' c'est chaud! oh! comm' c'est chaud!

Imbu de l'*Art d'aimer* d'Ovide,
Qu'un beau garçon bien maladroit
S'offre à Chloé, le gousset vide,
Oh! comm' c'est froid! oh! comm' c'est froid !
Mais d'un coffre-fort qu'elle lorgne
Que le son annonce un lourdaud,
Fût-il bossu, boiteux et borgne...
Oh! comm' c'est chaud! oh! comm' c'est chaud!

Dans certains banquets à grimace,
Où, comme l'ai qu'on y boit,
Le convive est frappé de glace,
Oh! comm' c'est froid! oh! comm' c'est froid !
Mais, à cette table bruyante
Où l'esprit n'est pas un impôt,
Où le cœur seul babille et chante,
Oh! comm' c'est chaud! oh! comm' c'est chaud!

Au bout d'un mois de mariage,
Chaque fois qu'Ursule et Benoit
Sont nez à nez dans leur ménage...
Oh! comm' c'est froid! oh! comm' c'est froid!
Mais par degrés les mots s'ensuivent,
Les reproches viennent bientôt,
Et quand les coups de poing arrivent...
Oh! comm' c'est chaud! oh! comm' c'est chaud!

L'œil en feu, deux poltrons se toisent,
Et sur le pré marchent tout droit...
Mais sitôt que leurs fers se croisent,
Oh! comm' c'est froid! oh! comm' c'est froid !
On s'explique : nos fiers athlètes
Chez le traiteur ne font qu'un saut,
Et quand viennent les côtelettes...
Oh! comm' c'est chaud! oh! comm' c'est chaud!

Des feux que l'été nous ramène
Quand chaque jour l'ardeur s'accroît,
Chez Thalie et chez Melpomène
Oh! comm' c'est froid! oh! comm' c'est froid !
Mais quand Mars ou Talma s'en mêle,
Quand de talent ils font assaut...

Qu'il neige, qu'il vente ou qu'il gèle,
Oh! comm' c'est chaud! oh! comm' c'est chaud!

De tant d'opéras et de drames
Qu'à défaut de mieux on reçoit,
Malgré leurs torches et leurs flammes,
S'il nous faut dire : oh! comm' c'est froid!
Toujours chers à notre pensée,
Que d'auteurs moissonnés trop tôt,
Du fond de leur tombe glacée
Font encor dire : oh! comm' c'est chaud!

LE SOUPER.

Même air.

Qui nous rendra l'antique usage
De ces soupers délicieux
Où la franchise et l'ermitage
Réunissaient nos bons aïeux!
Ils goûtaient au sein de l'ivresse.
L'oubli d'un travail terminé,
L'oubli d'une mauvaise pièce
Et l'oubli d'un mauvais dîné. (*ter*)

Le souper, fils de la folie,
Est l'âme des joyeux loisirs...
C'est l'aiguillon de la saillie,
C'est l'avant-coureur des plaisirs...
Et la première fois qu'un sage,
Que l'histoire ne nomme pas,
Dit : *Aux derniers les bons*, je gage
Qu'il parlait des derniers repas.

Des amourettes clandestines
Le souper trahit le secret,
Des chansonnettes libertines
Il permet l'essor indiscret;
Tout y séduit, enivre, enchante,
Tout y respire l'abandon...
L'esprit babille, le cœur chante...
C'est la goguette du bon ton.

Le souper ranime les forces
Qu'épuisa le travail du jour;
Le feu de ses vives amorces
S'allume au flambeau de l'amour.
Le désir tend au vin qui coule
La coupe de la volupté...
Et chaque moment qui s'écoule
Ote une épingle à la beauté.

C'est au souper que les ministres
Déposaient leur sévérité;
Que de leurs fronts souvent sinistres
Ils dépouillaient l'austérité;
Au plaisir un peu moins rebelles,
Et las de leurs airs protecteurs,
Entre le champagne et les belles
Ils devenaient solliciteurs.

Les soupers exaltaient Voltaire,
Les soupers échauffaient Piron,
Les soupers enflammaient Molière,
Les soupers consolaient Scarron.

C'est là qu'heureux de leur délire,
Avec orgueil, à ses élus
Apollon confiait sa lyre...
Ah ! pourquoi ne soupons-nous plus !

COUPLETS IMPROMPTUS

CHANTÉS A UNE REPRÉSENTATION DONNÉE AU BÉNÉFICE D'UNE FAMILLE INDIGENTE

Air : *Ah ! que de chagrins dans la vie !*

Hommage au talent qui console,
Qui, combattant la triste adversité,
Exploite notre humeur frivole
Au profit de l'humanité ! (*bis*)
Thalie, au nom de l'indigence,
Voit ses enfants ici se réunir,
Et sur leurs pas la bienfaisance
Accourt à l'appel du plaisir.

Voyez cette foule empressée
De son appui protéger leurs efforts;
Elle partage leur pensée,
Elle sourit à leurs accords.
Ainsi, des arts plus sûrs de plaire
Le noble usage, aidant l'homme abattu,
Fait du théâtre un sanctuaire,
Et du plaisir une vertu.

Quels sont ces modernes Orphées
Dont les doux sons, les célestes accents,
Rappellent du siècle des fées
Tous les prodiges ravissants ?
Euterpe, attentive, étonnée,
Cède au plaisir qui fait battre son cœur,
Et Philomèle détrônée
S'envole et nomme son vainqueur.

De Terpsichore aimable élite,
Vous qui, du pauvre entendant les soupirs,
Pour arriver encor plus vite,
Vîntes sur l'aile des zéphyrs,
D'une égale reconnaissance
Venez aussi recevoir les tributs,
Les pas qu'on fait pour l'indigence
Jamais, jamais ne sont perdus.

L'HOMME DU BON VIEUX TEMPS

Air : *Boira qui voudra, larirette.*

Comme aujourd'hui tout diffère
De c' que l'on voyait d' mon temps !
La France a changé de sphère,
De mœurs, de goûts, d'habitants;
Et null' part je ne vois plus faire
Ce qu'on fesait quand j'avais vingt ans :
C' n'est plus c'te gaîté,
C'te légèreté,
C' je n' sais quoi
Qu' malgré moi
Je regrette...
Qui donc m'apprendra

Larirette,
Quand ça reviendra,
Larira ?

Aujourd'hui la politique
Boul'verse tous les esprits ;
Du salon à la boutique
Et du village à Paris,
On juge, on réforme, on critique,
Chacun veut êtr' roi d' son pays.
    Le Français d'aut' fois,
      Soumis aux lois,
        S' bornait à
        Régir sa
      Maisonnette...
    Qui donc m'apprendra, etc.

Aujourd'hui nos jeunes têtes,
Du collége à pein' sortant,
Ont déjà des airs d' conquêtes,
Et s'en vont partout chantant
Les victim's qu' leur mérite a faites,
A son d' trompe et tambour battant.
    Aut'fois l'amoureux
      Le plus heureux
        F'sait sa cour
      Sans tambour
      Ni trompette
    Qui donc m'apprendra, etc.

Aujourdhui nos demoiselles
Au teint d' rose, au doux minois,
Dévoilent, pour êtr' plus belles
Et pour doubler leurs exploits,
Des trésors que l'hymen chez elles
Eût dû voir pour la premièr' fois
    Aut'fois ça se cachait
      Et ça s' cherchait
        Sous l' linon
      Clair ou non
      D' la coll'rette...
    Qui donc m'apprendra, etc.

Aujourd'hui c'est l'étiquette
Qui préside chez Comus :
Sans faim on prend la fourchette,
Sans soif on chante Bacchus ;
Puis, pour prolonger la goguette,
Une autr' table attend vos écus.
    Aut'fois, ventregué,
      L' souper plus gai
        F'sait, dit-on,
      Du salon,
      Un' guinguette...
    Qui donc m'apprendra, etc.

Aujourd'hui la comédie,
Pâle et triste en ses portraits,
Par trop d' bon ton engourdie,
Du drame a pris tous les traits ;
Et sur la scène abâtardie
Plus d'Avares, plus d' Turcarets...

Thalie autrefois
 F'sait rir' les rois,
  L'artisan,
  L' paysan,
  La grisette...
 Qui donc m'apprendra, etc.

Aujourd'hui, dès qu'on s'éveille,
Que lit-on dans son journal?
Qu' la fièvr' jaune est à Marseille.
Qu' la peste est en Portugal,
Qu'un Anglais s'est pendu la veille,
Qu'un Prussien s'est jté dans l' canal.
 Aut'fois tours malins,
  Contes badins,
   Variaient,
   Egayaient
   La gazette...
 Qui donc m'apprendra, etc.

Aujourd'hui du temps qui me glace
J' subis l'arrêt inhumain;
J' vois d'un' bell', sans qu' ça m'agace,
L' pied mignon, la blanche main.
Et si j'en poursuis un' qui passe,
Essoufflé, je reste en chemin.
 Aut'fois, vieux lutin,
  Soir et matin
   J'attaquais,
   Je croquais
   Chaqu' poulette.
 Qui donc m'apprendra,
  Larirette,
 Quand ça reviendra,
  Larira.

COUPLETS IMPROMPTUS

CHANTÉS

SUR LE THÉATRE DE LA PORTE SAINT-MARTIN

A une Représentation donnée au bénéfice d'une famille
indigente.

Air : *A soixante ans on ne doit pas remettre.*

Aux cris plaintifs de l'honnête indigence,
Que j'aime à voir ces enfants d'Apollon,
Le luth en main pour calmer sa souffrance,
Des chastes Sœurs déserter le vallon ! (*bis*).
Dignes rivaux du chantre de la Thrace,
Leurs doux accords, par un charme vainqueur.
N'attirent pas les rochers sur leur trace,
Mais, plus heureux, ils font fuir le malheur.

A leurs côtés, ah ! contemplons encore
Ce jeune essaim de nymphes, de zéphyrs !
Du sein des ris, des jeux de Terpsichore.
Ils ont du pauvre entendu les soupirs :
« Qu'un même élan, disent-ils, nous rallie ;
Et souriant à nos efforts rivaux :
Que sur nos pas, ce soir à la folie
La bienfaisance agite les grelots. »

Vous dont le cœur au cri de l'infortune
A répondu par un si noble effort;
Vous que jamais le bonheur n'importune,
De vos bienfaits, ah! jouissez encor.
Par vous l'effroi fait place à l'espérance,
Le besoin fuit par vos mains repoussé :
L'or qui produit amour, reconnaissance,
Dans tous les temps est de l'or bien placé.

A MON AMI GENTIL

COUPLETS CHANTÉS

Le jour où il a été reçu chevalier de l'ordre royal de
la légion d'honneur.

Air *du Verre.*

Unis par la tendre amitié
Qui l'un vers l'autre nous entraîne,
Tout entre nous est de moitié,
Chutes, succès, plaisirs ou peines;
Et dans ce jour cher à ton cœur,
Comme toi, le ciel me seconde;...
Car t'accorder la croix d'honneur,
C'est m'en donner une seconde.

Quand de la bonté de Louis
Le premier je reçus ce gage,
Que n'ai-je pu, doublant son prix,
T'en offrir le juste partage !
On semblait frauder mon ami :
La fraude pourtant m'était chère.
Et mon cœur, sous le bon Henri,
Battait de joie et de colère.

Je n'ai plus rien à désirer,
Le même serment nous attache;
Comme moi, tu viens de jurer
Dévoûment au drapeau sans tache.
Désormais doublement unis,
Bénissons le meilleur des pères!...
Nous n'étions encore qu'amis,
Louis vient de nous rendre frères,

IL FALLAIT QU' ÇA FINIT PAR LA.

HISTOIRE VÉRITABLE.

Air : *Ça n' pouvait pas finir par là.*

A Nanci, ménestrel aimable
Trouva jouvencelle adorable;
Premier regard les rapprocha,
Tendre soupir les attacha;
    Et la douce (*bis*) espérance
    Suivit l'accointance :
Il fallait qu' ça finît par là,
Puisque ça commençait comme ça. (*bis*)

Aux jeux brillants où Polymnie
Prête ses accords à Thalie,
Le troubadour par ses accents
De sa mie enflamma les sens;
    Et la douce (*bis*) romance

Désaugiers.   15

Soumit l'innocence :
Il fallait, etc.

L'amour, toujours jaloux de faire
Quelque niche à l'Hymen, son frère,
Pour mettre à profit les instants
Ayant soudain pris les devants,
  Une douce (*bis*) caresse
   Comble leur ivresse :
Il fallait, etc.

De l'Amour la forge s'allume,
Et de son marteau sur l'enclume
Il va si bien frappant, qu'un jour,
D'Adèle et de son troubadour
  Une douce (*bis*) naissance
   Double l'existence :
Il fallait, etc.

Mais comme on refait, d'ordinaire,
Ce qu'on eut du plaisir à faire,
Le couple, heureux de son succès,
Recommença sur nouveaux frais,
  Et la douce (*bis*) Clémence
   Fut leur récompense :
Il fallait, etc.

Le travail, loin d'abattre Adèle,
Semblait la rendre encor plus belle ;
Ensuite *Eugène* vit le jour,
Ensuite *Amédée* eut son tour ;
  Oh ! la douce (*bis*) abondance !
   Mais, en conscience,
Il fallait, etc.

Mais comme on peut (c'est mon système)
Aller jusqu'à cinq lorsqu'on aime,
L'autre jour, tendre rejeton,
De rose cinquième bouton,
  Oh ! la douce (*bis*) journée !
   Amélie est née !
Il fallait, etc.

Diable ! dit le dieu d'hyménée,
C'est, je crois, la sixième année,
Que mon cadet brave mes lois :
Je veux, je veux que cette fois
  Une douce (*bis*) vengeance
   Lave mon offense.
Il fallait, etc.

Aussitôt chez le couple il vole :
L'Amour, dit-il, est trop frivole ;
Cet enfant n'a ni foi ni loi,
Vous serez plus heureux chez moi ;
  Et sa douce (*bis*) parole
   Soudain les engeôle :
Il fallait, etc.

L'Amour répond : « Je sais ma faute ;
Mais des rangs crois-tu que je m'ôte ?
— Eh bien, pour la première fois,
Confondons, dit l'Hymen, nos droits. »
  Et la douce (*bis*) constance
   Signa l'alliance :

Il fallait qu' ça finît par là,..
Puisque ça commençait comm' ça.

LE MENUISIER SIMON

OU LA RAGE DE SORTIR LE DIMANCHE.

Air de la Catacoua.

Allons, Suzon, je t'mons dimanche,
Ouvre tes yeux et tes rideaux;
Quand j'ons six grands jours scié la planche,
Tu sais qu' j'ai d' la maison plein l' dos.
Il faut que j' sortions d'un' barrière...
Débarbouill' vite ton garçon...;
　　Passe l' jupon,
　　Moi, l' pantalon,
　　Et, zon, zon, zon,
En avant, ma Suzon!
J' gob'rons moins de m'ringn's que d' poussière,
Mais je n' serons point z'à la maison.

Où c' que j'irons? que tu vas m' dire;
C'est aujourd'hui foire à Pantin
Courons-y vite, que j' respire
L' parfum z'embaumé du matin...
Seul'ment n' mets pas tes plus bell's hardes,
Car ce nuage au-d'ssus d' Charenton
　　N' promet rien d' bon;
　　Tant pis... Quoi donc?
　　Et, zon, zon, zon,
　　J' sais c' que c'est qu'un bouillon...
J'allons être inondés d'hall'bardes...;
Mais je s'rons point z'à la maison.

L'enfant sur l' bras, la femm' sous l'autre,
V'là Simon parti pour Pantin :
Arrivés là, le marmot s' vautre
Sur l' gazon près d'un gros mâtin...
En aboyant, Dragon l' regarde,
Puis mord la jambe au p'tit garçon.
　　L' pèr' frapp' Dragon,
　　L' maitr' frapp' Simon,
　　Et, zon, zon, zon,
　　D' coups d' pieds en coups de bâton :
V'là l' menuisier au corps de garde...;
Mais il n'est point z'à la maison.

Pour queuq's sous l'affaire s'arrange;
Les v'là contents, quand par malheur,
Suzon, qu'est fraiche comme un ange,
Rencontre en ch'min un amateur...
L' menuisier tomb' sans crier gare
Sur l' casaquin du Céladon.....
　　L'appell' cochon,
　　L'autr', cornichon....,
　　Et, zon, zon, zon,
　　De raison en raison,
Il r'cule et le v'là dans un' mare...,
Mais il n'est point z'à la maison.

Sorti d' là, fait comme on peut croire,
Au soleil il va pour s' sécher...
Et v'là qu' tous les malins d' la foire

L'i d'mand'nt où c' qu'on vient de l' pêcher...
Il s' sauv' sur des sacs à farine,
R'bondit sur des sacs à charbon...
   Et d' bond en bond,
    Tomb' dans un fond
   Où, zon, zon, zon,
   Heurté par un buisson,
Il roul' dans un fagot d'épine... ;
Mais il n'est point z'à la maison.

Comme on n' vit ni d'air ni d' taloches;
Ils entrent dîner chez Le Noir...
Mais n' sachant pas l'état d' ses poches,
Quand vient l' quart d'heure du comptoir,
Pas seul'ment d' quoi payer l'óm'lette,
Et l' traiteur n'entend pas raison...
   Paye, ou sinon
   Gar' la prison,
   Et, zon, zon, zon :
  V'là pour comble d' guignon,
Simon au violon de la Villette...,
Mais il n'est point z'à la maison.

Sa femme, maudissant l' dimanche,
Court trouver l'maire, qui n'y est pas...;

Près d' son jeun'. commis ell' s' démanche,
Pouss' des soupirs, lâch' des hélas!...
Rien qu'all' n'fass' pour qu' son homm' soit libre;
Le jeun' commis ne dit pas non...
   Faible Suzon!
   Pauvre Simon!
    Et, zon, zon, zon,
  Le v'là hors de prison...
Sa femme a perdu l'équilibre...;
Mais il n'est point z'à la maison.

Enfin, s' promettant bien sa r'vanche,
Il rentre; mais, malgré les rieurs,
Pas d' danger qu'il dis' que l' dimanche
On peut êtr' chez soi mieux qu'ailleurs...
Aux anges de sa p'tite promenade
Dans la mare et dans la prison,
   Gai comm' pinson,
   S' moquant d' la leçon,
  Et, zon, zon, zon,
Il dit à sa Suzon.....
J' rentrons battu, blessé, malade;
Mais j' s'rais p't'être mort z'à la maison.

AU DIABLE LA RAISON

COUPLETS IMPROVISÉS CHEZ MON AMI LAUGIER
A VILLEJUIF

Air : *Zig zag don don.*

Nous réinstallons aujourd'hui
  Cette aimable campagne;
Fuis, triste hiver, et que l'ennui
  Loin d'ici t'accompagne!
Avec mai, ce mois si doux,
Villejuif renait pour nous.
  Amour, gaîté, saillie,
Le printemps est votre saison;
  Cédons à la folie,
  Au diable la raison!

Les champs d'épis vont se couvrir,
  Le bourgeon va paraltre;
La rose commence à s'ouvrir,
  Le vieillard à renaltre;
L'oiseau chante son refrain,
Laugier nous verse son vin...
    Amour, etc.

Amis, en ce jour des plus beaux;
  Dépouillons l'humeur noire.
Dépouillons lapins et perdreaux,
  Dépouillons cave, armoire,
Dépouillons lilas, rosier...
Dépouillons tout chez Laugier.
    Amour, etc.

De Paris chez Laugier, combien
  De coups d'œil faits pour plaire!
C'est *Sainte-Pélagie*, ou bien
  C'est la *Salpétrière!*
Puis, plus haut, montez tout droit,

C'est *Bicêtre* que l'on voit...
Amour, etc.
Ressuscitez, jeux innocents,
Hochets de tous les âges,
Champêtres et gais passe-temps
Des fous comme des sages.
Belles, venez n'importe où,
Avec nous faire joujou.
Amour, etc.

Le champ des jeux nous est ouvert,
Et j'en vois plus de douze :
Découvre-toi, grand tapis vert,
Où le plus fin se blouse...
Ou, si le tir vous plaît mieux,
L'arquebuse est sous vos yeux.
Amour, etc.

L'escarpolette un peu plus loin,
Qu'un bras nerveux manie,
Pour vous amuser au besoin,
Tendrons dont la manie
Est d'être poussés souvent
Par derrière et par devant...
Amour, etc.

Mais à quoi bon de tant de jeux
Le brillant assemblage ?
Un charme plus voluptueux
Pare cet ermitage :
Des charmes de ce festin
Lolotte est le boute-en-train.
Amour, etc.

Où trouver meilleur déjeuner,
Plus belle compagnie ?
Où trouver plus ample dîner,
Et cave mieux garnie ?
Quel qu'en soit le résultat,
Ma seringue est en état.
Amour, etc.

Permets, toi, de tous les Langiers
Le digne et joyeux père.
Qu'en ton nom l'ami Désaugiers
Vide vingt fois son verre.
A toi je bois ce doux jus,
Sias de Grasse, iou dé Fréjus.
Amour, etc.

Buvons au printemps renaissant,
Buvons à la verdure ;
Buvons au zéphyr caressant,
Au ruisseau qui murmure ;
Buvons aux tendres agneaux,
Enfin, buvons.... aux oiseaux.
Amour, gaîté, saillie,
Le printemps est votre saison ;
Cédons à la folie,
Au diable la raison !

LE NOUVEAU DÉMOCRITE

Air : *Tout le long, le long de la rivière.*

Gai Démocrite, qui vécus

Cent neuf ans et peut-être plus,
Si la céleste Providence
Eût prolongé ton existence
Jusqu'à mon siècle si brillant
En vertu, savoir et talent...
Mons Héraclite en bas aurait beau dire,
Que d'occasions n'aurais-tu pas de rire !
   Que d'occasions, hélas ! de rire !

   Mais tu n'est plus : permets-moi donc
   D'être Démocrite second.
   Je prends, je braque ma lorgnette...
   Que vois-je ? une fille poète
   Qui parle amour comme un roman,
   Ou comme ferait sa maman...
Mons Héraclite aura beau faire et dire,
Le moyen, ma foi, de voir cela sans rire !
   Le moyen de voir cela sans rire !

   Et ce savant expéditif
   Dont le procédé lucratif
   Enseigne les hautes sciences
   En deux, trois ou quatre séances,
   Moyennant vingt francs par leçon,
   Payés d'avance et pour raison...
Mons Héraclite, etc.

   Et ce compositeur en *i*
   (Ce n'est Grétri ni Monsigni),
   Qui, par un orchestre à cymbale,
   Trompette, tambour et timbale,
   Ravissant les *dilettanti*,
   Nous assourdit *tutti quanti*...
Mons Héraclite, etc.

   Et cet architecte charmant
   Qui bâtit par enchantement
   Une maison dont la durée
   Pour plus d'un siècle est assurée,
   Et dont le premier coup de vent
   Fait du derrière le devant...
Mons Héraclite, etc.

   Et cette reine de comptoir,
   Dont le trône, armé d'un boutoir,
   Présente aux regards du profane
   Une nouvelle Roxelane
   Nous écrasant de ses dédains,
   Entre une hure et deux boudins...
Mons Héraclite, etc.

   Et cet éditeur curieux
   Dont le procédé précieux
   Tendant à nous rendre tous myopes
   Par l'usage des microscopes,
   Met Voltaire et Rousseau complets
   Dans nos deux poches de gilets...
Mons Héraclite, etc.

   Et ces acquéreurs de jardins
   Transformant, dans leurs goûts badins,
   Nos kiosques en maisons fort chères,
   Nos grottes en portes cochères,
   Nos labyrinthes en balcons,

Nos pelouses en paillassons.
Mons héraclite, etc.

Et la sangsue en plein débit,
Et l'*acupuncture* en crédit
Et les succès que l'or achète,
Et le pouvoir de la fourchette
Et les effets du trois pour cent
Qui descend, monte et redescend...
Mons Héraclite, etc.

Mais je m'arrête, car vraiment
Ma lorgnette à chaque moment
Présente à mes pinceaux critiques
Tant d'hommes et d'objets comiques,
Qu'en riant je craindrais de voir
Des larmes tremper mon mouchoir...
Et, pour l'honneur de mon malin délire,
Je ne voudrais pas pleurer, même de rire,
Je ne voudrais pas pleurer de rire.

TIN, TIN, TIN, TIN, TIN, TIN

ou

LE RÉVEIL-MATIN

Air : *Tin, tin, tin, tin, tin, tin.*

Tin, tin, tin, tin, tin, tin,
Pour les enfants d' la victoire,
Du plaisir et d' la gloire
Est le réveil-matin.

Qui rend aimable et gai
L'ami du jus d' la treille?
Qui console et réveille
Le vieillard fatigué?
A la fin d'un festin
Qui dérid' le plus sage,
Soumet la plus sauvage,
Apais' le plus mutin?

Tin, tin, tin, tin, tin, tin,
D' la vill' ainsi qu' du village,
Tin, tin, tin, tin, tin, tin,
Est le réveil-matin.

Qui donne du crédit?
Qui donne d' la confiance?
Qui donne d' la puissance?
Qui donne de l'esprit?
Qui rafraîchit le teint
D' nos antiques d'moiselles?
Qui rallum' chez quelqu's belles
L' feu d'un amour éteint?
(Geste de compter de l'argent.)
Tin, tin, tin, tin, tin, tin,
Des vieux, des sots, d' infidèles,
Tin, tin, tin, tin, tin, tin,
Est le réveil-matin.

Qui, sur l' battant muet
D' la docile sonnette,
A minuit d' la fillette

Fixe l'œil inquiet?
Qui de l'amoureux lutin,
L'i annonçant, la visite,
Lui fait ouvrir bien vite
Le verrou clandestin?
    (Geste de sonner à une porte.)
Tin, tin, tin, tin, tin, tin,
Du jeune cœur qui palpite,
Tin, tin, tin, tin, tin, tin,
Est le réveil-matin.

Qui satisfait encor
Les oreill's à la ronde?
Qui réjouit tout l' monde?
Qui met tout l' mond' d'accord?
C'est à l'heur' du festin,
Des cass'rol's, des assiettes,
Des cuillers, des fourchettes,
Tant d'argent que d'étain,
    (Bruit de vaisselle.)
L' tin, tin, tin, tin, tin, tin,
D' l'ami joyeux des goguettes,
L' tin, tin, tin, tin, tin, tin,
Est le réveil-matin.

Qui réchauff' les soldats
Le jour d'une bataille?
Qui leur fait d' la mitraille
Affronter les éclats?
Qui d'un succès certain
Leur présage les charmes?
Qui fait du bruit d' leurs armes
R'tentir l'écho lointain?
Tin, tin, tin, tin, tin, tin,
Pour les enfants de la victoire,
Du plaisir et d' la gloire
Est le réveil-matin.

A MA FEMME

LE PREMIER JOUR DE L'AN (1807)

Air : *Au sein d'une fleur tour à tour.*

Toi, dont l'image à chaque instant
Par le plaisir m'est retracée,
Tu dois, le premier jour de l'an,
Avoir ma première pensée.
Ce jour charmant dans tout Paris
Semble ranimer la folie...
Mais le premier où je te vis,
Voilà le plus beau de ma vie.

Lorsque chacun forme des vœux,
Que te désirer, ma Sophie?
Vois-moi toujours des mêmes yeux,
Sois toujours fidèle et jolie.
Donne à ton ami quelquefois,
Pour doubler l'ardeur qui l'agite,
Tendre regard quand tu me vois,
Doux souvenir quand je te quitte.

Entre nous une seule fois
Je vis s'élever un nuage,

Mais bientôt, reprenant ses droits,
L'amour dissipa cet orage.
Ah! par malheur s'il faut jamais
Que la guerre se renouvelle,
Pour vite ramener la paix,
Courons vite embrasser Estelle.

Combien de fois sur notre cœur
Nous presserons ce tendre gage!
Estelle a doublé mon bonheur,
Puisqu'elle a doublé ton image.
Au Dieu qui daigna la former
Je ne fais plus qu'une prière :
C'est qu'elle ait mon cœur pour t'aimer,
Qu'elle ait tes charmes pour me plaire.

LA MÈRE BAHU ET LA MÈRE GANGAN

ou

LES VOISINES DE VILLAGE

Chanson dialoguée

Air : *Dérouillons, dérouillons, ma commère.*

LA MÈRE BAHU, *entrant chez la mère Gangan.*

Excusez, voisine Claire,
J' n'ai plus d' bois dans mon gal'tas ;
Le vent vient d' souffler ma lumière,
Et j' viens, comm' la s'maine dernière,
Près d' vous, si ça n' vous dérang' pas,
    Ravauder (*bis*), ma commère,
    Ravauder (*bis*) mes vieux bas.

LA MÈRE GANGAN, *se levant appuyée sur sa
                béquille.*

V'là, ma fine, une heure entière
Que j' bâille et qu' j'étends les bras...
Seule, j' n'ai cœur à rien faire ;
Le silence m' désespère ;
Mais puisqu' vous v'là, plus d'embarras...
    Ravaudons (*bis*), ma commère,
    Ravaudons (*bis*) nos vieux bas.

(*Elles s'asseyent et la mère Bahu soupire.*)

Vous soupirez?

LA MÈRE BAHU, *mettant ses lunettes.*
                Oui, ma chère,
En songeant qu' jadis, hélas!
Le matin sur la fougère
Nous cueillions la fleur légère,
Et que le soir nous n' disions pas :
    Ravaudons, etc.

LA MÈRE GANGAN, *mettant ses lunettes.*
Une chaussur' moins grossière
Pressait nos pieds délicats ;
Un bas blanc qu' nous n' cachions guère
Dessinait un' jambe... à faire
Sécher d'amour... Pauv' Nicolas!
        (*Elle soupire à son tour.*)
    Ravaudons, etc.

    LA MÈRE BAHU, *tirant son étui.*
J' vois encore l'onde claire

Où je baignais mes appas,
Lorsqu'un soir le p'tit Hilaire
A c't heur' goutteux et grand-père...
Mais qui dans c' temps n' l'était pas...
(*Elle soupire et enfile son aiguille.*)
Ravaudons, etc.

LA MÈRE GANGAN, *attisant le feu de sa
chaufferette.*

L' jour d' ma noce, moi, je vois Pierre
S'en v'nir vers la fin du r'pas,
En s'cret délier ma jarr'tière,
Qu' j'avais eu soin, pour lui plaire,
De ne pas attacher... trop bas...
(*Autre soupir.*)
Ravaudons, etc.

LA MÈRE BAHU, *tirant son mouchoir.*
N'est-c' pas d'main que monsieur l' maire,
Par des motifs qu'on n' dit pas,
Doit nommer Claudin' rosière?...
En cinquant'-neuf, à Nanterre,
Ça n' m'eût pas manqué, si Lucas...
(*Elle va pour se moucher et s'essuie une
larme.*)
Ravaudons, etc.

LA MÈRE GANGAN, *avec l'expression des regrets
et de l'amour-propre.*

C'est pourtant ben dur, ma chère,
D'avoir eu quelques appas,
Et d' moisir dans un' chaumière...
J' réponds qu' si c'était à r' faire...
LA MÈRE BAHU, *ôtant ses lunettes.*
Et moi donc...
LA MÈRE GANGAN.
D'main nous n' dirions pas :
Ravaudons, etc.

LA MÈRE BAHU, *avec humeur.*
Sans êtr' des langues d' vipères,
Que d' bell's dames n' voit-on pas
D' leurs carosses toutes fières,
Dont jadis, comm' nous, les mères
S' disaient à côté d' leurs grabats :
Ravaudons, etc.

LA MÈRE GANGAN, *enflant sa voix et son fichu.*
Si j'avais voulu, j'espère,
A Paris, un jour d' verglas
Qu'ayant trébuché par terre,
Un biau monsieur, secrétaire
D' l'ambassadeur des Pays-Bas...
(*Autre soupir.*)
Ravaudons, etc.

LA MÈRE BAHU, *mystérieusement.*
On dit qu' la femm' du notaire
Qui donn' de si grands galas,
A seize ans, du presbytère,
Moyennant quatr' sous la paire,
Y compris l'apprêt des rabats...
Ravaudait, etc.

LA MÈRE GANGAN, *plus mystérieusement encore.*

Et madam' la marguillière,
Avec ses grands falbalas,
Là, j' vous l' demande, à quoi faire
A-t-ell' gagné sa p'tit' serre?
Fi ! plutôt qu'un métier si bas...
    Ravaudons, etc.

LA MÈRE BAHU, *se levant,*

Mais v'là l'heure d' la prière
Et du souper d' mes deux chats.
R'mercions le ciel d' tout, ma chère,....
En songeant qu' bientôt sur terre
Nous ne nous dirons même pas :
    Ravaudons (*bis*), ma commère,
    Ravaudons (*bis*) nos vieux bas.

(*Elles se séparent en s'embrassant, autant que
leurs nez et leurs mentons le leur permettent.*)

MA FEMME EST LA !

COUPLETS

CHANTÉS PAR UN MARI A LA FÊTE DE SA FEMME.

Air : *Eh ! mais, oui-dà !*

Amis, j'aime une belle
Dont, jusques à ce jour,
La tendresse fidèle
M'a payé de retour...
  Ma femme est là !
Ce n'était pas l'instant de dire ça.

Sous sa figure douce,
Oh ! combien j'aime à voir
Son beau sein qui repousse
La main et le mouchoir !...
  Ma femme est là ! etc.

Aussi blanche qu'un cygne,
Elle a sous son menton
Un joli petit signe
Rose comme un bouton...
  Ma femme est là ! etc.

Ma petite Normande,
A table comme au lit,
A, sans être gourmande,
Assez bon appétit...
  Ma femme est là ! etc.

Quoiqu'elle ait l'œil céleste,
Mon plaisir le plus grand
Est, je vous le proteste,
De n'en voir que le blanc...
  Ma femme est là ! etc.

Cet objet que j'adore,
Je vous le dis tout bas,
La nuit dernière encore
M'a reçu dans ses bras...
  Ma femme est là ! etc.

C'est aujourd'hui sa fête,
Et j'ai tout près d'ici,

Ce matin fait emplette
Du peigne que voici...
Ma femme est là !
Et c'est pour elle, amis, que j'ai fait ça.

QU'ELLE SONNE ! QU'ELLE SONNE !

Air *nouveau*.

Le pauvre diable qu'emprisonne
Un impitoyable usurier,
Jusqu'à ce qu'il puisse payer,
N'est plaint, regretté de personne.
Mais si d'une bourse aujourd'hui
Il reçoit le magique appui,
　Qu'elle sonne ! qu'elle sonne !
Cœur, prison, tout s'ouvre pour lui.

Le jeune Alain attend Simone
A l'heure qui suivra minuit;
Son cœur palpite au moindre bruit
Mais bientôt l'espoir l'abandonne.
Heure trop lente ! il va mourir,
S'il ne l'entend pas retentir :
　Qu'elle sonne ! qu'elle sonne !
Il meurt bien, mais c'est de plaisir.

L'homme que Plutus abandonne,
Se voit par tous abandonné,
Lorsque la cloche du dîné
Chez lui n'appelle plus personne.
Mais comme Plutus vient et va,
Chez lui quand il reparaîtra,
　Qu'elle sonne ! qu'elle sonne !
Combien d'amis il reverra !

Voyez les soucis qui foisonnent
Auprès du modeste artisan ;
Jamais, en aucun jour de l'an,
Chez lui deux écus ne résonnent,
Mais une coupe pleine en main
Une autre en celle du voisin,
　Qu'elle sonne ! qu'elle sonne !
Il est riche jusqu'à demain.
Qu'elle sonne ! qu'elle sonne !
Justine ne l'entendra pas.

Loin de nous puisque enfin Bellone
A porté son ravage affreux,
Jouissons de l'ombrage heureux
Dont l'olivier nous environne.
Mais si la trompette aux combats
Rappelle nos vaillants soldats,
　Qu'elle sonne ! qu'elle sonne !
Déjà la gloire est sur leurs pas !

L'ARQUEBUSE

COUPLETS IMPROMPTUS

CHANTÉS CHEZ LE COMTE ***, DANS UNE FÊTE DONNÉE
A SA CAMPAGNE

Quel beau jour !

La saison nouvelle
Nous rappelle
Dans ce séjour;
Et l'Amour,
En battant de l'aile,
Applaudit à notre retour.

Sous l'ombrage caché déjà,
Le fripon médite en silence
Sur le trait qu'il faudra qu'il lance,
Et sur le cœur qu'il blessera,
    Quel beau jour, etc.

Après un an, lorsque des jeux
Le printemps ramène l'escorte,
L'amitié n'en est que plus forte,
Et le vin n'en est que plus vieux.
    Quel beau jour! etc.

Mais qu'entends-je? Au nom du tambour
Filles, garçons, tout se réveille;
Et ces mots frappent mon oreille:
« Chacun va tirer à son tour. »
    Quel beau jour! etc.

Dans ces beaux lieux accourez tous,
Amis des plaisirs et des belles;
Nous allons tirer devant elles,
Elles pourront juger des coups.
    Quel beau jour! etc.

Quoique mon bras n'ait rien de tel
Qu'on le redoute ou le renomme,
J'ai souvent, visant à la pomme,
Fait la barbe à Guillaume Tell.
    Quel beau jour! etc.

Belles, pour votre cœur content
Ah! que ces combats ont de charmes!
Que vos mains bénissent nos armes,
Et nous partons au même instant.
    Quel beau jour! etc.

Tirer au blanc m'ôte l'espoir :
Cette couleur peu prononcée
Par tant de lis est effacée,
Qu'il vaudrait mieux tirer au noir.
    Quel beau jour! etc.

Epoux, visez au même point :
Quand, prêt au plaisir qu'on convoite,
L'un tire à gauche, l'autre à droite,
Tous ces coups-là ne comptent point.
    Quel beau jour! etc.

Arrêtons pour règle du jeu
Que tout armateur d'arquebuse
Ne sera dans son art que buse
S'il ne touche pas au milieu.
    Quel beau jour! etc.

Vers le tir, amis, dépêchons;
Mais, si nous voulons tirer juste,
Avant tout il me semble juste
De viser aux tire-bouchons.
    Quel beau jour! etc.

De l'eau surtout, joyeux buveurs,
Evitons la fadeur extrême :
L'humide saint Médard lui-même
A pour nous suspendu ses pleurs.
  Quel beau jour ! etc.

Chez toi, par le plaisir admis,
Cher patron, que de cœurs tu comptes ;
Mais aussi ce sont les bons *comtes*
Qui font, dit-on, les bons amis.
  Quel beau jour ! etc.

Buvons force champagne et rhum
A notre hôtesse bonne et belle,
Et faisons succéder pour elle
Un *Te Deum* au *Te Deum*.

  Quel beau jour !
  La saison nouvelle
  Nous rappelle
  Dans ce séjour ;
  Et l'Amour,
  En battant de l'aile,
Applaudit à notre retour.

PARIS

OU LE PARADIS DE LA FRANCE

Air *du rondeau du* Chapitre second.

 Cité sans égale
 Reine sans rivale
 De tous les pays,
 Cette ville immense
 De l'heureuse France
 Est le paradis.
 Les femmes jolies
 Y sont obéies
 Au moindre signal ;
 Et l'Amour, en maître,
 Y sait tout soumettre
 A son tribunal.
 La gaîté folâtre
 Y règne au théâtre,
 A table, aux salons ;
 Ses riants mensonges
 Nous bercent en songes
 Quand nous sommeillons.
 Partout Terpsychore
 Jusques à l'aurore
 Charmant nos instants,
 Vient, joyeuse fée,
 Ravir à Morphée
 Ses droits sur nos sens.
 La mode infidèle,
 Sans cesse nouvelle,
 Variant nos traits,
 Procure à nos charmes
 De secrètes armes,
 De nouveaux succès.
 Le luth y soupire,
 La toile y respire

Et parle à nos yeux;
Le marbre y palpite,
Le bronze y récite
Les faits glorieux.
Oui, plaisirs, folie,
Gloire, amour, génie,
Tout est à Paris.
Cette ville immense
De l'heureuse France
Est le paradis.

LE JOHN BULL PARISIEN

Même air.

Paris m'a vu naître,
Et je suis un être
Assez singulier :
La même seconde
Me trouve à la ronde
Dans chaque quartier;
De tout je m'amuse,
Je flâne, je muse,
Et pour ce défaut
On me gratifie,
On me qualifie
Du nom de *badaud*.
D'humeur curieuse
Et capricieuse,
Je vois, j'entends tout,
Et nouvelle heureuse,
Nouvelle fâcheuse,
Tout est de mon goût.
Confiant, crédule,
Un bruit qui circule
Me rend ébaubi;
On m'a vu naguères
Manquer mes affaires
Pour parler d'Albi.
Vienne un incendie,
Soudain je m'écrie :
« Au secours! au feu!
Sauvez le deuxième,
Sauvez le troisième! »
Mais je bouge peu.
Quand souvent Molière,
Racine et Voltaire
Ne m'attirent pas,
Une z'Irsabelle;
Un Polichinelle,
Arrêtent mes pas.
Mais, quoique frivole,
Ma moindre parole
Devient un arrêt;
Pas une entreprise
Qui ne soit soumise
A ce qui me plaît.
Bals, cafés, boutiques,
Jeux, fêtes publiques,

C'est à qui m'aura;
Si je me présente,
C'est vingt fois sur trente
A qui m'ennuira,
De l'Académie,
Souvent endormie,
Je cours, comme un fou,
Aux Montagnes suisses
Me rompre les cuisses,
Me casser le cou.
Mais le jour s'écoule,
Et je cours en foule
Remplir Tivoli;
Survient une averse,
Et je me disperse...
Le jour est fini.

PLUS DE POLITIQUE

Air *de la Treille de sincérité.*

Peuple français, la politique
T'a jusqu'ici trop attristé;
Rappelle ta légèreté,
    Ton antique
    Joyeuseté.

Souviens-toi de ce temps aimable
Où, libre de soins importants,
Entre le boudoir et la table
Tu partageais tous tes instants! (*bis*)
Oubliait-on alors en France
Un banquet pour un tribunal,
Un concert pour une séance,
Un billet doux pour un journal?
Peuple français, etc.

Tes hauts faits, ta noble vaillance,
Assez longtemps ont attesté
Que ta patrie était la France;
Atteste-le par ta gaîté;
Qu'enfin Momus de son empire
Retrouve en toi le vieil ami,
Et songe bien que ne pas rire
C'est n'être Français qu'à demi...
Peuple français, etc.

A jouir quand tout te convie,
Quand le plaisir te tend les bras,
Insensé! tu passes ta vie
A chercher comment tu vivras!
Cesse des plaintes impuissantes,
Pourquoi perdre en vœux superflus,
En peines toujours renaissantes,
Des jours qui ne renaîtront plus!
Peuple français, etc.

Qu'as-tu fait de ce gai délire
Qu'enviait ton sombre voisin?
Reprends tes grelots et ta lyre,
Chante le myrte et le raisin.
Fidèle appui de la couronne,
Obéis gaîment à ses lois,

Désaugiers.   16

Et bois, quand vient le jus d'automne,
Au pays à qui tu le dois...
Peuple français, etc.

Heureux, tant que tu fus frivole,
Laisse, au lieu de te tourmenter,
Au gré de Neptune et d'Éole
Le vaisseau de l'État flotter ;
Et tandis qu'un pilote habile
Le défendra des coups du sort,
Contente-toi, sage et tranquille,
De mener ta barque à bon port.
Peuple français, etc.

La beauté fidèle ou légère
Sut toujours enflammer tes sens,
Le bon vin sut toujours te plaire,
Toujours la gloire eut ton encens :
Chaque année offre à ton ivresse
Treilles, lauriers, myrtes, appas...
Sous un ciel qui te rit sans cesse
Pourquoi donc ne rirais-tu pas ?

Peuple français, la politique
T'a jusqu'ici trop attristé,
Rappelle ta légèreté,
   Ton antique
   Joyeuseté.

COUPLETS

POUR LA FÊTE DE M. PICARD.

Air : *J'ai vu le Parnasse des Dames.*

Sur notre ami Picard que dire
Qui n'ait pas été dit déjà ?
Ses œuvres, qui nous font tant rire,
En ont plus dit qu'on n'en dira.
Sa gaîté, son esprit, son style,
Sont connus du tiers et du quart ;
Pas une *Petite* ou *Grand'ville*
Où l'on ne connaisse Picard.

   Air : *J'ai perdu mon âne.*

   Chacun à la ronde (*bis*)
A sa r'nommée applaudit,
Et l'on sait comment il fit
   Son *Entrée dans l' monde*.

Air : *Réveillez-vous, belle endormie.*

Son talent n'est pas un problème,
Car, défiant les plus malins,
Il n' dut ses succès qu'à lui-même,
D'mandez plutôt à ses *Voisins*.

   Air de l'*Avare*.

Légitime enfant de Thalie,
Il fut baptisé par Momus,
Pour marraine il eut la Folie,
Pour père nourricier Comus.
Je n' suis ici qu' l'écho d' la France
Qui donne comme un fait certain
Qu' Thalie ell'-même un beau matin
A signé son acte d' naissance.

Air nouveau.

Il eut, très-jeun', le privilége
D' nous divertir et d' nous charmer;
Allez voir ses *Amis d' collége*,
Ils sont là pour nous l'affirmer.
Et l'on dit que par des rout's sûres,
L' voyant marcher droit au succès,
Apollon d' ses heureux essais
Tira de bonnes *Conjectures*.

Air : *Je ne veux pas qu'on me prenne*.

Jamais sa plume féconde
Ne réussit à demi :
Du *Cousin de tout le modèle*
Tout le monde fut l'ami.
D' sa verve toujours hardie
L'essor fut toujours égal;
Heureux qui pour le génie
Sera son *Collatéral!*

Air *du vaudeville de* la Partie carrée.

Ces *Philibert*, où tout Paris se presse,
Et dont cinq ans attestent le succès,
Prouv'nt qu'à la scène avec la même adresse
Il sait traiter bons et mauvais sujets.
Mais être auteur ne fut pas sa seul' gloire :
Comme Molière, acteur, il joua bien ;
J'ai de ce fait un témoin qu'on peut croire,
      C'est un *vieux Comédien*.

      Air : *Aussitôt que la lumière*.

Mais, ma foi, sur son éloge,
Moi, je ne tarirais pas...
Et l'aiguille de l'horloge
Me dit de presser le pas.
A sept heur' encore écrire!...
Je me battrais si j'osais...
Pour l'cocher qui va m' conduire
Gar', morbleu, *les Ricochets!*

      Air *d'Angélique et Melcourt*.

Pardon, amis, si je viens tard,
Mais je vous f'rai l'aveu sincère
Qu'outre que j' suis *monsieur Musard*,
J'avais c'te chansonnette à faire,
Puis mon *Voyage interrompu*
Par des rencontres qui chagrinent,
Font que l' dîner m'est défendu,
Quoiqu'ici les *visitants dînent*.

LA GLISSADE.

MORALITÉ.

    Fillettes
    Gentillettes
Qu' poursuivent d's amoureux,
    Tant qu' dure
    D' la froidure
Le souffle rigoureux,
En fuyant leur audace,
De crainte d'accident,
N' courez pas sur la glace,

L' danger s'rait ben plus grand,
   Vraiment !

Un jour qu'la p'tite Lise,
Sur la rivière prise
Se sauvait de Lucas,
   Vint un faux pas...
   Et patatras...
   Fillettes, etc.

Lucas rit d' la culbute,
Mais d' la force d' la chute
La glace s' cassa;
   Sans s' douter d' ça,
   Lise y passa.
   Fillettes, etc.

Lucas r'tire la p'tite;
Mais l' froid l' saisit si vite
Que d' tout ce que Lis' tenta
   Rien, d'puis c' moment-là,
   Ne l' réchauffa.

   Fillettes
   Gentillettes
Que poursuivent l's amoureux,
   Tant qu' dure
   D' la froidure
Le souffle rigoureux,
En fuyant leur audace,
De crainte d'accident,
N' courez pas sur la glace.
L' danger s'rait ben plus grand,
   Vraiment !

A MADAME DESBORDES-VALMORE.

STANCES.

Peintre et poète tour à tour,
Tendre et touchante Marceline,
Apollon, au nom de l'amour,
Te prêta sa lyre divine.
Tout cède au prestige charmant
Des chants plaintifs que tu soupires,
Chantre naïf du plus doux sentiment,
Tu le peins comme tu l'inspires.

J'avais vu fuir avec douleur
Cette tendre mélancolie,
Ce vague heureux, premier bonheur
Et premier besoin de la vie.
Je pleurais ce prisme enchanté
Par qui tout plaît, tout se colore,
Mais je t'écoute, et mon cœur agité
Te doit une seconde aurore.

De l'amour les brûlants désirs
A ta voix échauffent mes veines;
Tu fais envier ses plaisirs,
Et tu fais regretter ses peines.
On voit renaître sous tes doigts
La muse dont Lesbos s'honore,
Et chaque son de ton luth, de ta voix,
Nous dit : Sapho respire encore !

LE PILIER DE CAFÉ.
Air de la Lithographie.

A Paris, messieurs et dames,
Quel est le sort, dites-moi,
Des gens comme moi sans femmes,
Sans fortune et sans emploi ?
Sur les places musarder,
Sur les quais baguenauder ;
Mais on sait que ce métier
N'enrichit que le bottier.
Moi, j'ai pris une méthode
Bien plus conforme à mon goût ;
Elle est douce, elle est commode,
Économique surtout :
Il existe par milliers
Des réduits hospitaliers,
Refuge des désœuvrés
Et des marchands retirés...

J'y trouve, **quand je m'ennuie**,
Distraction ou sommeil,
Ils m'abritent de la pluie,
Ils m'abritent du soleil.
Mais déjà vous devinez
Quels sont ces lieux fortunés
Eh bien! oui, depuis trente ans,
Qu'il pleuve ou fasse beau temps,
Dès sept heures, **par** système,
Habillé, rasé, coiffé,
Je descends **de mon sixième**
Et je me rends au **café**.
J'entre, un garçon appelé
M'apporte un pain chapelé
Qu'escorte, sur un plateau,
Une bavaroise à l'eau...
De peur qu'on ne les retienne,
Etant **venu le premier**,
Je saisis la *Quotidienne*,
Et j'arrête le *Courrier*;
Puis le *Globe* sous un bras,
Et sous l'autre les *Débats*,
Guettant l'heure où le porteur
Jettera le *Moniteur*,
Je pourchasse le *Pilote*,
Que j'atteins, quoique goutteux,
Et clopin-clopant je trotte
Après le *Diable Boiteux*.
« Eh bien! voisin, *quid novi?* »
Me dit un Picard ravi
De prouver qu'à Saint-Quentin
On sait un peu son latin...
Je lui parle de la Grèce,
De l'Institut, des bouffons,
Des chiens, de la sécheresse,
Et de l'état de nos fonds;
Puis, s'il ne s'est pas servi
De tout le sucre servi,
Comme il l'a payé comptant,
Je m'adjuge le restant...
J'en ai bien le privilége,
Nul ne peut se récrier,
Et *gratis* par ce manége
J'entretiens mon sucrier.
De là je grimpe au billard,
Où, connu pour un gaillard
Qui les aurait battus tous,
On me fait juge des coups.
Le procès jugé, j'accepte
La bière et les échaudés,
Car j'eus toujours pour précepte:
Procédés pour procédés.
Frappé de cris indécents,
Au café je redescends,
Et j'entends de tous côtés
Les mots *rente, indemnités.*
Au plus fort de la tempête,
Un apprenti commerçant
Va partout criant nu-tête

Qu'on a pris son *trois pour cent.*
Tandis que je ris tout bas
De leurs comiques débats,
Vu que je n'ai pas l'honneur
D'être rentier, par bonheur,
Du dîner l'heure qui sonne
Calme le plus échauffé,
Et tout le monde abandonne
La querelle et le café.
Moi, je viens de manger... or,
Je puis bien attendre *encor* ;
D'ailleurs tout seul je pourrai
Lire *l'Etoile* à mon gré...
Mais en l'attendant que faire?
Car j'ai lu tous les journaux...,
Je prends, je compte, je serre
Tous les jeux de dominos.
L'Etoile arrive, ô bonheur !
J'en suis le premier lecteur :
Les lunettes sur le né,
Aussi fier qu'un abonné,
J'ai des nouvelles précises
De ce qu'ont fait le matin
La Bourse et la cour d'assises,
De ce qu'on jodra demain.
Mais bientôt quelle rumeur,
Nos dîneurs en belle humeur,
Aux feux du gaz allumé
Rentrent le teint enflammé ;
Sur les bancs ils se dispersent,
Ils apportent du nouveau ;
Tant que les garçons versent,
Je m'approche incognito...
Assis derrière un banquier,
Assis derrière un courrier,
Assis derrière un auteur,
J'en sais de toute couleur.
Combien me rendrait de grâces
Le café, si je pouvais
Prendre autant de demi-tasses
Que je prends de tabourets :
Au coup d'onze heures sonnant
Des spectacles revenant,
Vingt ou trente habitués,
De chaleur exténués,
Nous apprennent, des coulisses
Impertinents détracteurs,
Les faiblesses des actrices,
La faiblesse des acteurs.
Mais la dame du comptoir
Prend le chemin du dortoir :
Avis à chaque assistant
D'en vouloir bien faire autant.
Enfin le café se vide...
Mais quoique entré le premier,
D'observer toujours avide,
Je n'en sors que le dernier,
Et même le plus souvent
Il se fait qu'en observant

Je m'assoupis à l'écart...
Et c'est assez heureux, car
Ignorant que je sommeille,
On ferme et journal en main,
Je me trouve dès la veille
Porté pour le lendemain.

LE SECRÉTAIRE

Air *de la Baronne.*

Un secrétaire
Dans un ménage est d'un grand prix,
Et les femmes, pour l'ordinaire,
Voudraient voir à tous leurs maris
Un secrétaire.

Le secrétaire
Sert à Plutus comme à l'Amour :
Heureux ceux dont avec mystère
Ces dieux garnissent tour à tour
Le secrétaire.

Sans secrétaire
L'esprit ne servirait à rien ;
C'est un meuble si nécessaire
Que je ne voudrais pour tout bien
Qu'un secrétaire.

Au secrétaire
Les arts donnent un prix nouveau,
Et les chefs-d'œuvre de Voltaire.
N'ont-ils pas eu pour berceau
Un secrétaire?

D'un secrétaire
Tout homme en place fait grand cas ;
Et tel que l'on vante en affaire
Serait bien sot s'il n'avait pas
Un secrétaire.

COUPLETS

Chantés chez l'auteur de l'*Assemblée de Famille,*
DANS UNE FÊTE QU'IL DONNA AUX ARTISTES
DU THÉÂTRE-FRANÇAIS

Air *de l'Aurore.*

Tous les favoris de Thalie
Et la beauté dans sa splendeur,
De l'amitié, de la folie
T'offrent le spectacle enchanteur.
Au plaisir qui dans nos yeux brille
Tu dois deviner qu'en ce jour
Tu rassembles une *famille*
Qui veut te chanter à son tour.

A la couronne qui t'ombrage
Quand je viens mêler quelques fleurs,
Dis-moi qui traça ton ouvrage,
De ton esprit ou de ton cœur?
Sur toi les critiques farouches
Exerceraient en vain leurs droits,
Tu sus fermer toutes les bouches
Et réunir toutes les voix.

Jouis du sort qui te seconde;
Ce n'était pas assez encor
Que le Pactole de son onde
Sur toi répandit ses flots d'or :
L'Hippocrène aussi de sa source
T'entrouvre les trésors cachés;
Jamais le Parnasse et la Bourse
Ne s'étaient vus si rapprochés.

De ce succès rempli de charmes
Ah! pouvais-tu douter jamais,
Lorsque tu confiais tes armes
Aux mains habiles des Français?
Au triomphe rien ne s'oppose
Avec de semblables guerriers;
Celui dont Mars soutient la cause
Est sûr de cueillir des lauriers.

CHIEN ET CHAT.

Air : *Tra, la, la.*

Chien et chat,
Chien et chat,
Voilà le monde
A la ronde;
Chaque état,
Chaque état
N'offre, hélas! que chien et chat.

Voyez ces futurs époux,
Vrais agneaux, tant ils sont doux!
Qu'Hymen engage leur main,
Que sont-ils le lendemain?
Chien et chat, etc.

Que sont, hélas! trop souvent,
Dans ce Paris si savant,
Le poëte et l'éditeur,
L'auteur et le spectateur!
Chien et chat, etc.

Adorables écrivains,
De leurs siècles astres divins,
Malgré leur brillant flambeau,
Qu'étaient Voltaire et Rousseau?
Chien et chat, etc.

Que sont à nos opéras
Ces deux lyriques *ultras*,
Admirateurs de Grétri;
Trompettes de Rossini!...
Chien et chat, etc.

Qu'êtes-vous sous ce beau ciel
Que réfléchit l'Archipel;
Turcs si doux et si polis,
Et vous, soldats de *Miaulis?*
Chien et chat, etc.

Grâce aux nouveaux procédés
Dont nous sommes inondés,
Draps Ternaux, maître tailleur,
Fourgons, bateaux à vapeur?
Chien et chat, ect.

Que sont, dès le jour qui luit
Et qui fait place à la nuit,
Le phosphore et le briquet,
Le gaz et l'huile à quinquet?
    Chien et chat, etc.

Que sont le classique pur
Et le romantique obscur?
Et qu'ont trop souvent été
La justice et l'équité?
    Chien et chat, etc.

Le devoir et le plaisir,
La morale et le désir,
La tisane et la gaîté,
L'hygiène et la santé!...
    Chien et chat, etc.

Bref, à la Bourse, aux journaux,
A la Chambre, aux tribunaux,
Que voyons-nous, s'il vous plaît,
Hurler, se prendre au collet?
    Chien et chat,
    Chien et chat,
    Voilà le monde
    A la ronde ;
    Chaque état,
    Chaque état
N'offre, hélas! que chien et chat.

IL EST TROP TARD.

Air : *Je ne veux pas qu'on me prenne.*

Six heur's sonnaient à l'horloge
Du grand clocher de Fécamp,
Claire en tapinois déloge
Pour joindre Gros-Pierre au champ.
Drès qu'il l'aperçoit, Gros-Pierre
Lui dit : « Viens-t'en à l'écart...
— Quequ' tu m' veux donc? lui dit Claire.
— Dépêch'-toi ; car il s' fait tard. »

Sous un frais bocage d' roses
Ils allèrent tous deux s'asseoir,
Et Gros-Pierre dit tant d' choses
Qu'il ne s'arrêta que l' soir.
Mais aux contes du compère
Claire avait si bien pris part,
Qu'elle lui dit : « Ah! Gros-Pierre,
Parle encor, il n'est pas tard.

— Mais j' n'ons pus rien à te dire,
R'part Gros-Pierre en s'endormant.
— Eh bien, r'commence pour rire
C' que tu m' disais dans l' moment. »
Il recommence pour lui plaire...
Mais v'là l' coup d' minuit qui part.
« Parle toujours, lui dit Claire,
Je n' rentr' plus, il est trop tard. »

L' soupçon chez la mèr' s'éveille,
Ell' craint que c't enfant si alerte
Ne vienne à prêter l'oreille
A quequ' propos en l'air :

« Clair', dit-ell', sur ton passage
S'il s' présent' quelque égrillard,
Ai' surtout grand soin d'êt' sage...
— Ah! ma mère, il est trop tard. »

COUPLETS DE TABLE.

CHANTÉS A MEUDON, LE JOUR DE LA SAINTE-ANNE.

Air : *Vive le vin, vive l'amour.*

Allons, ma muse, une chanson!
Pour m'inspirer, viens à Meudon.
Il faut chanter l'aimable Annette;
Verre et couplets, que tout s'apprête;
Et sans tarir, sans détonner,
Tour à tour sachons entonner
Et le vin et la chansonnette.

Les bons amis sont bons buveurs;
De là vient qu'ici plus qu'ailleurs
La fièvre de la soif me gagne.
Un sage battant la campagne
Mit la Vérité dans un puits;
Pour moi, qui t'aime et te le dis,
Annette, elle est dans le champagne.

Mais lorsque je bois du bon vin
Versé par une belle main,
Ma soif à chaque trait redouble;
Il me rend la vue un peu trouble,
Plaisir de plus que je lui dois:
Car, Annette, quand je te vois
Je suis trop heureux de voir double.

On prétend que l'homme en buvant
Chancelle et tombe fort souvent;
Ici point de peur qui m'arrête:
Eh! quel Caton à la guinguette
Ne serait fier de succomber,
S'il était sûr d'aller tomber
Entre les bras de notre Annette!

Buvons donc, amis, buvons tous,
Jusqu'à demain d'un jus si doux
Tâchons de prolonger l'ivresse!
Un philosophe de la Grèce
Passa ses jours dans un tonneau;
Et c'est bien le trait le plus beau
Que nous ayons de sa sagesse.

Certains auteurs qui vantent l'eau
Disent qu'elle fut le berceau
De la déesse de Cythère:
Mais une beauté non moins chère
Préside à ce joyeux festin,
Je vois ses yeux, je bois son vin,
C'est la Vénus que je préfère.

COUPLETS

POUR LA FÊTE DE M. PIERRE RIGLER,
FONDATEUR DES BAINS DE PONT-ROYAL.

Amis, de la saison printanière
Chantons tour à tour

Le plus beau jour...
Célébrons le nom de Pierre,
Car, ma foi, tout dur qu'il est,
Ce nom me plaît.

Si du ciel Pierre ouvre la barrière,
Le nôtre aujourd'hui
Fait comme lui;
Car tous ceux qu'invite Pierre
Ne sont-ils pas en ces lieux
Des bienheureux!

Comment des cieux ne pas voir l'image,
Dans les doux minois
Qu'ici je vois!
Un seul suffirait, je gage,
Pour faire de mon taudis
Un paradis.

Pierre sait, par un double avantage,
Nourrir la gaîté
Et la santé...
Sans en confondre l'usage,
Sa main nous verse à gogo
Le vin et l'eau.

Sur nous ses baignoires font merveille,
Nous en sortons frais
A peu de frais;
Mais redoutez ses bouteilles,
Car son vin détruit l'effet
Que son eau fait.

Pierre, de la Seine est le Neptune,
Car sous tous les ponts
Il a des fonds;
Certes, jamais sa fortune,
Tant que l'eau s'écoulera,
Ne coulera.

Quel trésor, amis, qu'une richesse
Qui dépend du jet
D'un robinet!
Quand il veut remplir sa caisse,
Pierre tourne, et l'eau soudain
Vient au moulin.

STROPHES
SUR LE DÉPART D'UN CORPS DE CAVALERIE POUR L'ARMÉE.
Air *du Pas redoublé.*

Un cri formidable est parti
Du séjour du tonnerre;
Toute la France a retenti
D'un nouveau bruit de guerre :
L'enclume de Vulcain gémit;
Pallas prend son armure;
Epouvanté, l'Echo frémit
Et laisse un long murmure.

Allez, allez, ardents coursiers,
Qu'appelle la patrie,
Servir dans les champs de lauriers
Une cause chérie!

Que chacun de vous en succès
    Luttant d'ardeur égale,
Soit d'un Alexandre français
    Le nouveau Bucéphale !

Aux sons que viennent de lancer
    Les trompettes guerrières,
Déja je vois se hérisser
    Vos flottantes crinières;
Je vois dans vos regards brûlants
    Les feux de la vaillance,
Et sous vos pieds étincelants
    Ceux de l'impatience.

Enfin, le signal est donné
    A leur brûlante audace :
Ils partent, et l'œil étonné
    Les cherche dans l'espace.
La France a reçu leurs adieux;
    Ils volent à la gloire,
Et des hennissements joyeux
    Sont leurs chants de victoire.

Fuyez, indignes aiguillons
    Des coursiers indociles,
A ceux de nos fiers bataillons
    Vous êtes inutiles :
Leur vive ardeur prévient la voix
    Du héros qui les guide,
Et l'orgueil d'un si noble poids
    Rend leur vol plus rapide.

Pégase, j'osais espérer
    Que ton essor sublime
Me permettrait de célébrer
    Un élan magnanime :
Il faut bien renoncer pourtant
    A des palmes si belles;
Puisque tes frères en partant
    Ont emprunté tes ailes.

COUPLETS

POUR LE MARIAGE DE MA FILLE

Air *de Préville et Taconnet.*

On va chanter, souffrez que je commence...
Mes chers amis, en voici la raison :
Mon titre ici m'impose la romance,
Et vous allez entonner la chanson. (*bis*)
Ah ! de mon cœur qu'un poids bien doux oppresse,
Laissez d'abord s'échapper un soupir; (*bis*)
Puis, grâce à vous, le cri de la tendresse
Sera couvert par les chants du plaisir.

O mon Estelle, à mon âme attendrie
De ton hymen combien le jour est doux !
Et pour doubler le charme de ma vie,
Le même toit va nous réunir tous,
J'ai craint longtemps qu'il ne te fallût suivre,
L'heureux époux qu'aurait nommé ton choix...
Mais sans regret au bonheur je me livre,
Car je te donne et te garde à la fois.

De tes parents et d'un époux qui t'aime

En même temps, tu recevras les soins ;
Soir et matin, plus heureux que toi-même,
De ton bonheur nous serons les témoins.
Et si parfois une petite guerre
Venait troubler un accord aussi doux,
Pour la finir j'embrasserais ta mère...
Et tu courrais embrasser ton époux.

Et toi pour qui le Ciel avait fait naître
Ce tendre fruit qu'éleva notre amour,
Toi que l'autel entendit lui promettre
Bonheur parfait jusqu'à son dernier jour...
Sûr de ton cœur, si mon aveu sincère
N'hésite pas à te le confier...
De ce trésor heureux dépositaire,
Pour m'enrichir, fais-le fructifier.

Le jour heureux qui m'unit à Sophie
Comme un vrai fou me vit sauter, bondir...
Quand je lui dus cette fille chérie,
J'extravaguai de joie et de plaisir...
Le doux serment qu'Estelle vient de faire
M'ôte aujourd'hui trois quarts de ma raison ;
Vienne le jour qui me rendra grand-père...
Et je me vois conduire à Charenton.

Allons, amis, remplissez votre verre...
C'est aujourd'hui le vœu du fondateur ;
Je suis heureux comme époux, comme père,
Buvez, buvez à mon double bonheur.
Elle a sonné, l'heure des chansonnettes ;
A ce banquet quel plaisir m'est promis !
Puis-je en douter ! j'ai des amis poëtes,
Et j'ai de plus des poëtes amis.

COUPLETS

CHANTÉS AU BANQUET DE MOMUS AUQUEL JE FUS INVITÉ
LE 6 MAI 1825.

Air de Turenne.

Disciples chéris d'Epicure,
Quel bonheur m'était réservé !
Des plaisirs que Momus procure
Longtemps, hélas ! je fus privé !
Aujourd'hui je prends ma revanche ;
Et, par votre accueil enhardi,
Avec vous, je ris vendredi,
Au risque de pleurer dimanche.

Pleurer ! juste ciel ! quel blasphème !
Et de ma bouche il est sorti !
Ah ! ne lancez point l'anathème,
Car le proverbe aura menti.
De votre humeur joyeuse et franche,
Sûr d'emporter, chers troubadours,
De la gaîté pour quinze jours,
Je ne saurais pleurer dimanche.

Cependant si cette soirée,
Qui trop tôt, hélas ! va cesser,
Plus tard, pour mon âme enivrée
Ne devait plus recommencer,
De mes jours voyant qu'on retranche

Le plus riant et le plus doux,
Pour pleurer, je sens, entre nous,
Que je n'attendrais pas dimanche.

Mais loin de moi cette pensée !
Et permettez qu'au même instant
Mon oreille soit caressée
Par vos refrains que j'aime tant !
D'avance relevant mes manches,
De tout cœur je vous applaudis ;
Car vos chansons des vendredis
Seraient mes chansons des dimanches.

ET CÆTERA PANTOUFLE

Air : *Pauvre garçon tailleur.*

Pour séduire un tendron
Bien blanc, bien frais, bien rond,
Le barbon qui s'essouffle,
Près de c' minois lutin
Perd son temps, son latin,
Et cætera... pantoufle !

Si toujours, dans ce cas,
La poulett' n'avait pas
Queuqu' renard qui la souffle,
All' risqu'rait en honneur,
D' garder longtemps son cœur,
Et cætera... pantoufle !

Moi, qui suis un luron,
Que j' trouv' pareil tendron,
Et j' veux être un maroufle,
Si l'enfant n'a drès d'main,
Mon bien, mon cœur, ma main,
Et cætera... pantoufle.

LE SEXAGÉNAIRE

CHANSON PHILOSOPHIQUE

Air *du vaudeville de* Pinson père de famille.

Vieillissons sans regret,
  C'est l'adage
  Du vrai sage :
Du bonheur, à tout âge,
  Voilà le secret.

La jeunesse a des charmes ;
Mais les tendres tourments
Aux plaisirs des amants
Mêlent toujours quelques larmes...
Vieillissons, etc.

Aimer est quelque chose,
Plaire a bien des douceurs ;
Mais dans un champ de fleurs,
Chers amis, tout n'est pas rose...
Vieillissons, etc.

Quand le printemps nous laisse,
Rions de son départ ;
La gaîté du vieillard

Est la seconde jeunesse.
  Vieillissons, etc.

  Gai, sans emploi ni rente,
  Je compte soixante ans;
  Mais sous ces cheveux blancs,
Ma tête n'en a que trente...
  Vieillissons, etc.

  Mon filleul est tout aise
  D'avoir Lise à vingt ans;
  Plus heureux dans mon temps,
Moi j'eus sa grand'mère à seize...
  Vieillissons, etc.

  J'entends dire à la ronde
  Que le monde est bien vieux;
  Rien pourtant, à mes yeux,
N'est aussi gai que le monde.
  Vieillissons, etc.

  Momus, qui nous rallie,
  Par vingt siècles cassé,
  N'a pas encore cessé
D'être dieu de la folie.
  Vieillissons, etc.

  Vieille, mais non caduque,
  La gaîté chez Piron,
  Chez Panard, chez Scarron,
Riait sous une perruque...
  Vieillissons, etc.

  Que d'heureux sur la terre,
  Si l'on se consolait
  Par ce que l'on a fait
De ce qu'on ne peut plus faire!
  Vieillissons, etc.

  Si ma jambe, moins ferme,
  Ne peut presser le pas,
  J'en espère tout bas
Arriver moins vite au terme.
  Vieillissons, etc.

  Puis quand la barque arrive,
  Gaîment sautons le pas;
  Qui sait si l'on n'a pas
Des banquets sur l'autre rive!

Vieillissons sans regret
    C'est l'adage
    Du vrai sage:
Du bonheur à tout âge,
    Voilà le secret.

COUPLETS DE NOCES

Air : *Gai, gai, mariez-vous.*

Gai, gai, gai, faisons tous
    Ce qu'ont fait nos père
      Et mère;
Gai, gai, marions-nous,
Quoique vieux l'exemple est doux.

In nomine Domini,
Suivant la loi de nature,
Crescite, dit l'Ecriture,
Et multiplicamini.
　Gai, gai, etc.

Jadis Adam, dégoûté
De vivre seul sur la terre,
Se maria sans notaire
Ni municipalité.
　Gai, gai, etc.

Que le mariage est beau !
Il n'en est qu'un qui me blesse,
Et c'est, je vous le confesse,
Celui du vin et de l'eau.
　Gai, gai, etc.

Puissé-je, heureux marié,
Sans piquer ta jalousie,
Troquer un tiers de ma vie
Contre un quart de ta moitié.
　Gai, gai, etc.

Toi qui sais si bien charmer,
Puisse ta famille à faire
Avoir tes traits pour nous plaire,
Et notre cœur pour t'aimer !
　Gai, gai, etc.

Avant un an, je soutien
Qu'il faut qu'une circulaire
Nous apprenne que la mère
Et l'enfant se portent bien.
　Gai, gai, etc.

Être deux est, je le crois,
Sur terre un bonheur extrême ;
Mais le bien vraiment suprême,
Mes amis, c'est d'être trois.
　Gai, gai, etc.

On sait que, sans rejeton,
La rose est l'orgueil de Flore ;
Mais on aime mieux encore
La rose unie au bouton.
　Gai, gai, etc.

Avec nous nos chers époux
Sont heureux, je l'imagine ;
Mais ils m'ont toute la mine
De l'être encor plus sans nous.
　Gai, gai, etc.

A pincer le rigodon
Chaque jeune homme s'apprête ;
Toi, tu pinces ta conquête,
Moi, je pince le flacon.
　Gai, gai, etc.

Chantons tous jusqu'à demain,
Ivres d'une amitié pure :
Vivent l'amour, la nature,
L'hymen, la table et le vin !

　　Gai, gai, faisons tous

Désaugiers.　　　　　　　　　　　17

Ce qu'ont fait nos père,
Et mère ;
Gai, gai, marions-nous ;
Quoique vieux, l'exemple est doux.

CHANSON

A L'OCCASION DE MA RÉCEPTION A LA SOCIÉTÉ
DITE DES *Bêtes.*

Air : *Ma tante Urbanette.*

Vous m'avez nommé *Pinson :*
Je vous dois une chanson
Qui soit à la fois honnête
   Et bien bête, (*bis*)
  Bête, bête, bête.

Je suis à votre hauteur,
Car au premier mot la peur
D'être un fort mauvais poète
   Me rend bête,
  Bête, bête, bête.

Ah! qu'il m'est doux, chers amis,
De pouvoir, chez vous admis,
Chanter, crier à tu'-tête :
   Je suis bête,
  Bête, bête, bête!

Il faut bien que je le sois,
Car les plus rusés matois
Ne sont jamais où vous êtes
   Que des bêtes,
  Bêtes, bêtes, bêtes.

Que je suis fier de ce nom,
Puisque dans cette maison,
Jusqu'à l'ami qui nous traite,
   Tout est bête,
  Bête, bête, bête.

Je méritais ce nom-là,
Car maint tendron vous dira
Que j'ai l'air en tête à tête
   D'une bête,
  Bête, bête, bête.

Il pourra vous dire encor
Que, dans l'amoureux essor,
L'âne, en ses jours de conquête,
   Est moins bête,
  Bête, bête, bête.

J'ai parfois fait de l'esprit;
Jamais mon esprit ne prit.
Depuis ce temps je répète :
   Soyons bête,
  Bête, bête, bête.

Brunet serait-il connu,
Si Brunet n'avait pas su
D'une manière parfaite
   Etre bête,
  Bête, bête, bête.

Moi, qui n'avais pas encor

Jusqu'ici roulé sur l'or,
Voilà ma fortune faite :
  Je suis bête, (bis)
Bête, bête, bête.

LES GRISETTES

PRISES AU PHYSIQUE ET AU MORAL.

Air : *La Boulangère a des écus.*

P'tite rob' garnie à l'entour,
  Chapeaux d' paille ou cornettes,
Ceinture à boucle, bas à jour,
  Bouffantes ou coll'rettes,
Jolis p'tits riens au milieu d'ça...
  V'là l's atours des grisettes,
    Oui, v'là...
  V'là l's atours des grisettes.

Au cirque, à Marbeuf, au Delta,
  Danser, s' mettre en goguettes ;
Des jeun's moustaches qui s' trouv'nt là
  Ecouter les fleurettes,
Pour voir jusqu'où ça les mèn'ra...
  V'là plaisir des grisettes.
    Oui v'là...
  V'là l' plaisir des grisettes.

Plutôt un p'tit refrain d' chanson
  Que d' grands airs à roulettes,
Plutôt un pauvre et bon garçon
  Qu'un' perruque à sonnettes...
Plutôt la Gaîté qu' l'Opéra,
  V'là le goût des grisettes,
    Oui v'là...
  V'là le goût des grisettes.

Au bien consacrant leurs loisirs,
  Se montrer toujours prêtes
A mettre un terme à nos soupirs,
  A nos peines secrètes ;
S' dépouiller mêm' pour en v'nir là...
  V'là le cœur des grisettes
    Oui, v'là...
  V'là le cœur des grisettes.

L' dimanch' au p'tit marchand de plaqué
  D' la ru' des Audriettes,
Donner un rendez-vous sur l' quai
  D' la Grève ou des Lunettes...
Et dir', qu' c'est à la mess' qu'on va...
  V'là l's allur's des grisettes,
    Oui, v'là...
  V'là l's allur's des grisettes.

Bref, avec un p'tit nez r'troussé,
  De petit's mains drôlettes,
Un p'tit pied bien pris, bien chaussé,
  Fair' tourner plus de têtes
Qu' la politiqu' n'en détraqua.,,
  V'là le secret des grisettes,
    Oui v'là...
  V'là le secret des grisettes.

Et tant qu' not' globe ne s'ra pas
Noyé par quelqu's planètes.
Disloqué par quelqu's patatras...
Brûlé par quelqu's comètes...
D' Paris à Rome, au Kamtchatka...
V'là c' que s'ront les grisettes,
Oui, v'là...
V'là c' qu' s'ront les grisettes.

REVIENDREZ-VOUS

STANCES
SUR LE DÉPART DES MÉDECINS FRANÇAIS POUR BARCELONE

Quelle furie étend ses ailes?
De l'Ebre elle infecte les bords;
Chaque jour mille morts nouvelles
Viennent prédire mille morts...
Orgueil, espoir de leur patrie,
Cinq Français vont braver tes coups,
Sourds à notre voix qui leur crie ; (*bis*)
Vous nous quittez... reviendrez-vous?

Partez, héros de bien'aisance !
Consolateurs d'un peuple en deuil;
Allez le rendre à l'existence,
Fermez un immense cercueil...
Sauvez l'ami, le fils, le père;
Mais pour prix d'un bienfait si doux,
Près d'une épouse, d'une mère,
Mortels chéris... reviendrez-vous?

Ah! redoutez la noble envie
Qui vous dit d'affronter le sort...
Leurs bouches implorent la vie,
Et leur souffle exhale la mort.
Mais soudain, moment plein de charmes!
Enfant, vieillard, sœur, frère, époux,
De l'espoir ont connu les larmes;
Vous arrivez!... reviendrez-vous?

Déjà des monceaux de victimes,
Succombant au fléau mortel,
Retrouvent, à vos noms sublimes,
La force de bénir le ciel.
Volez, de Dieu nouveaux apôtres,
Ils vous attendent à genoux...
Mais si leurs mains pressent les vôtres,
Infortunés!... reviendrez-vous?

O vertu, force plus qu'humaine!
Où précipites-tu tes pas,
Malheureux! une mort certaine
A-t-elle pour toi des appas?
Arrête... A la nuit de la tombe
Il voudrait les arracher tous!
Vains efforts! il chancelle, il tombe...
Mazet n'est plus!... reviendrez-vous?

Respect, amour, gloire éternelle
Au martyr de l'humanité
Que, sous la couronne immortelle,
Dieu fait asseoir à son côté!

Amis, sa dernière prière
Fut que, d'un saint devoir jaloux,
Votre cœur prît soin de sa mère...
Pour l'exaucer... reviendrez-vous?

Salut! vierges dont l'âme sainte,
Appui fidèle du malheur,
Osa pénétrer dans l'enceinte
Des tombeaux et de la douleur.
La terre a donc aussi ses anges!
Ah! pour entendre parmi nous
Retentir vos noms, vos louanges,
Filles du ciel!... reviendrez-vous?

Oui, s'écrié une voix céleste,
Le fléau suspend ses fureurs,
La Parque son ciseau funeste,
Le peuple ses cris et ses pleurs...
Et bientôt enfin rassurée,
Du sort oubliant le courroux,
La France, de joie enivrée (*bis*),
Ne dira plus : Reviendrez-vous?

LA CHATTE MERVEILLEUSE
COUPLETS CHANTÉS A UNE NOCE
Air : *On compterait les diamants.*

La chatte merveilleuse et toi,
Ma Caroline, c'est tout comme,
Puisque enfin c'est ainsi, je croi,
Qu'aujourd'hui ton époux te nomme;
Et je suis certain que toujours
Sa main tendrement amoureuse
Trouvera patte de velours
Dans sa p'tit' chatte merveilleuse. (*bis*)

Partout de la fidélité
On dit que les chiens sont l'emblème!
Chez eux c'est une qualité
Qui fait honte à l'homme lui-même.
Mais ton mari, fier d'un lien
Qui va rendre sa vie heureuse,
Sera fidèle comme un *chien*
A sa p'tit' chatte merveilleuse.

Couple fidèle, puissiez-vous,
Ainsi que tout nous le présage,
En dépit de tous les matous,
Faire toujours heureux ménage!
Et puissons-nous voir, dans neuf mois,
(Du surnom influence heureuse!)
Neuf petits chats naître à la fois
De la p'tit' chatte merveilleuse!

Jeune époux, redoublant de soins
Près d'une minette aussi sage,
Préviens les désirs, les besoins
Qu'elle peut avoir à son âge;
Et ne va pas, changeant d'amour,
Dans ton humeur capricieuse,
Refuser la pâtée un jour
A ta p'tit' chatte merveilleuse.

SERVITEUR ! SERVITEUR !

Air : *Dans la vigne à Claudine.*

Puisque tout doit, je pense,
Finir tant mal que bien,
Il ne faut, par prudence,
S'accoutumer à rien.
D'un bien qui nous invite
Goûtons l'attrait flatteur,
Puis, ma foi, s'il vous quitte,
Serviteur ! serviteur !

Quand, avec son escorte,
Le petit dieu tout nu
Vient frapper à ma porte,
Qu'il soit le bienvenu !
Puis, perdant la parole
Et prenant l'air boudeur,
Si le fripon s'envole,
Serviteur ! serviteur !

Brûlons pour notre belle
D'un feu toujours constant,
Et, s'il le faut, pour elle
Versons tout notre sang.
Mais si le sort nous ôte
Cet objet enchanteur,
Ce n'est pas notre faute :
Serviteur ! serviteur !

Mettre à la loterie
Me semble un vrai plaisir ;
Parfois, quoiqu'on en rie,
Je cède à ce désir.
Mais le gain n'acoquine
Que le fieffé joueur ;
Moi, que j'y gagne un quinc :
Serviteur ! serviteur !

Molière est ma folie,
Et Racine mon dieu ;
Melpomène et Thalie
Ont reçu leur adieu.
Leur carrière est finie,
Et chaque spectateur
A dit à leur génie :
Serviteur ! serviteur !

Vous qui du haut du trône
Régnez sur tant d'Etats,
Que l'or de la couronne
Ne vous aveugle pas !
Tôt ou tard à l'empire,
Au peuple adulateur,
Monarques, il faut dire :
Serviteur ! serviteur !

Sans porter nulle envie
A plus heureux que moi,
Bien jouir de la vie
Est ma première loi.
Que l'âge, après, me chasse,
Je dirai de bon cœur

A qui prendra ma place :
Serviteur ! serviteur !!

COUPLETS

À L'OCCASION D'UN BAPTÊME

Air : *Il a voulu, il n'a pas pu.*

En ce beau jour
Chantons tour à tour,
Chantons l'eau du baptême ;
   Qu'elle a d'appas !
On ne la boit pas...
C'est la seule que j'aime.

On est porté,
On est humecté,
Ensuite on vous essuie ;
   Puis à l'enfant
On dit, le r'coiffant :
Pas de bonheur sans pluie.

Grâce à c'tte eau-là ;
L' bel enfant que v'là
N'est plus païen, sans doute ;
   Ça prouve bien
Qu' pour faire un chrétien
Il n'en faut qu'une goutte.

Chacun voyant
Ce poupon friand
Presser l' sein de sa mère,
   S' disait tout bas :
Que ne suis-je, hélas !
Cet enfant ou son père !

. . . .

Pardonnez si
Dans ces couplets-ci
L' sel est d'un rare extrême :
   Sans notre avis,
On l'avait tout mis
Dans les eaux du baptême.

LE HASARD

Air *des* Deux Valentins.

C'est le Hasard,
Qui, tôt ou tard,
Ici-bas (*bis*) nous seconde ;
   Car,
D'un bout du monde
A l'autre bout,
Le Hasard seul fait tout.

Un tel qu'on vantait
Par hasard était
D'origine assez mince ;
   Par hasard il plut,
   Par hasard il fut
Baron, ministre et prince.
   C'est le Hasard, etc.
Le Hasard, qui fait

Tout ce qui lui plaît,
Fit Rose pauvre fille;
Ce même Hasard
L'enrichit plus tard,
En faisant la gentille.
    C'est le Hasard, etc.

Au hasard des jeux
Plus d'un malheureux
Dut sa fortune entière;
Et que de guerriers
N'ont dû leurs lauriers
Qu'aux hasards de la guerre!
    C'est le Hasard, etc.

Monsieur Desmarets,
Rentier du Marais,
Etait sexagénaire;
Il épouse Agnès,
Et six mois après
Le hasard le rend père.
    C'est le hasard, etc.

Jeune, au jeu d'amour
J'avais chaque jour
Mainte bonne fortune;
Aujourd'hui vieillard,
C'est un grand hasard
Quand j'en puis trouver une.

    C'est le Hasard
    Qui, tôt ou tard,
Ici-bas (*bis*) nous seconde;
    Car,
    D'un bout du monde
    A l'autre bout,
Le Hasard seul fait tout.

LES PATINEURS

Air : *De chaque jour je fais ma vie entière*
(*de* la Lanterne sourde).

Que j'aime à voir, sur cette onde immobile,
Au loin courir, ou plutôt voltiger,
L'essaim joyeux de tout ce que la ville
A d'élégant, d'adroit et de léger !
L'œil étonné suit à peine leurs traces
Dans cette enceinte ouverte à nos plaisirs !
L'illusion nous présente les Grâces
Ou poursuivant ou fuyant les Zéphyrs.
Là, d'une Agnès les séduisantes poses
De ses appas dessinent les contours,
Et sa grand'mère, en traîneau sous des roses,
Plus que l'hiver glace encor les Amours.
D'un financier ici la lourde chute
D'un bras voisin sollicite l'appui;
Là, plus adroit, un débiteur culbute
Un créancier qui manœuvrait sur lui.
Le milord Pouf, arrêté par la goutte,
Lâche un : *Goddam !* à sa nymphe qui fuit.
Là, d'écoliers une troupe en déroute
Rit du mentor qui de l'œil les poursuit.

C'est le commis coudoyant une altesse,
L'homme d'esprit heurté par un benêt,
C'est un époux applaudissant l'adresse
D'un inconnu que sa femme connaît.
Bref, grand, petit, bourgeois et militaire,
Tout se confond dans ce riant tableau ;
Et l'on dirait que las d'être sur terre,
Le Carnaval s'est établi sur l'eau.

LES GANTS
Air *de la pipe de tabac.*

Que j'aime le gant qui me cache
D'un bras arrondi les attraits !
Avec quel plaisir je l'arrache !
Avec quel plaisir je le mets ! (*bis*)
Ah ! s'il est vrai que le mystère
Ajoute aux plaisirs d'un amant,
Qu'une main lui doit être chère
Quand il la presse sous un gant ? (*bis*)

Mais il est un gant dont l'usage
Déplaît à tous les fanfarons ;
Il est l'organe du courage,
Il est le vengeur des affronts !
Combien de gens qu'on peut connaître
Aimeraient mieux, fort prudemment,
Se voir jeter par la fenêtre,
Que de se voir jeter le gant !

Les gants sont aussi très utiles
Auprès des femmes et des grands ;
Leurs faveurs deviennent faciles
Pour qui leur parle avec des gants.
Ils sont aussi l'âme ordinaire
Et des sots et des intrigants ;
Car de ce qu'un autre a su faire
Ils savent se donner les gants.

Mais les gants fatiguent bien vite
Quand on a la plume à la main,
Je sens que si je ne les quitte,
J'écrirai mal jusqu'à demain.
Gardez-les-moi dans votre poche,
Et surtout gardez-les longtemps ;
Mes amis, quand l'hiver approche,
C'est l'instant de prendre les gants.

A MON AMI RAMOND
EN RÉPONSE
AUX COUPLETS QU'IL VIENT DE M'ADRESSER DANS LE *Mentor* SUR MA CONVALESCENCE
Air *du Verre.*

Je les ai lus ces vers touchants
Où ton amitié me présage
Le retour de mes joyeux chants
Suspendus par un long orage.
« Désaugiers va bientôt chanter, »
Me dit ta muse consolante ;

Oui... je veux du moins le tenter,
Et c'est toi que Désaugiers chante.

Lancé sur moi je ne sais d'où,
Par le plus infernal génie,
Sous la figure d'un caillou,
Un fléau menaça ma vie;
C'est à ce fléau que je dois
Tes vers, si bien faits pour me plaire...
Et je lui pardonne, à ta voix,
Tout le mal qu'il a pu me faire.

Aux dieux du vin et des amours
Déjà tu signales ma lyre...
Donne-lui du moins quelques jours
Pour renaître à leur gai délire.
Bacchus, partisan des faux pas,
Pour le faible a de l'indulgence;
Mais l'Amour ne recherche pas
L'encens de la convalescence.

L'amitié seule à ses ébats
Admet l'enfance et la vieillesse;
Ainsi tu me pardonneras
Et mon audace et ma faiblesse.
Que ma muse par ses accents
Flatte ou fatigue tes oreilles,
Elle te doit ses premiers chants,
Puisque c'est toi qui la réveilles.

A MON AMI BRAZIER

EN RÉPONSE A LA CHANSON QU'IL M'A ADRESSÉE
DANS UN JOURNAL, LE 4 JUILLET 1826,
SUR MA CONVALESCENCE

Air : *Vieillissons sans regret*, ou *Vaut bien
mieux moins d'argent.*

Gai! mon vieux,
Ça va mieux...
Après huit grands mois de diète,
En avant le flacon,
L'assiette
Et la chanson.

Vers le sombre rivage
Je n'ai pas pris l'essor;
J'étais trop faible encor
Pour faire un si grand voyage...
Gai! mon vieux, etc.

Si bien vider son verre
Ne fut jamais un tort,
Qu'avais-je fait au sort
Pour qu'il ME JETAT LA PIERRE?
Gai! mon vieux, etc.

On eût vraiment pu croire,
Aux moellons que j'avais,
Qu'en secret je servais
Messieurs de la bande noire...
Gai! mon vieux, etc.

Mais, grâce au savoir-faire
D'Heurteloup, de Pasquier,

Je touche, cher Brazier,
A la fin de ma carrière.
   Gai! mon vieux, etc.

Si pourtant, à leur honte,
C'eût été fait de moi,
C'est un *calcul*, ma foi,
Qui n'aurait pas fait mon compte...
   Gai! mon vieux, etc.

Je commence à revivre;
Déjà le doigt de vin
Remet mon cœur en train...
Le doigt de cour va le suivre.
   Gai! mon vieux, etc.

Pendant mon long carême,
Corsages embellis,
Et vous, flacons vieillis,
Redoutez ma soif extrême.
   Gai! mon vieux, etc.

Bacchus m'offre une grappe,
L'Amour me tend la main,
Comus sert un festin,
Et le Plaisir met la nappe.
   Gai! mon vieux, etc.

Ami, quoi qu'il advienne,
A ta santé je dois
Trinquer autant de fois
Que tu trinques à la mienne...

   Gai! mon vieux,
   Ça va mieux...
Après huit grands mois de diète,
  En avant le flacon,
   L'assiette
   Et la chanson.

RÉPONSE

AUX COUPLETS DE M. JACINTHE LECLERC

Air *d'Aristippe.*

D'un doux espoir flattant mes destinées,
Dont Atropos voulait trancher le cours,
Tes vers charmants m'annoncent cent années
De chants joyeux, de gloire et de beaux jours.
Je pourrais croire aux promesses touchantes
Que l'Amitié m'adresse par ta voix,
  Si je buvais comme tu chantes,
  Si je chantais comme tu bois!

D'Anacréon si l'antique mémoire
Préside encore à vos festins joyeux;
Si ces leçons dans l'art de rire et boire
Ont retenti jusqu'aux banquets des dieux;
Et si là-bas ses chansons délirantes
Ont enivré les diables tant de fois,
  C'est qu'il buvait comme tu chantes,
  C'est qu'il chantait comme tu bois!

A MES AMIS

Air : *Folie!*

A table! à table!
Aujourd'hui voilà mon refrain :
Au diable! au diable
Pierre et chagrin! (*bis.*)

Ma lyre longtemps suspendue
De chaque corde détendue
Peut à peine tirer un son;
Pour faire ronfler ma chanson,
Chantez à l'unisson .
A table! etc.

Longtemps une horde imbécile
Jeta la pierre au Vaudeville;
Pour parer cette attaque-là
J'accourus, et quand je fus là,
La pierre m'arriva.
A table! etc.

Comme autrefois le pauvre Antoine
N'a plus un ventre de chanoine;
Mais son cœur, malgré maint souci,
N'a pas varié, Dieu merci!
Et je l'éprouve ici.
A table! etc.

Eh! le moyen que dans le monde
Je présente une face ronde,
Quand, délaissant Comus, Bacchus,
Pour aliments je ne prends plus
Que des bouillons pointus!
A table! etc.

Vive une table bien servie,
Pour rendre au bonheur, à la vie,
Un pauvre diable déconfit,
Qui, pendant douze mois, ne vit
Que le ciel de son lit!
A table! etc.

Pour le carbonate de soude
Lorsque j'ai tant levé le coude,
Je crois que je mérite bien
Un breuvage où le pharmacien
Ne soit entré pour rien.
A table! etc.

Si du cœur la joyeuse ivresse
Chassait maladie et faiblesse,
Amis, dans un banquet si doux,
Je serais au milieu de vous
Le mieux portant de tous!
A table! etc.

Grâce à votre amitié touchante,

A ce doux tableau qui m'enchante,
Ranimé, joyeux, attendri,
J'ai chanté, j'ai pleuré, j'ai ri;
Amis, je suis guéri!

À table! à table!
Aujourd'hui voilà mon refrain :
Au diable! au diable
Pierre et chagrin!